Phänomen-Verlag

Petra Biehler

NARZISS, EGO & BUDDHA

Gesundung im Zeitalter des Disputs

Bibliografische Information Der Deutschen Bibliothek:
Die Deutsche Bibliothek verzeichnet diese Publikation in der Deutschen Nationalbibliografie; detaillierte bibliografische Daten sind im Internet über http://dnb.ddb.de abrufbar.

Petra Biehler
Narziss, Ego & Buddha

Phänomen-Verlag
Web: www.phaenomen-verlag.de
E-Mail: kontakt@phaenomen-verlag.de

Alle Rechte vorbehalten, insbesondere das Recht der mechanischen, elektronischen oder fotografischen Vervielfältigung, der Einspeicherung und der Verarbeitung in elektronischen Systemen, des Nachdrucks in Zeitungen und Zeitschriften, des öffentlichen Vortrags, der Verfilmung oder Dramatisierung, der Übertragung durch Rundfunk, Fernsehen oder Video, auch einzelner Textteile

Satz & Gestaltung: Phänomen-Verlag, 2022

INHALT

Dank 9
Einleitung 11

1. Buddha & die Zeit, in der wir uns bewegen 20
   Das dunkle Zeitalter 20
   „Westlicher" Narzissmus und „östliches" Ego 25
   Die Narzissmus-Pandemie 27
   Narzissmus und Ego in unserer heutigen Kultur 28
   Der Geist erschafft die Welt? 31

2. Ego 37
   Begriffsklärung von Ego im buddhistischen Sinne 38
   Unterscheidung Ich-Stärke – Ich-Zentrierung 39
   Innere Kontraktionen erkennen 43
   Vorurteile 45
   Egobekämpfung und spirituelles Bypassing 47
   Spirituelles Ego 54
   Ego-Helfen 57
   Konzepte und die persönliche Erlebniswelt:
      Die 5 Skandhas 59
   Ego will Komfort und Sicherheit 67
   4 Schleier: Unwissenheit, Gewohnheit,
      aufgewühlte Emotionen, Karma 71
   3 Wurzelgifte 83
   8 Inhalte: Ego kreist um die
      „8 weltlichen Belange" 86

Der Output von Egoprozessen:	
Die 10 Untugenden	94
Ego-Typen aus Ost und West	96
Befreiung jenseits von Typologien	101
Lebensaufgaben	103

3. Narziss — 106

Narzissmus in der gegenwärtigen Welt	108
Forschung zum zunehmenden Narzissmus in unserer Zeit	121
Narzisstische Marker und Charakteristika	123
Narzissmustheorien	130
Wichtige Begriffe von Theoretikern des Narzissmus	136
Spekulation über Faktoren der Zunahme von Narzissmus	141
Warum ein Bewusstsein für steigende Narzissmuswerte so wichtig ist	143
Exkurs: Milarepa	145
Gemeinsamkeiten und die Unterschiede von Narzissmus und Ego	149

4. Buddha — 156

Buddha-Natur, Egolosigkeit, wahre Natur, Natur des Geistes, Grund des Seins – was ist damit gemeint?	156
Überwindung von Ego und Egolosigkeit	165
Ein Übungsweg, der aus dem Ego führt	169
Der analytische Verstand kann nicht verstehen	174
Ego-Abbau ist eine narzisstische Kränkung	175
Ego-Abbau heißt nicht Selbstverleugnung	177

Jenseits von Hoffnung und Furcht	178
Meditation	180
Immer wieder sterben	182
Tod und Erlaubnis	186
Die Geschichte einer indischen Ego-Kapitulation	188

5. Freier werden, erfüllter und verbundener leben — **197**

Sind Wege zur Auflockerung von Narzissmus und von Ego dieselben?	197
Es lohnt sich – für uns und alles, was uns umgibt	200
Übungen: Narzissmus auflockern	201
Übungen: Ego auflockern	211

6. N, E und B — **228**

7. Epilog: Warum es dieses Buch nicht braucht — **244**

Anmerkungen	**246**
Quellen	**252**
Über die Auorin	**254**

DANK

Mein höchster Dank gebührt denjenigen buddhistischen Lehrerinnen und Lehrern, die diese uralten und tiefgründigen Weisheitslehren verkörpern und dadurch fühlbar machen. Allen voran danke ich Dilgo Yangsi Khyentse Rinpoche, der nicht müde wird, Finger in Ego-Wunden zu legen und auf individuelle und gesellschaftliche Grundübel hinzuweisen. Zudem auch den Ausbilderinnen und Autoren der buddhistischen Psychologie (insbesondere John Welwood, Ken Wilber, Tara Brach, die Lehrenden des Karuna Trainings in kontemplativer Psychologie und diejenigen des Center of Mindful Self Compassion), die mir diese Schatzkiste nahebrachten.

Ferner danke ich in Liebe meinen beiden Söhnen Julian und Lovis, die mich stets zu einem gesellschaftskritischen Blick inspirierten, und würdige Vertreter ihrer Generationen (Millennials und Generations Z) sind, sowie Euch, liebe Freundinnen und Freunde, für Euer reges Interesse und Eure Ermutigungen im richtigen Augenblick.

Danken möchte ich auch Tom Amarque vom Phänomen Verlag, dessen freundlich-kritischer Blick half, das Buch klarer und strukturierter zu machen; die kreative Zusammenarbeit hat mir viel Freude gemacht.

Einleitung

In welch einer herausfordernden, spannenden, wundersamen, rasant schnellen, gespaltenen, kränkelnden und doch potenzielle Wachstums- und Heilungsschübe anstoßenden Zeit wir doch leben! Als Abkömmlinge einer nach heutigem Wissensstand etwa 6000 Jahre alten menschlichen Zivilisation, sind wir im Begriff, unseren Lebensraum Erde mitsamt ihrer vielfältigen Flora und Fauna zu zerstören und uns immer noch mehr zu spalten: In reicher und ärmer, extrem polarisierte Werte und Meinungen, Gut und Böse, menschliche und künstliche Intelligenz, und vieles mehr.

Zugegeben: Es gibt auch viel Gutes zu vermelden. So gibt es in der Gegenwart weniger individuelle Kriminalität, weniger Welthunger, bessere Behandlungsmöglichkeiten von Krankheiten und Hygienebedingungen (zumindest in unserem privilegierten Teil der Welt). Wir leben länger als noch vor 50 Jahren, fanden erneuerbare Energiequellen, Frieden und ökologischer Wandel kommen als Grundausrichtung bei immer mehr Menschen an, und eine neue Generation bringt Tier- und Umweltschutz mehr ins Handeln. Und doch sehen wir von Menschen gemachte Krisen, die ihrer Natur nach so global und existenziell sind wie nie zuvor. Durch die fortgeschrittene Globalisierung wird deutlich, wie verbunden und abhängig wir voneinander sind. Der Schmetterlingseffekt zeigt sich an vielen Stellen: Wenn in China ein neuartiges und gefährliches Virus entsteht, kann das die ganze Welt auf den Kopf stellen. Wir als Menschheitsfamilie tragen eine riesige Verantwortung für uns und zukünftige Generationen.

Bereits Buddha beschrieb 500 Jahre v. Chr. unsere Jetztzeit als immer schwierigeres, sich verdichtendes, „dunkles" Zeitalter. Manchmal ist auch vom „Zeitalter des Disputs" oder „des Niedergangs" die Rede. Noch genauer äußerte sich dazu der indisch-tibetische Weise Padmasambhava (8. Jhd. n. Chr.) und andere buddhistische Meister und Meisterinnen. Neben diesen buddhistischen Stimmen findet man solche Voraussagen aber auch im mindestens 5000 Jahre alten Maya-Kalender, sowie in uralten vedischen Sanskrit-Schriften. Zunehmende Krisen und Schwierigkeiten, wie wir sie heute erleben, werden in diesen Voraussagungen erstaunlich akkurat beschrieben. In Kombination damit wird die Aufgabe für uns im Heute postuliert, uns gerade jetzt um unser Bewusstsein zu kümmern – unter erschwerten Bedingungen.

In unserer abendländischen, postmodernen Kultur wird der Ruf nach wieder einfacheren, realistischen, und generellen Wahrheiten in einer komplexen Welt lauter, und wir sind dringend aufgerufen, uns in unseren humanen Fehlentwicklungen zu verändern. Wir müssen uns eingestehen, dass wir nicht nur eine Situation mit Burn-out und Burn-on-Phänomenen und dem höchsten Psychopharmaka-Verbrauch aller Zeiten kreiert haben, sondern auch unseren Lebensraum bis kurz vor den Ruin gebracht haben. Als dieses Buch anfing zu entstehen, hieß es in der öffentlichen Diskussion des Klima-Kipp-Punktes, vor dem wir stehen, immer wieder, es sei „kurz vor zwölf". Das drängende Problem, was unser aller Veränderung erfordert, schien dann hinter einer weltweiten Pandemie und weiteren, so erschreckenden wie unvorhergesehenen Krisen im Weltgeschehen quasi zu verschwinden. Es ist aber dringlicher als je zuvor.

In allen aktuellen, menschengemachten Krisenherden ist deutlich geworden, dass da etwas in eine falsche Richtung läuft. Dabei sind die Ursachen und Bedingungen so komplex, dass der Ruf nach einfachen Narrativen und Lösungen verständlich ist. Doch diese sehr menschlichen Mechanismen bewirken neben durchaus vorhandenen Bewegungen zu neuen Bewusstseins-, Kommunikations- und Lebensformen auch Spaltungstendenzen, mit dem Drang zum polarisierten Schwarz-Weiß-Denken, zur Ausgrenzung und Verhandlungsunfähigkeit. Wir reduzieren dadurch zunächst unsere unerträgliche Angst und Spannung. Das Problem ist, dass wir durch diese ‚primitiveren', in uns angelegten Reaktionsweisen keine echten Lösungen finden, die der Komplexität der Situation gerecht werden und nachhaltig sind. Im Gegenteil, diese Mechanismen schaffen neue Probleme. Wir stehen vor der großen Aufgabe, uns zurückzubesinnen auf unser aller gemeinsames Mensch-Sein, und darauf, Verantwortung zu haben für lebenswerte Gesellschaften, Lebensräume, und das Wohl von nichtmenschlichen fühlenden Wesen, die von uns abhängig sind.

Eines Abends, nach einem buddhistischen Meditationsretreat und dem ersten darauffolgenden Arbeitstag in der psychotherapeutischen Praxis, mit mehreren, durch viel Narzissmus begründeten Leidensgeschichten, beschäftigte mich der Kontrast der beiden Settings. Ich suchte nach einem roten Faden in den Konzepten von Narzissmus, Ego und Egotranszendenz (dem ultimativen buddhistischen Ziel). Mir fiel auf, dass ich diese Themen schon lange in meinem Geist bewegte – weil die Welt, die psychotherapeutische Arbeit, und der auf dem Meditationsweg schärfer werdende Blick für das Innen und Außen einfach dazu einladen. Auch schossen immer mehr Artikel und Reportagen aus dem Boden, die sich mit individuellen und kulturellen Formen von Narzissmus befassten und den Finger in eine Wunde der Zeit legten. Aus diesem Initialmoment wurde dieses Buch geboren.

Zwei zentrale und problematische Hinderungsgründe für einen guten Umgang mit den Herausforderungen unserer Zeit auf Basis eines Bewusstseins, welches zu Perspektivenwechseln und neuen kreativen Lösungen fähig ist, sind in der Tat Narzissmus und Ego.

Der Begriff *Narzissmus* wird hier im Sinne der abendländischen Psychologie verwendet als eine Form übermäßiger Selbstbezogenheit und Selbsterhöhung, die sich auch durch mangelnde Empathie für andere oder Andersartige kennzeichnet. Andere (Menschen, Tiere, Länder, Kontinente, der Planet Erde) sind für narzisstische Einzelne und auch Gruppen keine gleichwertigen Subjekte, sondern Objekte, die dem eigenen Komfort, der eigenen Wichtigkeit und Wertigkeit dienen sollen. Wenn wir in unserer westlichen Kultur sagen: „*Der hat aber ein großes Ego!*", meint dies oftmals eine Form narzisstischen Auftretens. Man kann auch als wenig narzisstischer Mensch ein sehr dichtes Ego haben – in diesem Fall aber ohne ein übersteigertes Größenselbst, und mit vorhandener Einfühlungs- und Kritikfähigkeit. Im hier verwendeten Begriffsverständnis kann Narzissmus als in unserer Zeit besonders bedeutsame Unterform von Ego (im buddhistischen Sinne) gesehen werden: Wenn jemand narzisstisch ist, impliziert das immer eine starke Ego-Verstrickung.

Ego wird hier also im Sinne der buddhistischen Psychologie verwendet. Gemeint ist ein Mechanismus, der allen Menschen zu eigen ist und bewirkt, dass wir uns selbst fester und beständiger wahrnehmen, als dies tatsächlich der Fall ist: Ich bin so, er ist so, dies ist gut, das ist schlecht, aus diesem Grund bin ich wertvoll (oder wertlos), das gehört mir, das ist richtig und das ist falsch etc. Dieses Verstehen von eigentlich fließenden Prozessen als Konzepte über uns und das Außen als feste Entitäten ist uns zunächst oft wenig bewusst, kann aber durch Herzens- und Geistestraining und daraus resultierende Einsicht bewusster gemacht, und dadurch abgemildert werden. Dabei entwickeln wir uns hin zu unserer *wahren Natur* oder *Buddha-Natur*, die Selbst-Transzendenz und das Erkennen von Flüchtigkeit von Erfahrungen und Phänomenen hervorbringt. Etwas, was es nicht zu erwerben gilt, sondern was in uns allen angelegt ist und hervorzuschimmern beginnt, wenn wir „Schleier um Schleier" unseres egogeleiteten *und* narzisstischen Erlebens und Handelns in der Welt abtragen. Mysterienschulen unterschiedlicher Kulturen haben die verschiedensten Begriffe dafür, meinen aber alle dasselbe, befreite Gewahrsein der Dinge. Insbesondere im Buddhismus wird ein akkurater Praxisweg aus narzisstischen und Egoprozessen heraus angeboten, den seit Buddha Shakyamuni bis heute Generationen über Generationen praktiziert haben. Aber heute müssen wir nicht nur den in Emotionen, Geistesgifte und Leidensformen verstrickten Geist überwinden, wie es vor Jahrtausenden noch üblich war. Um inneren Frieden, innere Gesundheit und Befreiung zu erlangen, ist es im Heute besonders wichtig geworden, sich auch mit der Vielfalt der von uns Menschen erzeugten Krisen auf eine ethische Weise auseinanderzusetzen.

Unsere derzeitigen existenziellen Probleme ökologischer, landes- und weltpolitischer, ökonomischer, und humanitärer Art stehen in unmittelbarem Zusammenhang mit unserem egoischen und narzisstischen Bewusstsein. *Narziss, Ego & Buddha* ist eine Einladung an alle Menschen, sich mit sich selbst, unserer Spezies und der Erde mit ihren Ökosystemen zurückzuverbinden. Dieses Buch möchte einen Perspektivenwechsel vorschlagen: Es möchte den Blick schärfen für die Hindernisse, die innere und äußere Lösungen für ein gesundes In-der-Welt-Sein verhindern. Es möchte dazu aufrufen, mutig die eigenen Umgangsweisen mit Anforderungen und Herausforderungen unserer Zeit zu reflektieren, und sich neu auf unsere Spezies und ihren Lebensraum zu beziehen. Es möchte dabei unterstützen, den gedanklichen und emotionalen Fokus auf ein vergängliches, nie zufrieden zu stellendes Selbst, die eigenen Sicherheitszonen, die eigene übermäßige Wichtigkeit und die

Selbsttröstung über Konsum alles Möglichen aufzulockern. Gegen diese Mechanismen, die – wenn man genau hinsieht – immer neues Leid produzieren statt davon zu erlösen, können Gesetzmäßigkeiten und Auswege der östlichen und westlichen Psychologie integrativ eingesetzt werden. Insbesondere die buddhistische Sichtweise auf unser ‚Zeitalter des Disputs' erweist sich als Schatzkiste neu zu entdeckender Humanität, und einer Bewusstseinserweiterung, die von Verwirrung und Verstrickung hin zu befreiender Weisheit führt. Verbunden mit dieser Weisheit mag es uns leichter fallen, komplexen Problemen gerecht zu werden und differenzierte, ganzheitliche Lösungen zu kreieren, oder einfach zu entdecken.

Wir brauchen heute eine solche alternative Blickrichtung. Alte Sicherheiten schwinden, diverse, von Mensch zu Mensch unterschiedliche Ängste brechen auf. Wenn wir unser Unbehagen nicht verleugnen, stürzen wir uns oft in eine unübersichtlich gewordene Flut aus Mainstream- und anderen Informationskanälen. Dieser Versuch, „die Wahrheit" herauszufinden und dann zu verteidigen, um Sicherheit zurückzuerlangen, verwirrt uns in Überdosierung eher, als dass es uns befreit. Wir kommen nicht umhin, uns immer mal wieder von außen nach innen zu wenden, um unserem körperlichen, emotionalen und geistigen Befinden so zu begegnen, wie es gerade ist. Von dort aus können wir dann im Inneren wieder mehr Weite, innere Freiheit und Weisheit zurückerobern. Dies geht durch die Kontemplation einer erweiterten Zeitperspektive oder Meditation. Dies meint nicht, uns nur um uns und unsere Komfortzonen zu kümmern, sondern einen klaren, beruhigten und weiten Geistes- und Herzenszustand zu kultivieren. Damit können wir anschließend wieder konstruktiver und bewusster in die Welt und ins Miteinander gehen.

In ähnlicher Weise können wir diese Selbst-Relativierung und -Transzendenz erleben, wenn wir beispielsweise vor einem erhabenen Berg sitzen, und diesen immer tiefer auf uns wirken lassen. Was hat er schon alles bezeugt und überstanden? Auch die heute manchmal zu eng werdende politische Perspektive, die aus einem größeren Blickwinkel eben nur ein kleines Körnchen am Sandstrand linearer Zeit ist, können wir so aufweichen. Vielleicht bekommen wir bei diesen relativierenden Gedanken einen kleinen Schreck, meistens ist dieser aber auf heilsame Weise weitend und im Nachhall entspannend.

Seit fast 30 Jahren beschäftige ich mich nunmehr mit dem Dharma, Buddhas Lehren, sowie der Mystik christlicher, islamischer, Sufi- und anderer Wege. Seither bin ich auch mit relativer Stetigkeit (wenn auch nicht ohne spirituelle Krisen) dabei, meinen Geist – und die immer wieder in neuen Verkleidungen auftretenden Kapriolen meines eigenen Egos – zu untersuchen und zu zähmen. Wie bei den meisten Yoginis und Yogis, ist das ein von Aufs und Abs gekennzeichneter Weg gewesen, und ist es noch. Im Verlauf ist die meditative Praxis „stabiler geworden", wie das buddhistische Lehrerinnen und Lehrer oft nennen. Insbesondere half hierbei das Durchlaufen der vorbereitenden Übungen des tibetischen Buddhismus, der sogenannten „Ngöndro". Auf diesem Fundament ist die immer wieder nötige Übungspraxis müheloser geworden, das Hadern mit der Zeit, die für die tägliche Meditation in Anspruch genommen werden will, verschwand, und es gelingt schneller, Blicke hinter all die äußeren Bewegungen, Freuden, Katastrophen, und auf meine mentalen und emotionalen Reaktionen darauf zu erhaschen. Im Laufe der Zeit wurde immer klarer, weshalb das „Ego" von Buddha und Meditationsmeisterinnen immer „das Grundübel" genannt wird. Zwar tragen wir nach buddhistischem Menschenbild den erwachten Zustand, der oft auch die Verwirklichung der „Natur des Geistes" genannt wird, in uns, sind aber meistens oder vollständig davon abgetrennt. Wir müssen uns durch eine Vielzahl von Schleiern durcharbeiten, vor allem die emotionalen, bis wir überhaupt einen Geschmack davon bekommen, und diese unsere wahre Natur irgendwann voll erkennen bzw. erfahren können. Dieses von so vielen Übenden ange-

strebte „Erkennen" soll dem menschlichen Leiden in seinen diversen Formen und Ausprägungen ein Ende bereiten, so lehrte bereits Buddha. Wenn ich mich – meist in oder nach einem Retreat mit verstärkter Meditationspraxis – in Aufwachmomenten wiederfinde, ist es in diesem Zustand eigentlich ganz egal, ob ich mich in der Wüste, auf einem Müllberg, in einem Tempel, oder auf dem weltbekannten Münchner Oktoberfest wiederfinde.

Im Groben ist das Buch dreigeteilt: In den Kapiteln 1 und 2 finden Sie eine vertiefende Auseinandersetzung mit den bereits erwähnten Ideen wie Ego und Narzissmus und deren Relevanz für heute. Diese werden in Zusammenhang gebracht mit konkreten, aktuellen narzisstischen und egozentrierten gesellschaftliche Strömungen – insbesondere in westlichen und markt-/wachstumsorientierten Gesellschaften. Auch auf unsere speziellen, vielfältigen Herausforderungen und Krisen wird Bezug genommen. Konkrete Beispiele verdeutlichen die Zunahme eines individuellen und kulturellen Narzissmus in unserer Gesellschaft, und die omnipräsenten Ego-Verstrickungen, die uns alle immer wieder einholen. Buddhistisch-psychologische und neuropsychologische Ansätze zur Funktionsweise unseres Geistes lassen deren Entstehung verständlich werden.

Der zweite Teil, bestehend aus den Kapiteln 3 und 4, befasst sich ausführlich mit individuellen und kollektiven, sowie generellen und auf aktuelle Strömungen bezogenen Ausführungen zu den drei zentralen Themen Ego, Narzissmus und Buddha-Natur. Letztere steht für das, was über ein letztendlich nicht existentes, losgelöstes Selbst hinausgeht, und dessen Erkenntnis.

In Teil drei, Kapitel 5 bis 7, geht es um die Suche nach individuellen und kollektiven Auswegen aus dem egoischen und narzisstischen Dilemma. Es wird nochmal eindringlich darauf Bezug genommen, warum wir uns gerade jetzt von unseren goldenen Kälbern Leistungsstreben, Perfektionismus, Selbstoptimierung, Konsumstreben und isolierter Egozentrik verabschieden dürfen. Stattdessen gehört der Blick auf unser gemeinsames Menschsein, unsere Interdependenz, auf Gemeinwohlorientierung und Formen von Geistes- und Herzenstraining mehr in den Fokus. Es folgen Vorschläge konkreter psychologischer und spiritueller Werkzeuge, um mit sich selbst zu arbeiten und narzisstische und Ego-Strukturen im Inneren aufzuweichen – denn dort beginnt Veränderung.

1. Buddha & die Zeit, in der wir uns bewegen

„Wenn sich da, o Mönch, ein Felsblock befände aus einer einzigen Masse, eine Meile lang, eine Meile breit, eine Meile hoch, ungebrochen, ungespalten, unzerklüftet, und es möchte alle hundert Jahre ein Mann kommen und denselben mit einem seidenen Tüchlein einmal reiben, so würde wahrlich, o Mönch, der aus einer einzigen Masse bestehende Felsblock eher abgetragen sein und verschwinden als eine Welt. Das, o Mönch, ist die Dauer einer Welt. Solcher Welten nun, o Mönch, sind viele dahingeschwunden, viele hunderte, viele tausende, viele hunderttausende. Wie aber ist das möglich? Unfassbar, o Mönch, ist diese Daseinsrunde (samsāra), unerkennbar der Beginn der Wesen, die im Wahne versunken und von dem Begehren gefesselt die Geburten durchwandern, die Geburten durcheilen."

Buddha Shakyamuni [1]

Das dunkle Zeitalter

Wir sollen oder wollen uns selbst optimieren, erfolgreich und bedeutsam sein, jung aussehen, Komfort und Wohlstand erlangen und vermehren, zur richtigen Seite „gehören", uns politisch korrekt fühlen, schmerzfrei leben, alle möglichen Services in Anspruch nehmen, wir wollen einen Staat, der uns elterngleich behütet, versorgt und für Frustrationen entschädigt, wir wollen auf nichts verzichten, sicher und mächtig sein, Unsicherheiten und Risiken unter Kontrolle bekommen, uns nicht mit unbequem Andersdenkenden auseinandersetzen, und diejenigen sein, die *überleben*.

Wo befinden wir uns mit diesen zeittypischen Themen und Strukturen in der Geschichte der Menschheit, die ja im Vergleich zur Geschichte unseres Planeten, der Arten, oder gar des Kosmos mit ihren 6000 Jahren noch sehr jung ist?

Geologisch betrachtet schlagen viele Wissenschaftler und Wissenschaftlerinnen für unsere Ära den Begriff „Anthropozän" vor. Dieses soll etwa Mitte des 20. Jahrhunderts begonnen haben, und ist das erste geologische Zeitalter, in dem sich menschengemachte Spuren auf Dauer in den Erdschichten verewigt haben. Bezeichnenderweise wird als ein zentrales Initial-Ereignis dieser Ära der Abwurf der ersten Atombombe in 1945 genannt. Dies wird im Gestein nachweisbar sein, solange es diese Erde – belebt oder unbelebt – noch geben wird.

Blicken wir nun auf die Kosmologien der bereits angesprochenen Ur-Weisheitskulturen: Nach der vedisch-hinduistisch-buddhistischen Zeitrechnung befinden wir uns im fortgeschrittenen Kali-Yuga, übersetzt „dunkles Zeitalter". Manchmal ist auch vom „Zeitalter des Disputs" die Rede. Was kann man sich unter einem Yuga vorstellen? Gemeint ist eine kosmische Zeiteinheit, als Untereinheit innerhalb so genannter Kalpas. Dies wiederum sind gemäß der vedischen Kosmologie für uns unvorstellbare Zeiträume, in dem jeweils ein Universum, wie auch das unsere entsteht – und wieder vergeht. Dabei verrinnen nicht weniger als gut 4 Millionen Jahre unserer linearen Zeit. Unser Kali-Yuga ist nun – folgt man den Einschätzungen der Mayas und Veden, teils auch der griechischen Mythologie – dabei, zu Ende zu gehen. Prophezeit wurde, dass es abgelöst werde von einem wieder helleren, nämlich dem goldenen Zeitalter. In den Umständen eines auf der Kippe stehenden Klimas und immer offensichtlicher aufeinanderprallender Werteorientierungen, die uns unser Arten-Überleben kosten könnten, könnte man sich aufrichtig fragen: Werden wir als menschliche Spezies dieses noch miterleben? So gut wie fest steht: Sie und ich als individuelle Lebewesen werden es sicher nicht. Wir bewegen uns hier im Tausender-Zeiteinheiten mit längeren Übergängen, können also natürlich nicht von einem Zeitalter ins nächste springen. Das dunkle Zeitalter, in dem nach Padmasambhava „Eisenvögel den Himmel bevölkern" (wie konnte er das im 8. Jahrhundert wissen?), wird in den erwähnten Hochkulturen als von Verfall und Niedergang geprägt beschrieben. Es soll an die 3000 Jahre andauern, und neigt sich dem Ende zu. Und: Es soll uns thematisch in immer verdichteterer Form beschäftigen mit Erfahrungen wie Krankheiten, Seuchen, Kriegen und Grenzkonflikten, Hungersnöten, entgleisender Natur, Lügen und Verwirrung in Bezug auf unser Menschsein.

Im Original: Eine *„Fülle an Rindfleisch wird die Billigung der dämlichen Meute haben"*, … *„Statuen, Thangkas, Bücher und Stupas werden zerstört"*, … *„Regen fällt unregelmäßig"*, *„tödliche ansteckende Krankheiten treten auf"*, *„Jeder wird im eigenen Herzen skeptisch sein"* … [2].

Man vergegenwärtige sich z. B. die Sprengung der riesigen Bamiyan-Buddhastatuen in Afghanistan, die Verwüstung tibetisch-buddhistischer Tempelanlagen durch die chinesischen Truppen, Epidemien und Pandemien wie die spanische Grippe, SARS und COVID, oder die drohende Klimakatastrophe. Denken Sie auch an die schon angesprochene tiefe Spaltung unserer Gesellschaft, der USA, der europäischen Länder, etwa in Bezug auf Andersartigkeit, auf Gesetze und Maßnahmen im Umgang mit Corona, oder den Umgang mit der Energiekrise. All dies kann einem im Zusammenhang mit Padmasambhavas Worten durchaus Schauer über den Rücken herunterjagen!

Befinden wir uns in der Jetzt-Zeit nicht unverkennbar in solchen „Niedergangs-Umständen"? Sind nicht unsere individuellen und gemeinsamen Egos, zum Beispiel in gesellschaftlichen Untergruppen und Interessens-Gemeinschaften, größer denn je, und besteht daraus nicht das Grundübel unserer Schwierigkeiten?

Obwohl soziale, digitale Netzwerke in den letzten 10 Jahren explodiert sind, haben wir zunehmend das Bewusstsein für Interdependenz verloren. Alles ist mit allem verbunden. Systemwissenschaften wie die *Web of Life*-Forschung (Überwindung des mechanistischen Weltbildes, Erforschung von das Leben durchziehenden, selbstregulatorischen Beziehungsnetzwerken) haben das zuletzt immer mehr belegt: Was wir ins Netz hineingeben, kommt zu uns zurück[3]. Doch wir begreifen unser Selbst, als hätte es mit den anderen, der Artenvielfalt, dem wackelnden Klima, mit Flora und Fauna nichts zu tun. Padmasambhavas Statement, jeder werde im eigenen Herzen skeptisch sein, nimmt möglicherweise darauf Bezug. Zudem steckt darin ein Hinweis auf die Zunahme von Spaltung und Projektion. Beides ist in der Psychoanalyse als Form der Abwehr eigener Schwierigkeiten bekannt. Statt innerlich an uns zu arbeiten, um freier und glücklicher zu werden, fokussieren wir die vermeintlich äußeren Hindernisse zu unserem Glück. Das ist nicht neu, nimmt aber zu, wie sich in jüngsten gesellschaftlichen Entwicklungen plakativ beobachten lässt. Wir lenken uns damit wunderbar ab von dem, was in buddhistischen Traditionen als Aufgabe und Möglichkeit innerer Befreiung aus Leidenskreisläufen beschrieben wird.

Hass, Gier und Verwirrung – die 3 buddhistischen „Wurzelgifte" des Egos – nehmen tatsächlich in diesen Zeiten viel Raum ein. Besonders bemerkenswertes Kennzeichen der allgemeinen Verwirrung unserer Spezies ist, dass es schwerer geworden ist, noch durch Einsicht und meditative und mystische

Wege der Geistes- und Herzensschulung deren Essenz zu erfassen und echten Zugang zur inneren Freiheit und Weisheit zu gewinnen. Stattdessen versinken wir im „schlammigen Schmutz von Samsara"[(4)], dem Kreislauf des Leidens dieser Welt, den Buddha beschrieb. Wir verstricken uns gesellschaftlich und persönlich in Materiellem, in Beziehungen, in emotionalen Leidensformen, in einer überbordenden Verkopfung, in der man immer mehr und immergleich denkt, analysiert, wertet und urteilt. Es heißt im tibetischen Buddhismus, dass Padmasambhava seine speziellen Lehren des Vajrayana-Buddhismus, des „schnellen Fahrzeugs" zur Befreiung, ganz besonders für unsere Zeit ausgewählt hat. Sie besitzen tatsächlich hoch aktuelle Brisanz, und sind uns zugänglich, nachdem sie durch die tragische Besetzung Tibets durch China in über 50 Jahren durch geflohene Lehrerinnen und Lehrer – allen voran dem Dalai Lama – mitgebracht und verbreitet worden sind.

Wenn wir uns auf spirituelle Wege begeben, haben wir es in unserem „dunklen Zeitalter" jedoch ebenfalls nicht einfach, denn dort stoßen wir auch auf „gefallene Engel" und falsche Gurus. Solche haben ihren eigenen Ego-Schatten und können so der Befreiung nicht wirklich dienen. Manchmal rufen sie sogar noch mehr Verstrickung und Leid hervor. Auch dies wurde von Buddha und Padmasambhava vorhergesagt. Verschiedene zeitgenössische spirituelle Lehrende mahnen in diesem Zusammenhang immer wieder, hier genau hinzusehen und den Guru wirklich zu prüfen.

Beim Schreiben dieses Buches vollzog sich in der Welt und in jedem einzelnen persönlichen Leben mit Flüchtlings-, Klima-, Ukraine-, Inflations-, Energie- und Coronakrise eine Vielzahl verstörender Ereignisse, die so wohl kaum jemand in Erwägung gezogen hätte. Daneben spitzten sich menschengemachte, bereits bekannte Probleme wie entgrenzter Kapitalismus mit seinen Schattenseiten, und die ökologische und Klimakrise zu.

Auch in unserem westlichen Kulturkreis etablierten sich autoritärere, demagogischere Stile und Figuren. Mag sein, dass wir uns an einer Sollbruchstelle, in einem Übergangsszenario, an einer Schwelle befinden. Nach zwei entsetzlichen Weltkriegen gibt es viele Menschen, die keinen Krieg mehr wollen. Der immer brisanter werdende Klimawandel hat Fridays for Future mobilisiert, es gibt Maschinen, die Bäume pflanzen, Selbstbeschränkungen beim Fliegen und selbstverständlicher werdende CO_2-Abgaben, wenn man es trotzdem einmal tut. Der Druck innerhalb der Politik, zugunsten einer Erholung des Klimas zu wirken, steigt. Eine junge Generation hat zunehmend begonnen, sich mit veganem Lebensstil und ökokorrektem Handeln zu befassen. Umweltbanken, eine Achtsamkeitsbewegung, die der Selbstbegegnung und Entschleunigung dienen möchte, Frauen, die bislang gedeckelte männliche Übergriffe in Machtstrukturen zunehmend öffentlich machen, und vieles mehr geben uns Hoffnung. Es erscheint fast, als seien verwirrte und wache Gegenkräfte zugleich am Werk. Viele gesellschaftskritische Expertinnen und Vordenker, wie zum Beispiel der Neurobiologe Gerald Hüther, der Soziologe Niklas Luhmann, der Mediziner Christian Schubert, der Physiker Carlo Rovelli, der Theologe Eugen Drewermann, oder buddhistische Figuren wie Joan Halifax, David Loy, Joanna Macy, Thich Nhat Tanh erkennen diese Zeit als eine, die von Umbruch und Transformation gekennzeichnet ist. Möge die Zuversicht berechtigt sein, die den möglicherweise gerade stattfindenden Übergang auf der Weltzeitachse positiv wertet.

„Westlicher" Narzissmus und „östliches" Ego

Eine zunehmende Anzahl an Psychotherapeutinnen und -therapeuten hat sich in den letzten 10 bis 20 Jahren mit großem

Interesse östlichen Philosophien und Meditationsformen zugewendet. Östliche und westliche Psychologie und Philosophie wurden von diesen synergetisch zusammengebracht, und die Achtsamkeitsschulung wurde in gängige und neue Therapieverfahren integriert. Auch wenn abendländische und morgenländische, wissenschaftliche und mystisch-kontemplative Ansätze zunächst konträr wirken, können sie voneinander lernen und sich wunderbar ergänzen. Zunehmend wurde dies in der psychologischen Forschung und Praxis inzwischen entdeckt und angewendet. Auch die Wissenschaft – allen voran die Hirnforschung – hat sich für die Thematik geöffnet. Zunehmend findet man diese Ansätze auch in der Wirtschaft, in Schul-Pilotprojekten und anderen Bereichen der Gesellschaft. In der Coronakrise war es schier unglaublich, was für ein Angebot an Online-Meditationen und unterstützenden Dharma-Talks zur Arbeit mit unserem Geist aus dem Boden gestampft wurde. Vor allem zu Beginn oft unentgeltlich und mit einer spürbaren, tiefen humanistischen Motivation.

Buddhistische Lehrende aus Nepal, Indien, Tibet und südostasiatischen Ländern öffnen sich glücklicherweise immer mehr der westlichen Psychologie, – und der „westlichen" Psyche. Unsere „westliche Psyche" ist in wichtigen Facetten anders als die „östliche". Sehr bekannt ist inzwischen die Geschichte von einer Konferenz mit dem Dalai Lama und westlichen Psychologinnen und Psychologen vor über 10 Jahren, in der – eingebracht durch einen westlichen Teilnehmer – das Thema des bei uns weit verbreiteten mangelhaften Selbstwerts aufgeworfen wurde. Der Dalai Lama schien zunächst nichts mit dem Begriff anfangen zu können. Nach ausführlicher Erklärung seines Übersetzers, und nachdem er die ca. 20 Anwesenden gefragt hatte, ob dies auf sie oder ihn zutreffe, und alle bejaht hatten, schien er zu verstehen, und war betroffen und voll Mitgefühl für uns Westler. In seiner Kultur sei das Problem

„Selbstwertmangel" so nicht vorhanden! Dabei mag es sich allerdings zukünftig so entwickeln, dass sich das Problem eines mangelnden Selbstwertgefühls auch in der asiatischen Welt verbreiten wird. Die Entwicklung hin zu zunehmender Verwestlichung bzw. Amerikanisierung, mit ihrer dominanten Markt-, Gewinn,- und Leistungsorientierung ist ja in Ländern wie z. B. Indien, China, Nepal, Thailand oder Südkorea unübersehbar.

Dieses Mitgefühl östlicher Lehrender für unsere speziellen „westlichen" neurotischen Leidensformen ist mir in den letzten Jahren sehr häufig aufgefallen. Ich denke, „östliche" Leidensformen und Neurosen sind manchmal einfach anders ausgeprägt. Denn letztendlich geht es um ein „gemeinsames Menschsein" in einem Körper-Emotions-Geist-Dasein, mit dem wir alle zu tun haben.

Wichtig ist mir noch, folgenden Unterschied zwischen westlichen und östlichen Schulen in Bezug auf die Arbeit mit Leid erzeugender Selbstzentriertheit herauszustellen: In Narzissmus-Theorien und -Therapien westlicher Schulen geht es nicht darum, das Ego grundlegend aufzuweichen oder zu transzendieren; in der buddhistischen Herzens- und Geistesschulung dagegen schon. Wenn in einem Zeitungsessay der „kulturelle Narzissmus unserer Zeit" reflektiert und kritisiert wird, geht es meist um die nötige Rückkehr zu sozialen Werten wie Empathie, Bescheidenheit und Achtsamkeit. Doch niemand käme wohl dabei auf die Idee, das Ich, das Selbst und unsere Bestrebungen nach Dauerhaftigkeit und Komfort infrage zu stellen. Wenn etwa im Buddhismus das Ego und seine Prozesse betrachtet werden, geschieht dies dagegen schon.

Die Narzissmus-Pandemie

Unsere westlichen Leiden haben jedenfalls mit Materialismus viel zu tun – und mit Narzissmus, dessen Kehrseite ein Mangel echten, inneren Eigenwertes ist, der nicht überbetont oder ständig bewiesen werden muss. Ob der Kern stark narzisstisch strukturierter Menschen ein sehr mangelhaft ausgeprägtes Selbstwertgefühl ist, wird inzwischen in Teilen der psychiatrischen und psychologischen Fachwelt infrage gestellt. Auf jeden Fall kann man beim Narzissmus jedoch von einem einseitigen Größen-Bild von sich selbst, und viel zu wenig Zugang zum wahren Selbst oder Kernselbst[5] sprechen. Und jedes Kernselbst hat als Grundpersönlichkeit eines Menschen nicht nur grandiose, sondern unter- und überdurchschnittliche, sowie mittelmäßige Aspekte.

Wie bereits dargestellt, sind unsere aktuellen, gravierenden Probleme wie Erderwärmung und die drohende Klimakatastrophe, Pandemien wie Covid-19 und deren Folgen, Kriege und Flüchtlingsströme in psychologischer Hinsicht Folgen von Ego *und* Narzissmus. Sehr offensichtlich herrscht oft ein ausgeprägter, nicht selten auch destruktiv-narzisstischer Stil unter den Machthabenden und Führungspersönlichkeiten der Wirtschaft in unserer heutigen Welt vor. Dies lässt mich wieder an die verheißungsvollen Worte von Padmasambhava denken, die wir im ersten Kapitel erwähnt haben. Das Vorherrschen dieses Stils verhindert als natürliche Folge Empathie, humanistische Werte, einen weiten Blick für Interdependenz von Mensch, Tier, Ökosystem, und unser Überleben als Spezies.

Ein Zuwachs an Ego und Narzissmus wird inzwischen zunehmend proklamiert – insbesondere dort, wo Gesellschaften sich individueller Selbstperfektionierung, Selbstinszenierung, und der wachstumsfixierten Marktwirtschaft verschrieben haben[6]. Während der klinischen Arbeit mit psychiatrischen und suchtmittelabhängigen Menschen begegnete mir immer wieder das Phänomen der „narzisstischen Persönlichkeitsstörung" bei zunächst in der Regel sehr anziehenden, charismatischen, durchsetzungsstarken Menschen. Bald wurde in diesen Fällen jedoch die Schattenseite dieser Akzentuierung der Persönlichkeit offenkundig: Die Überzeugung, besonders wertvoll und wichtig zu sein, konnte bei Misserfolg, Ablehnung oder Kritik schnell einbrechen. Der Mann oder die Frau (wobei diese Akzentuierung im Sinne einer Störung bei Männern häufiger vorkommt als bei Frauen[7]) wird dann in eine Selbst-Verunsicherung geworfen, und neben der häufigen Kränkungswut, die die Umgebung verprellt, wird der innere Einbruch eben über Suchtmittel aufgefangen, oder mündet in ein handfestes depressives Loch. Schwierigkeiten treten auch dann auf, wenn Partnerinnen, Freunde, Kolleginnen etc. nach einiger Zeit merken, dass sie in der Beziehung mit diesem narzisstisch strukturierten Menschen im Grunde immer nur irgendwie benutzt und wie Objekte behandelt werden. Sie sollen Scheinwerfer sein, der sich auf den anderen ausrichtet und diesen bestrahlt – um sie selbst geht es nicht.

Narzissmus und Ego in unserer heutigen Kultur

Stellen Sie sich vor, Sie sind in ein Verkehrschaos geraten, und nichts geht mehr. In der Einbahnstraße, in der Sie festsitzen, parken rechts und links Autos. Vor Ihnen steht ein DHL-Fahrzeug, der Fahrer ist vor Minuten mit Paketen verschwunden. Hinter Ihnen stauen sich immer mehr hupende Autos. Wenn Sie sich jetzt, während Sie auf den DHL-Fahrer warten, gestresst ob des Lärmes aufregen, begeben Sie sich in Ihr Ego. Wenn Sie in Gedankenketten gehen, wie rücksichtslos alle sind, und dass Autofahrer und Menschen anders sein sollen, damit es

Ihnen gut gehen kann, reagieren Sie narzisstisch: Die anderen sind Objekte, die Sie als untadelige Person anders behandeln sollen. Wenn Sie lediglich dem momentanen Unbehagen nachspüren, Ihren gedanklichen Hang, andere zu beschuldigen bemerken, das Adrenalin sich setzen lassen, und beim Warten, bis es weiter gehen kann, präsent sind, Ihre Atemzüge wahrnehmend, fühlt sich das wahrscheinlich in dem Moment befreit an. Sie haben die Wahl! Immer haben wir die Wahl, in allen bedrängenden Situationen. Nur manchmal geht alles so schnell, dass wir auf unsere archaischen Reflexe des Gehirns keinen Einfluss nehmen können. Im Nachhinein reflektieren ist allerdings immer möglich. Oft wissen wir gar nicht um diese Freiheit, von der der gesamte buddhistische Übungsweg spricht!

Bei der Bahn wurden in den letzten Jahren zwar segensreiche Ruhe-Abteile in Fernzügen erschaffen. Überall sonst hat die „Verschmutzung durch den eigenen akustischen Dreck", wie jemand das neulich drastisch benannte, in öffentlichen Verkehrsmitteln exzessiv zugenommen. Zunächst war das Dauertelefonieren noch sozial unerwünscht in Zug oder Nahverkehr, inzwischen ist es Standard. Wie Sarah Diefenbach in *Digitale Depression* gezeigt hat, werden öffentliche Telefonate von unfreiwillig Zuhörerenden zunehmend akzeptiert. Sogar das Handy-Chatten in der Kirche gewinnt zunehmend an Normalität, wie die Autorin weiter ausführt. Neben Telefonaten sind Musik-Beschallungen, Infiltration durch verschiedene Signaltöne von Smartphones und akustische Eindrücke von Spiele-Apps im öffentlichen Verkehr omnipräsent geworden. Bei der Beobachtung der jeweiligen Phänomene empfinde ich die Protagonisten aller Altersstufen und beiderlei Geschlechts oft als regelrechte Ego-Smombies[8]: „Ich und mein Universum sind hier zentral, die Menschen um mich herum kommen irgendwie nicht mehr vor. Es existiert für mich nur das Medium, mit dem ich mich gerade befasse, oder der Mensch am anderen Ende der Leitung."

Alle drei in diesem Buch untersuchten Aspekte des Menschseins – Ego, Narzissmus und die Buddha-Natur – trage ich, wie jeder Mensch, selbst natürlich auch in mir.

Der Geist erschafft die Welt?

Von unserem Bewusstsein hängt ab, wie wir die Welt und uns in der Welt wahrnehmen, was wir in die Welt hineingeben, und wie sie zurückwirkt. Während Buddha etwa 500 Jahre v. Chr. dieser Thematik auf revolutionäre Weise nachging, beschäftigten sich etwas später auch im westlichen Kulturkreis Sokrates, Platon und Aristoteles als unglaublich innovative Vordenker mit der Frage nach der *Wirklichkeit*. Alle vier stimmen darin überein, dass unser Bewusstsein nie die Dinge genauso abbildet, wie sie sind. Dennoch können wir uns der Erkenntnis einer Wirklichkeit annähern – die Methoden hierzu sind unterschiedlich. In den letzten Jahrzehnten hat sich sehr viel Forschung in den unterschiedlichsten Disziplinen mit dieser Thematik befasst, und ist zu faszinierenden Ergebnissen gekommen. Im Konstruktivismus wird aufgezeigt, dass die Informationen, die wir aufnehmen, von Mensch zu Mensch unterschiedlich verarbeitet werden und dass das Nervensystem die Wirklichkeit, die wir erfahren, selbst erzeugt. Für die Pädagogik heißt das zum Beispiel, dass Wissen nicht einfach vermittelt wird. Wir konstruieren unser Wissen und unsere Ideen aus dem, was wir aufnehmen, und dem, was wir bereits in uns tragen (vorhandenes, auch wieder subjektives Wissen). So entsteht Ihr und mein persönliches Bild der Realität. Unsere Sicht der Realität ist nie objektiv – sie ist immer subjektiv! Umso wichtiger sind integrative und holistische Diskurse auf der Suche nach Lösungen für die Krisen unserer Zeit. Paul Watzlawick sagt dazu: „Ich arbeite weder mit dem einen (Wirklichkeit) noch mit dem anderen (Wahrheit) als eine ein für alle Mal klare Sache. (…) Unweigerlich kommt es zur Zuschreibung von Bedeutung, Sinn und Wert. Und da gibt es absolut keine Möglichkeit, für ein und allemal festzustellen, wer Recht hat und wer Unrecht hat."[9]

Ken Wilber mit seiner integralen Theorie des Bewusstseins spricht etwa von Bewusstseinsstufen, durch die wir uns entwickeln, und aus denen heraus wir uns und die Welt in wesentlichen Aspekten unterschiedlich betrachten und auch behandeln[13]. Solche Stufenmodelle basieren u.a. auf der Arbeit der Entwicklungspsychologen Jean Piaget und Lawrence Kohlberg, die die kognitive und moralische Entwicklung beim Menschen untersuchten. Eine andere Theorie, *Spiral Dynamics* beschreibt auf ähnliche Weise unterschiedliche Weltanschauungs- und Wertesysteme von Menschen, die die Welt auf verschiedene Art und Weise wahrnehmen.

Der Geist erschafft die Welt (ohne das Fragezeichen) ist auch eine fundamentale buddhistische Botschaft, wie wir im Kapitel über Ego noch genauer sehen werden. Er begründet die gesamte buddhistische Psychologie mit ihren Lehren über die Funktionsweise unseres Geistes, und den meditativen und kontemplativen Wegen der Befreiung aus Verwirrungs- und Leidenszuständen. Sehr wichtig ist hierbei, im Auge zu behalten, dass immer vom Herz und vom Kopf die Rede ist, wenn östliche Traditionen vom „Geist" sprechen. Das heißt, das Grundanliegen dieser Traditionen, Weisheit und Mitgefühl bzw. Liebe freizulegen, und immer mehr Basis unseres Lebens werden zu lassen, meint eine Denkens- und Herzens-Schulung und sieht diese als untrennbar voneinander.

Chögyam Trungpa Rinpoche, einer der ersten tibetischen Lehrer, die in den Westen kamen, und dort auch Psychologie studiert hatte, begründete die originelle „Maitri-Praxis": Auszubildende in kontemplativer Psychologie durchlaufen zum Beispiel fünf Tage: Einen weißen, roten, blauen, gelben und grünen Tag. In längeren Meditationssitzungen wird jeweils eine entsprechend eingefärbte Brille getragen, oder man verweilt in einem vollständig in dieser Farbe ausgestalteten Raum. Verkörpert wird dabei die zugehörige Grundenergie durch eine jeweils spezielle, yogische Haltung. Wenn nach der Meditationssitzung die Haltung gelöst, und die Brille abgenommen wird, ist die Wahrnehmung tatsächlich energetisch speziell eingefärbt: Denken, Fühlen und Handeln unterscheidet sich von Tag zu Tag eklatant. Trungpa postuliert aber auch energetische Schwerpunkte im Herzgeist eines jeden Menschen, die auch wieder die Wahrnehmung der Welt und unser Verhalten beeinflussen. Wir sprechen hier von bereits von Buddha gelehrten 5 Grundenergien, die den Elementen und 5 Farben zugeordnet sind, sowie 5 Weisheitsaspekten mit ihrer jeweiligen neurotischen Kehrseite.

Egal welcher Theorie man folgt – als Menschen laufen wir eigentlich immer mit einer speziellen „Brille" durchs Leben. Wir brauchen diese, um die Informationsfluten, die unsere Sinneskanäle und unser Nervensystem ständig verarbeiten müssen, zu filtern. Im *NLP* werden dementsprechend neurologische, kulturelle, soziale und individuelle Filter beschrieben. Diese internen Brillen können wechseln. Es gibt aber „Hauptbrillen", die in weiten Teilen aus unseren inneren Skripts bestehen, entstanden durch unsere frühkindlichen Bindungen, das Familiensystem, gesellschaftliche, kulturelle, kirchliche, schulische Sozialisation, genetische Faktoren und die nationale bzw. kontinentale Geschichte.

Auch projizieren wir unsere inneren Konflikte, Wünsche, Gefühle und Eigenschaften häufig auf andere. In dem Fall hat das, was wir beim Gegenüber wahrnehmen, mehr mit uns selbst zu tun, als mit Personen im Außen. Manchmal werden wir uns über eingetrübte Wahrnehmungen unserer selbst oder der anderen klar, wenn wir dieselbe Angelegenheit an einem anderen Tag plötzlich anders sehen oder empfinden als zuvor. Nach einem Erholungsurlaub löst der hupende, gestikulierende Autofahrer etwas anderes aus als davor. Im hormonellen Chaos der Pubertät empfinden Adoleszente die Welt und die Menschen um sie herum radikal anders als zuvor, und auch als hinterher. Nach einem mehrstündigen tiefenpsychologischen Gutachten, das ich gerade verfasst habe, reagiere ich anders auf meine Umwelt als nach einem Meditationsretreat – und sie reagiert anders auf mich. In einer Partnerschaftskrise sehen wir die Welt anders als wenn wir frisch verliebt sind, und in einer Lebenskrise anders als beispielsweise auf dem „Gipfel unseres Erfolges".

Wir haben Gehirnregionen, die darauf spezialisiert sind, analytisch zu denken, zu sortieren, zu planen, einzuteilen in gut und schlecht. Und andere, die unsere emotionale Wahrnehmung und Verarbeitung steuern. Unser Gehirn, aber auch unser Herz und unsere Zellen im ganzen Körper sichern dadurch unser Überleben. Es gilt immer mehr als erwiesen, dass uns nicht nur die Gehirnzellen bestimmen, sondern unser erworbenes Wissen in den Zellen des ganzen Körpers sitzt, wobei das Gehirn die Zentrale ist. Außerdem ist unser erworbenes und auch mehrgeneratives Wissen im Genmaterial gespeichert, welches sich im Laufe eines Menschenlebens durchaus verändern kann.

In verschiedenen Sparten der Bewusstseinsforschung, sowie spirituellen und mystischen Traditionswegen, die meditative Ansätze kultivieren, weiß man nun, dass all das auf diese Weise Festgeschriebene Überleben zwar sichern möchte, aber gleichzeitig auch begrenzt, einschränkt und die Erfahrung von Transzendenz unmöglich macht. Denken Sie an Menschen, die nicht aufhören können, vom Hundertsten ins Tausendste zu denken, wenn sie gerne einfach abschalten oder sich auf das Jetzt konzentrieren würden. Zum Beispiel beim sorgenvollen Grübeln in einer depressiven Verstimmung, oder bei Schlafschwierigkeiten. In Meditationskursen taucht der Zwang, immer weiter zu denken, stets als Problem auf.

Unsere naturgegebenen neurobiologischen Überlebensmechanismen, die uns die Wirklichkeit vereinfacht und verengt wahrnehmen lassen, werden in Zeiten großer Unsicherheit, in denen viel Angst herrscht, rigider, noch sicherheitsorientierter, primitiver. Öfter bekommen wir diese Verengung gar nicht bewusst mit. Solche Zeiten erleben wir nun nach der vergangenen, langen Periode nach Weltkriegen, Wiederaufbau und Deeskalation des kalten Krieges, mit mehr Frieden, Wohlstand und gefühlter Sicherheit, wieder verstärkt: Wir erleben heute die Grenzen des Wirtschaftsmaterialismus mit seinen immer offensichtlicheren Auswirkungen auf die Erde und ihre Bewohnerinnen, die Flüchtlingsthematik, unkontrollierbare Viren aus Laboren oder einem entgleisenden Ökosystem, beschränkende Maßnahmen der Regierungen mit Pandemie-Notfallgesetzen, die aber auch Sekundärfolgen psychischer und existenzieller Art nach sich ziehen, einen immer verdichteteren, weltweiten Kampf um Energie und Ressourcen, neue Kriegsschauplätze mit drohender Rückkehr zum kalten Krieg und atomaren Vernichtungsszenarien, und den drohenden Kollaps der Wirtschaft und der Geldsysteme. All dies verursacht anhaltende Angst und Verunsicherung, was wiederum bei vielen von uns Bewältigungsmöglichkeiten und Lösungsstrategien beeinträchtigt. In buddhistischer Sprache könnte man sagen, auch die Egoprozesse verstärken sich und produzieren Erlebens- und Verhaltensmuster wie Schwarzweiß-Denken, Gut-Böse-Spaltung, recht haben Wollen, den Ruf nach einer starken, rettenden Hand, oder Mechanismen wie Verleugnung, Abspaltung, Kreisen um sich selbst und das eigene abzusichernde Universum. Alles, was dann auch neue Leidensformen kreiert, uns nicht mehr schlafen lässt, rigide, missionarisch, verteufelnd, idealisierend, diktatorisch und egozentrisch werden lässt, entsteht oft nicht mehr aus einem „klaren, besonnenen Geist" mit Bezug zum gemeinsamen Menschsein, zu Interdependenz, Empathie. Wir sind dann nicht mehr in Kontakt mit notwendigerweise auch um unser Nichtwissen und unsere Verunsicherung wissenden Wissen. Die Weisheit des nondualen Geistes, die in buddhistischen und yogischen Übungswegen so sehr geübt und kultiviert wird, ist unter starker Bedrohung kaum mehr möglich – es sei denn, jemand verfügt über einen höchst trainierten Geist, der bewusstseinserweiternde Erfahrungen in einem Wahrnehmungsraum voller transzendenter Liebe, Leerheit und Einheit bereits erfahren und eingespeichert hat.

Wenn wir mit Ego-Verengungen und narzisstischen Bestrebungen in die Welt gehen, wird unser Lebensraum davon gezeichnet, und Ähnliches wird uns im Außen wieder begegnen. Wenn wir ein Bewusstsein der Verbundenheit mit Menschen, Tieren, der Natur, dem Kosmos mitbringen, wird uns das auch im Außen begegnen. Wenn wir vernetzt denken, und nicht nur egozentriert, entdecken wir überall Netzwerke, und können auf diese positiv Einfluss nehmen – zu Gunsten aller. Wenn wir mit aufrichtiger Wertschätzung von Leben aufbrechen, wird auch dies im Außen etwas bewirken.

2. EGO

„This world is a land of sadness;
The wonderful joy and happiness of beings,
like a dew drop in summer or wealth in a dream,
is unreal and swiftly gone.
From such things come distorted desires and carelessness. (…)
Your heart, like a rotten tree,
will never bear the fruit of liberation.
Alas, how sad! The mind that thinks of the wealth
and prosperity of this life as wonderful and lasting,
the mind that thinks it to be stable and excellent,
belongs to the most base of all immature beings!"
(Padmasambhava, [1])

Im Folgenden gehen wir auf eine Reise durch die vielfältigen Strukturen und Erscheinungsformen menschlicher Ego-Prozesse. In buddhistischen Traditionen ist es üblich, solche geistig-emotionalen Verwirrungen und Verstrickungen neben Meditation und Kontemplation auch durch analytisches Betrachten dieses inneren Geschehens zu lockern. Die buddhistische Psychologie ist von enormem Reichtum in Bezug auf die Beschreibung der Vorgänge in unserem Geist. Wenn wir eine Landkarte unserer Ego-Strukturen und -Prozesse haben, können wir uns selbst als Zeugin begleiten, aus dieser Sicht durch sie hindurchblicken, oder aktiv Gegenmittel anwenden.

Begriffsklärung von Ego im buddhistischen Sinne

Ego meint nicht einfach unser „Ich". In der westlichen Psychologie gibt es eine ganze Theorie, die sich besonders mit unserem Ich beschäftigt: Die ‚Ich-Psychologie'. Ein gesundes, stabiles Ich ist wichtig, auch für den spirituellen Weg. Es ist wichtig, Probleme lösen zu können, und im Alltag handlungsfähig zu sein. Und es ist wichtig, sich von anderen abzugrenzen und im Kontakt die eigenen Gefühle und Bedürfnisse zu spüren. Ein gefestigtes Ich, zu dem die Wahrnehmung von Ichgrenzen gehört, wenn wir mit anderen zusammen sind, daneben die sogenannte Subjekt-Objekt-Differenzierung, eine grundlegende Frustrationstoleranz, sowie die ebenso unumgängliche Fähigkeit zum Bedürfnisaufschub, ist zum Überleben unerlässlich. Zum Ich gehört auch ein gesundes intuitives Gespür, was heilsam und nicht heilsam, oder noch einfacher, was gut und schlecht ist, richtig und falsch, sowohl im angeborenen als auch im sozialisierten Sinne. Wir brauchen solch eine gesunde „Bauchstimme". Dieses ursprüngliche Ich-Bewusstsein und -gespür ist wiederum etwas anderes, als manchmal ungesunde, innere, erworbene moralisierende oder strafende Botschaften aus unserem „Über-Ich"[2]. Nach Khenpo Tsültrim Gyamtso[3] verfehlt auch die Diskussion um eine individuelle Persönlichkeit das Thema Ego und Egolosigkeit. Person, Persönlichkeit oder Selbst sind gemäß seinen Ausführungen kein Problem. Man könne diese Entitäten ganz rational in ihre Bestandteile zerlegen. Es gehe in der buddhistischen Herangehensweise, die Muster des Egos aufzuweichen, um die Frage, warum wir uns *emotional so verhalten*, als wären wir beständige, einzelne und unabhängige Wesen, die nicht in Wechselwirkung mit allem anderen stehen. Wir tun dies tatsächlich immer, obwohl wir eigentlich wissen, dass wir ein vergängliches Leben besitzen, unser Körper eine Art Hotel ist, das irgendwann zu Staub zerfällt, dass wir in komplexer Wechselwirkung mit unserer Umwelt stehen, und nicht die Einzigen sind, die Anhaftungen und Abneigungen sowie Indifferenz erfahren: Wir fühlen weitgehend, was unsere Urahnen fühlten und zukünftige Generationen fühlen werden, und atmen dieselbe Luft wie die Menschen in der Steinzeit. Wir können die Traumata vieler Generationen vor uns auf unserem Genmaterial tragen, wir sind kulturell geprägt, abhängig von der sauberen oder dreckigen Luft, die wiederum andere sauber oder dreckig halten, wir können über unsere Spiegelneuronen fühlen was andere fühlen[4].

Wir untersuchen also unsere emotionalen Reaktionen. Khenpo Tsültrim Gyamtso sagt diesbezüglich: „Wenn jemand auf Erlebnisse reagiert, als ob er oder sie ein (andauerndes, unabhängiges) Selbst hätte, zum Beispiel wenn man sich verletzt oder angegriffen fühlt, sollte man sich fragen, wer oder was sich verletzt oder angegriffen fühlt". Dem ist hinzuzufügen, dass es dabei nicht um eine rein mentale Analyse geht, sondern auch um eine Kontemplation dieses Mysteriums. In der thematisch ausgerichteten Kontemplation und der freien Meditation üben wir auf der ganz praktischen Erfahrungsebene, uns tief einzugestehen, dass sich alles, was erscheint, wieder auflöst: Gedanken, Themen, Emotionen, Körperempfindungen, Geräusche, Gerüche, der Stand der Sonne, unser Zustand – unser „ein Körper sein", unser „immer dieselbe Person sein".

Unterscheidung von Ich-Stärke – Ich-Zentrierung

Ich und Selbst sind beide wichtig beim Egoprozess: Das Ich, als die den Alltag und das Innenleben steuernde Einheit, und das Selbst als Persönlichkeit mit einer Identität. Doch unserer als zu fest und dauerhaft wahrgenommenen Identität geht es ja auf spirituellen Pfaden auf heilsame Weise nach und nach an den Kragen. Dennoch behalten wir Eigenheiten und besondere Charaktermerkmale – wie man bei buddhistischen Lehrerinnen sehen kann, die alle einen verschiedenen Stil haben, die Lehren zu vermitteln, bestimmte charakterliche Züge haben usw.. Wenn man Geschichten der früheren erwachten Meister aus dem indischen und tibetischen Kontext liest, gibt es hier wilde, oft verrückt erscheinende Exemplare, sanfte, zölibatär-rein auftretende, sich kultiviert gebende Gestalten, und solche, die verdreckt und abgerissen, zudem oft alkoholisiert daherkamen. Vielen sah man es zunächst nicht an, dass sie die Befreiung erlangt hatten, manchmal sogar im Gegenteil. Doch um diese äußeren Eigenschaften geht es nicht.

In den vielen Prozessen, in denen ich Menschen in Psychotherapien begleiten darf, geht es öfter um die Unterscheidung zwischen förderlichem und nicht mehr förderlichem Sicherheitsstreben in der Beschäftigung mit sich, den eigenen Beziehungen, dem Job usw.: Der Grat zwischen dem „Hängenbleiben" in einem klebrig-festen Ego als eigentlicher Hauptursache für die Fortsetzung von Leidenszuständen, und einem vertieften Befassen mit emotional aufgeladenen Konflikten im Innen und Außen, sowie mit etwaigen Traumata, als gezielte transformative Arbeit mit diesen „relativen" Schwierigkeiten, ist oft schmal. In der ersten Variante kreist man, auch wenn man schon viel aufgearbeitet und geheilt hat, weiter um sich, schwierige Emotionen und innere Dramen. Statt nun, wie es eigentlich möglich und wichtig wäre, einen Schritt weiter zu gehen, und sich mit „dem Geist" (im buddhistischen Sinne) zu beschäftigen, steigt man immer wieder in diese vertraute Arena. Das ist *Ich-Zentrierung*, die uns in der verengten Wahrnehmung des Egos hält. Umgekehrt kenne ich aber eben auch Menschen, die schon lang meditieren, eine spirituelle Begleitung haben, und dabei schon daran arbeiten, sich über ihr menschliches Ego hinaus zu weiten. Sie kommen dabei möglicherweise dennoch nicht weiter, weil sie bestimmte Traumata, Neurosen oder innere/äußere Konflikte in der inneren „Büchse der Pandora" belassen haben. Einen intensiven spirituellen Übungsweg zu gehen, bedeutet nämlich nicht automatisch, dass man „all den Müll" dabei mit entsorgt. Ken Wilber hat verschiedene „Intelligenzen" (kognitiv, interpersonell, psychosexuell, emotional, moralisch) beschrieben, in denen Menschen an sich arbeiten können und müssen. Wie viel Arbeit es in welchem Bereich bedarf, ist individuell sehr verschieden. Von der letzteren Variante betroffene Menschen müssten vielleicht eine Weile „gezielt um sich kreisen", aber fokussiert um das, was in ihnen auf der relativen psychologischen Ebene fixiert, abgespalten oder als „Schatten" im Untergrund wirksam ist. Sie bauen in einem guten Sinne *Ich-Stärke* auf.

Wenn in buddhistischen Lehrtexten vom „Grundübel" oder Ähnlichem gesprochen wird, ist immer *Ich-Zentrierung* gemeint: Dieses grundlegende Missverständnis sich ständig und fokussiert um sich und die eigene Sicherheit zu drehen. Dies entspringt unserem Ego - unserem „kleinen Selbst" oder „Überlebenssicherungs-Ich", welches nichts mehr anderes kennt als sich mit uns, unseren Kategorien, unseren Färbungen der Welt und des Selbst zu befassen und von dieser „Schaltzentrale" aus zu regieren.

Nicht gemeint ist damit, wie schon beschrieben, eine gesunde Ichstärke, die es z. B. als innere Begleitung durch ein persönliches Retreat, einen transformativen Therapieprozess, oder für konstruktive Schritte in unserem Alltag braucht.

Im Großen geht es dennoch auf einer spirituellen Reise darum, mit einem (manchmal therapeutisch erst aufzubauenden) gesunden Ich (*Ich-Stärke*) mehr und mehr die Dekonstruktion des kleinen Selbst in seiner Wahrnehmung von abgetrennt

Sein, dem „me first", und der Leugnung der Vergänglichkeit und unserer innersten Natur zu betreiben.

Ein- bis zweimal im Jahr lege ich eine Retreatwoche zu Hause ein. In dieser Zeit sind die Tage unterteilt in 4 Meditationseinheiten, dazwischen kann man lesen, Teachings anhören, spazieren gehen, kontemplieren, essen und Tee trinken. Diese kostbare Zeit wirkt in der Regel vertiefend, klärend, herzöffnend und Gelassenheit spendend, und danach ist es für eine Weile anders, in der Welt zu sein – auch wenn die Welt sich nicht verändert hat. Es ist nie vorherzusehen, was in der Schweigewoche passiert, und welche körperlichen, emotionalen und mentalen Foki sich melden, um als stinkender Schlamm ventiliert zu werden und als Dünger für die Praxis zu dienen. Öfter werde ich krank oder hadere mit etwas, was mir besonders an mir auffällt, oder ich hadere mit der Welt oder Geschehnissen aus meinem Umfeld.

Um diese Woche ohne äußere Anleitung gut zu nutzen, braucht es eine gewisse Struktur – und ein halbwegs geerdetes Ich. Dieses hindert mich daran, in die Krise oder ins Chaos zu fallen. Es ist wichtig, von einer inneren Einheit begleitet und unterstützt zu werden, die das Richtige will (u.a. Ent-strickung und Befreiung, sowie Erkenntnis). Neben dieser aktiven Ich-Komponente ist zudem ebenso eine passive innere Zeugin vonnöten, die gar nichts will, außer achtsam und sich der ablaufenden Prozesse meines Egos gewahr zu sein, jenseits von großen Analysen und Festhalten.

Im letzten Retreat-at-Home bemerkte ich (oder meine ich-starke Zeugin) inmitten des ständigen Wechsels aus Gedanken-Konstrukten, mit emotionalen und körperlichen Begleiterscheinungen, sowie Stille und entstehendem Raum, dass alles – wirklich alles, was geschah und sich wieder auflöste –, mit dem Wunsch nach Sicherheit zu tun hatte. Wie wohltuend, in Momente einzutauchen, in denen es keine Sicherheit mehr geben musste. Oder zu erkennen, dass dieses dauernde Streben nach Sicherheit, welches sich auch auf subtilsten Ebenen zeigte, ver-rückt ist. Zum Beispiel, wenn es in mir anfing, über spezielle kürzliche Begegnungen mit bestimmten Menschen nachzudenken. Dies löste sich dann auf, und dann kamen mir bestimmte berufliche Schritte in den Sinn, die ich gehen sollte. Und dann mein Körper, meine Gesundheit (die in letzter Zeit viel Thema gewesen war), die Lebenserwartung unsrer zwei geliebten Meerschweinchen, dass bald Weihnachten kommt, dass, dass…… Und immer entstanden diese Bewegungen meines Geistes aus einem Abscannen meines Lebens nach Gegebenheiten, die es nicht sicher machten, oder sicherer werden sollten: Alles ich-zentrierte Bewegungen meines Egos, was sich beharrlich dagegen sträubte, das ständige Entstehen und Vergehen, und die grundlegende Tatsache, dass es keine echte Sicherheitszone im Leben gibt, einzugestehen. Während dem Verstand inzwischen viel klar ist, laufen dennoch die Mechanismen des nimmermüden inneren Scanners weiter.

Innere Kontraktionen erkennen

Das außerordentlich Revolutionäre an buddhistischen Wegen ist – wie vielleicht schon deutlich wurde – die unglaublich ausgefeilte Methodik, unsere geistig-emotionalen Mechanismen aufzulockern, die uns und unsere Umwelt immer wieder in Formen von Leiden verstricken. Und damit wieder mehr bei dem anzukommen, was wir jenseits unseres engen, unverbundenen Selbst sind. Es gibt auf diesen Pfaden klare Übungsanleitungen, die uns dazu führen können, wieder mehr von einem weiten Selbst aus zu leben. Dies muss tatsächlich stetig geübt werden! Je mehr Übende auf ihrem Weg fortschreiten, desto öfter und schneller können sie meist erkennen, wenn diese zentrale „innere Kontraktion" stattfindet, wie sie in der buddhistischen Psychologie oft genannt wird. Diese ist entweder Verlangen nach Angenehmem und Begehrenswertem, was „mich" trösten oder gut fühlen lassen soll, oder Widerstand bis hin zu Aversion gegen Unangenehmes. Wir können mit etwas Achtsamkeit diese Zusammenziehung des Egos wirklich auch körperlich wahrnehmen – etwa als Sog in der Magengegend oder als Enge in der Brust. Wie wir schon gehört haben, geraten bei dieser Kontraktion immer grundlegend menschliche Grundgesetze aus dem Blickfeld, und genau dadurch schaffen wir unbewusst noch mehr Leiden, als natürlicherweise schon da ist. Alles was je geschaffen wurde, zerrinnt, alles was je geboren wurde, vergeht, alles hängt mit allem zusammen: Darin sind sich Mystikerinnen und spirituelle Lehrer stets einig. Wenn es gelingt, diese Verdichtungen von Ego – welches immer wieder die Grundgesetze der menschlichen Geburt durchkreuzen und uns Verlockendes einflüstern will – zu erkennen, sie geschehen und sich auflösen zu lassen („in sich selbst befreien lassen", wie es im Mahamudra heißt), ist das wie ein Befreiungsschlag.

Letztes Jahr verwirklichte ich mir einen lang gehegten Traum: Eine Alpenüberquerung, allein, mit so wenig Gepäck wie möglich. Es war wunderbar, herausfordernd, und zerrte an meinen körperlichen Grenzen. Als ich hinkend am Bauernhof in einem Südtiroler Tal angekommen war, in dem ich die letzte Nacht, noch weitgehend jenseits der Zivilisation, verbringen wollte, holte mich erneut ein großer Glücksmoment ein. Es wurde dunkel, ich saß auf dem Balkon unter dem sternenübersäten Himmel, schnupperte die kühle klare Luft. Um mich herum nur unberührte Natur, ein Fluss rauschte in der Nähe und mächtige Gipfel zeichneten sich als schwarze Umrisse ab, wenn ich den Blick anhob. Unerschütterlich. Ich hatte bäuerliche Herzlichkeit erfahren und fühlte ein tiefes inneres Runterkommen nach den letzten Tagen. Alles was ich erlebte, machte mich einfach nur friedlich und glücklich. Dann begann mein Geist sich zu regen und eine Zukunftsgeschichte zu erzählen: Ich sah mich bereits hier wohnen und ein ganz einfaches Leben führen, in viel mehr Ruhe und Ursprünglichkeit als dies in meinem Leben der Fall war. Mein Geist war dabei, die Glücks-Seite des Lebens, die mir hier gerade begegnete, dauerhaft machen zu wollen, und mittendrin wachte ich auf. Schmunzelnd erinnerte ich mich daran, wie oft mein Geist sich schon auf ähnliche Reisen gemacht hatte! Entweder war ich dann irgendwann ernüchtert aufgewacht, wenn ich meinem Impuls gefolgt war, und äußere Widrigkeiten mit hineingekommen waren. Oder die Sehnsucht war geblieben wie ein nicht realisierbarer, aber weiterer, das Dauerglück versprechender Traum (wie zum Beispiel zwischen 20 und 30 die sehnsuchtsvolle Idee in Südostasien oder auf Bali zu leben, und dann endlich wirklich glücklich und zufrieden zu sein). Mit mitfühlender Deutlichkeit durchschnitt der Satz mein Bewusstsein, den ich schon so viele Male gehört, kontempliert und erfahren hatte: „Es gibt kein dauerhaftes Glück in Samsara!". Auf einen Schlag war wieder innerer Raum da. Auch morgen, oder heute Nacht in meinen Träumen würde ich vielleicht neue zukünftige Identitäten, Lebenskonzepte, Illusionen kreieren, und mir ihrer hoffentlich einfach gewahr werden, ohne Selbstverurteilung oder Härte. Der tibetische Lehrer Adzom Paylo Rinpoche hatte das in einer kürzlichen Belehrung zu Longchenpas Schatztext „Finding rest in illusion" wunderbar ausgedrückt: Es gehe um die Konzentration aufs Herz, was geduldig und mit Gleichmut alle guten und schlechten Gedanken, Emotionen und Erfahrungen als da und nicht da, als traumgleich erkenne.

Vorurteile

Eine besondere Kategorie von Egoverdichtung sind Vorurteile. Im Rahmen des Flüchtlingsthemas der letzten Jahre, des Umgangs damit in der Politik und den Medien, in Alltagsdiskussionen und auch in Begegnungen mit Betroffenen, lässt sich überall eine typische Zusammenziehung des Egos erfahren. Für unseren menschlichen Geist ist es erst einmal eine riesige Überforderung, mit einer großen, neuen Gruppe von Menschen aus einer anderen Kultur umzugehen. Eine extreme Willkommenskultur kann diese dabei potenzieren, und somit auch die Abwehr durch Vorurteile. Unser Überlebenssicherungssystem, welches auf Angst basiert, springt hochtourig an und möchte über einordnen, werten, begrenzen, ein Gefühl von Sicherheit zurückgewinnen. Wir brauchen in diesem Fall ein weiteres, um unsere ureigenen menschlichen Ego-Reflexe wissendes Bewusstsein, welches diese instinkthaften Überlebensmuster noch nicht einmal entwerten oder abspalten muss. Sonst entstehen plötzlich verfestigte Polaritäten, immer mehr Angst, immer mehr reaktive Aggression, und immer weniger emotionaler Realitätsbezug.

Ich konnte dies vor kurzem sehr lebendig erfahren: Eine Frau aus meiner Sangha sendete eine Rundmail, um für eine syrische Jugendliche Geld zu sammeln, die sie kennen gelernt hatte. Sie hatte es geschafft nach Deutschland zu kommen, ihr Bruder und weitere nahestehende Angehörige befanden sich immer noch im Kriegsgebiet. Der Bruder hatte am ganzen Körper schwerste Verbrennungen und war ein Pflegefall. Geld für Medikamente und wichtige medizinische Behandlungen fehlte. Die Schwester schwankte zwischen lebensmüder Resignation und Impulsen, auf der Straße für ihren Bruder Spenden sammeln zu gehen. Davon hielt die Frau sie ab, weil sie die junge Syrerin der Konfrontation mit der aufgeheizten Öffentlichkeit, und sicher auch zu erwartenden entwertenden Reaktionen nicht gewachsen sah. Es kam einiges an Geld zusammen, und dem Bruder – einem „Einzelfall" – konnte erst einmal geholfen werden. Das Wichtigste an der Geschichte war aber für mich, selbst eine Frischzellenkur in der Berührbarkeit meines manchmal dumpfen Herzens zu bekommen. Die reflexartige Zusammenziehung der Abwehr in den ersten Sekunden beim Lesen der Mail bewusst wahrzunehmen („schon wieder spenden", „es ist einfach zu viel Leid, wie soll man das aushalten?", „stimmt diese Story denn?" etc.), dann einfach die Wahrnehmung von Schmerz über das Leid in diesen Zeilen zuzulassen, ebenso die Gefühle von Ohnmacht und Hilflosigkeit, die dann folgten, das alles anzunehmen, und aus einem sich wieder teil-entspannenden Herzen heraus ohne Zeitdruck zu überlegen, was ich nun damit mache. Halten Sie mal kurz inne und betrachten Sie bewusst Ihre eigene Reaktion im jetzigen Moment. Bemerken Sie Bewertungen, Gedankenketten, die ablaufen, Erinnerungen und Emotionen zu eigenen ähnlichen Geschichten, die Sie vielleicht gelesen oder erlebt haben. Achten Sie auf den Drang, mental in eine richtig-falsch/ sympathisch-unsympathisch/ Opfer-Täter – Gedankenkette zu gehen. Seien Sie sich der Mechanismen des Überlebenssicherungs-Egos gewahr. Und dann lassen Sie los und bleiben einfach einen Moment bei den in Ihrem Körper erfahrenen Gefühlen (Enge in der Brust-Knoten im Bauch, Herzklopfen, Muskelzusammenziehung an einer bestimmten Stelle,…,?). Und nehmen sich genau mit diesen Gefühlen, die JETZT da sind, wohlwollend an. Dann sind Sie im Bereich des Ego-Aufweichens, des weiteren, größeren Selbst. Egal was Sie dann damit machen.

Das Beste an dieser kleinen Geschichte ist für mich, dass sie wie alle ähnlich bewusst durchlaufenen „Ego-Zusammenziehungs-Geschichten" weiterwirkt. Wenn ich jetzt wieder mit dem Thema Krieg und Flucht konfrontiert werde, denke ich an diesen „Einzelfall", bin weniger abgebrüht als ich es schon war, kann mein Herz offenhalten und gehe trotzdem bewusst und nicht überemotionalisiert damit um.

Das Ganze lässt sich übertragen auf viele andere Bereiche, wo Herzensabtrennung und Vorverurteilen zu schnell geschehen oder schon Standard geworden sind. Ach die Covid-Krise ist eines der jüngsten Beispiele voller solcher Mechanismen und Selbstreflektionsmöglichkeiten.

Egobekämpfung und spirituelles Bypassing

Das verbreitete Missverständnis „Ich ist gleich Ego" kann manchmal aufs Glatteis spiritueller Irrwege und Abstürze führen. Als jemand, der sich viel im Mittelfeld zwischen Psychiatrie, Psychotherapie, Spiritualität und Esoterik bewegt, habe ich immer wieder Menschen getroffen, die in spirituellen Öffnungen, Kundalini-Phänomenen, Samadhi, Satori, manchmal auch durch psychedelisch wirkende Substanzen, in Ekstasen, aber auch neue Leidensformen geraten sind. Diese realen, oft erschütternden transzendenten Erfahrungen sind nun mal verbunden mit einer erweiterten Wahrnehmung, in der alles weniger oder gar nicht mehr getrennt, sondern letzten Endes als Eins erfahren wird. Diese Erfahrung zu integrieren, und in einem weiter irdischen und erdigen Leben mit einem alltagstauglichen Ich zu verbinden, ist eine der anspruchsvollsten Aufgaben auf dem Weg durch Mystik, Transzendenz und die Erkenntnis der Ebenen jenseits unserer „Schleier der Unwissenheit", wie sie in verschiedenen Traditionen genannt werden.

Meistens kommt bei spirituellen Erfahrungen und in der Meditation nach kurzen oder längeren „Lücken-Momenten" ohne Ego wieder ein Ego-Prozess in Gang. Ego wird gerade in spirituellen Kreisen oft als eine Art Feind gesehen, den es auszumerzen gilt. Es ist aber eher ein Prozess des Geistes und der Emotionen. Dieser ist uns Menschen von Haus aus mitgegeben und bestimmt unsere geistigen und emotionalen Vorgänge. Das Problem ist dabei, dass unser Geist in einem Ego-Prozess zu wahllos darum bemüht ist, etwas fest zu machen, was nicht fest ist. Ständig arbeitet es in uns daran, die eigene Identität zu festigen, im Kleinen und im Großen. Wir ignorieren immer wieder von neuem, dass wir uns ständig verändern, und die Dinge um uns herum auch. Dies sehe ich manchmal als erschwerendes Problem in der psychotherapeutischen Arbeit: Oft geht es nicht um das gute, oben beschriebene „Ich", das häufig durchaus Stärkung braucht. Sondern um Aussagen wie: „Ich leide, anders als der Rest der Menschheit, bin in meinem Leiden isoliert", „ich bin so und so", „ich kann das nicht", „ich bin traumatisiert", „ich bin spirituell", „ich bin beziehungsunfähig", „ich bin beziehungsfähig" (der Partner spielt dabei jeweils den Gegenpart…), „ich bin Schmerzpatientin" und so weiter. Dies fixiert Negativ-Identitäten (Positiv-Identitäten funktionieren ganz genauso) und verhindert gute Veränderungsprozesse, in denen es oft einfach darum geht, aus der Steuerung zu gehen, sich neu kennen zu lernen und die naturgegebene stetige Veränderung der Seele mitsamt den angeborenen Selbstheilungskräften ihren Job machen zu lassen.

Zurückkommend auf diejenigen Menschen, die mit ganz üblichen depressiven Symptomen, Ängsten oder wegen Schwierigkeiten in Beziehungen, aber auch mit sehr prägenden Erfahrungen von Bewusstseinserweiterung, Außerkörperlichkeit und ekstatischer Glückseligkeit in meine Praxis kommen, gibt es hier immer wieder die Schwierigkeit, dass solche spirituellen Öffnungen allzu sehr gewertet werden. Das neue Konzept, ein besonderes, erleuchtetes, über andere, noch in der Ignoranz befindliche Menschen erhabenes Selbst zu besitzen, dient uns dann narzisstisch[5], bewirkt dabei aber nur neue Formen von Verwirrung über uns selbst. Der tibetische Meditationsmeister Chögyam Trungpa[6] hat ein ganzes Buch über das von ihm so genannte Durchtrennen des spirituellen Materialismus geschrieben. Er warnt darin eindringlich vor dem „gefährlichsten aller Egos", dem spirituellen, fußend auf spirituellem Erfolg und Stolz.

Der amerikanische buddhistische Psychologe John Welwood hat öfter vom Mechanismus des „spirituellen Bypassing" gesprochen[7]. Emotionale, neurotische, traumabezogene, systemische, partnerschaftliche Probleme werden dabei nicht auf der Ebene des gesunden Ich gelöst und in Bezug auf die Beziehung zu anderen und zu sich selbst durchgearbeitet, sondern spirituell umgangen. Häufig ist das eine Pseudolösung, die sich bitter rächt. Der Mechanismus spielt sich meistens im Unbewussten ab, so dass wir zunächst gar nicht erkennen können, dass wir „bypassen", also einen wesentlichen Schritt auslassen. Schon oft habe ich gesehen, wie sich dadurch das Ungelöste in uns zu einem großen, mächtigen Schatten entwickelt, der zu massiven Schwierigkeiten in Beziehungen führen, und unsere eigene psychische und körperliche Gesundheit ernsthaft stören kann. Wir werten unser brüchiges Selbstwertgefühl auf, weil wir vermeintlich mehr wissen als die anderen und uns auf dem Weg zur Erleuchtung befinden. Manchmal halten wir uns sogar für erleuchtet, oder kurz davor, ohne zu merken, wie sehr wir uns selbst etwas vormachen. Wir vermeiden unbehagliche Auseinandersetzungen mit uns selbst und anderen, und schweben lieber in der spirituellen Komfortzone darüber – die es letztlich gar nicht gibt. Wir verwechseln krankmachende, kindliche Anpassungsmuster mit Liebe und Frieden, und müssten – ganz auf der Erde – das Neinsagen lernen. Wir unterdrücken schwierige Gefühle, statt diese annehmen und auslenken zu lernen, und vielleicht dabei über einen echten, organischen Prozess zu befrieden. Dies hätte mehr mit Egoverminderung zu tun, als in eine neue Ego-Verdichtung durch die Wertungen spiritueller Erfahrungen zu geraten. Erst wenn wir vielleicht mitten in einer Schwierigkeit aufwachen, weil wir unserer heftigen Emotionen nicht mehr Herr werden, immer wieder in dieselben rätselhaften Konflikte mit anderen geraten, dissoziativ, manchmal sogar psychosenah oder psychotisch werden, eine andere psychische Störung entwickeln, oder ernsthaft körperlich krank werden, merken wir vielleicht, wie sehr wir vor der „inneren Drecksarbeit" weggelaufen sind. Von Thich Nhat Tanh stammen die Worte: „Kein Schlamm, kein Lotus". Der Lotus wächst im Schlamm, er schwebt nicht darüber.

Ein gutes Beispiel ist meine eigene, unvollkommene spirituelle Reise. Sie begann schon als Kind, wo ich einen Großteil meiner Freizeit im Wald verbrachte – die Erde riechend, den Bäumen und Naturgeistern zuhörend, während ich die sonntäglichen Kirchenbesuche, zu denen ich eher genötigt wurde, verabscheute. Die äußere Suche begann mit Anfang 20, gestresst vom lernintensiven Psychologiestudium, mehreren Nebenjobs, und vor allem dem Hineinfinden in soziale und Arbeitsbezüge eines Erwachsenenlebens, dem ich mich in keinster Weise gewachsen fühlte. Ich war innerlich dauer-aufgewühlt, konnte nicht zur Ruhe kommen und mich entspannen – auch nicht in eigentlich schönen, entspannten Situationen. Mein größter Wunsch war (neben der großen Liebe) einfach nur Ruhe und Entspannung. Mit 18 war ich aus der Amtskirche ausgetreten, und bekennende Atheistin mit nihilistischem Einschlag. Ich fand mich eines Abends in einer Veranstaltung eines Sahaja-Yoga-Zentrums wieder, in dem man nach Vorträgen zu spirituellen Themen paarweise den körperlichen Energiefluss durch den Zentralkanal in Gang setzte, indem man die Chakren aufweckte und reinigte. Das gelang, ohne es jemals vorher bewusst gelernt zu haben. Nachdem meine Übungspartnerin mich „bearbeitet" hatte, und der Abend vorbei war, ging ich zu Fuß durch die Stadt nach Hause. Ich hielt auf einer Isarbrücke inne, sah das Wasser, die Lichter am Ufer, die Sterne am Himmel. Da öffnete sich etwas in eine Wahrnehmung hinein, die manchmal auch nach Erfahrungen mit Psychedelika beschrieben wird: Um mich herum, in mir, in allem war grenzenloser Raum, lebendiger Raum, alles lebte. Alles war atmendes Universum, machte Sinn, alles war verbunden, über meine mentalen und Körpergrenzen hinaus. Und durchzogen mit Liebe. Nicht der Liebe, wie sie in Beziehungen erfahren wird, bzw. erschien mir diese als lächerlich kleine Kostprobe dieser allumfassenden Liebe eines sich selbst liebenden Universums. Dann entstanden in mir, am Brückengeländer stehend, die Worte: „Es gibt Gott…". Mein nihilistischer Geist hatte in dem Moment keine Chance, auch wenn er kopfschüttelnd einwarf: „Wie-Gott!?". Das was ich erfuhr, fühlte sich zutiefst wahr an – ein riesiges Geschenk, das größte meines bisherigen Lebens. Es hatte nichts mit dem strafenden, vergebenden weißhaarigen Mann mit langem Bart meiner unzähligen Kirchgänge zu tun, es war auch keine äußere Einheit, die etwas tut oder bestimmt. Es war einfach die Essenz von allem.

Die Erfahrung auf der Brücke hielt einige Stunden an. Die nächsten Tage waren noch davon getränkt, dann schloss sich die Tür langsam wieder, und das wohlbekannte Gefühl von Unruhe, Anspannung, abgetrennt sein, überfordert und unter Menschen nicht wirklich sicher sein, kehrte zurück. Natürlich ging ich zu weiteren Abenden im Zentrum – ohne dass sich das Tor erneut geöffnet hätte. Damals fand ich es schade, heute weiß ich, dass das damals eine Art Initialzündung war für einen Weg mitten durch den Schlamm, der auch viel psychotherapeutischer Arbeit bedurfte. Meine nun intensivierte Suche führte mich in buddhistische Zentren. Die Menschen dort waren anders als die im Yogazentrum, erdiger, weniger „heilig", oft auch sehr schrullig. Ich blieb mehr als 10 Jahre in der tibetisch-buddhistischen Linie des bereits länger verstorbenen Chögyam Trungpa, den ich immer etwas skeptisch betrachtete, der mich aber zusammen mit der Shambhala-Sangha und ihren westlichen Lehrenden sehr geerdet und lebenspraktisch in der Spiritualität und Meditation verankerte. Sehr unterstützend dabei empfand ich, dass er als einer der ersten tibetischen Lehrenden die westliche Psyche und Psychologie so umfangreich studiert, und einen für den westlichen Geist recht zugänglichen Praxisweg gelehrt hatte. Die Möglichkeiten für spirituelles Bypassing all meiner emotionalen und sozialen Probleme waren hier nicht so sehr gegeben; immer wieder wurde verwiesen auf Trungpas Buch „spirituellen Materialismus durchschneiden", in dem das spirituelle Ego feinsäuberlich seziert wird.

Dann kam mit Ende 30 ein zweijähriger Ausflug ins indisch-hinduistische Kriya Yoga. Ich hatte das ewige „Sitzen" und mit dem eigenen Geist arbeiten ein wenig satt, und einen Partner, der intensiv Kriya praktizierte, und mich auf einen Vortrag mitnahm. Da waren sie wieder, die überwiegend weiß gekleideten, heiliger wirkenden, vegetarischen oder veganen, alkoholabstinenten Yoginis und Yogis. Ich bekam eine Einweihung in die Energiearbeit und Meditation des Kriya Yoga (der bei uns bekannteste Vertreter der Methode ist Yogananda, mit seinem berühmten Werk „Autobiografie eines Yogi"). Neue Welten eröffneten sich, manchmal mit einem Geschmack des Erlebnisses damals auf der Isarbrücke. Während die Methoden zur Arbeit mit Prana, feinstofflicher Energie, Körper, Seele und kosmischer Weitung tief inspirierend waren, beschlich mich im Umgang mit der Sangha und meinem Freund ein zunehmendes Unbehagen: Selbst immer wieder kurzzeitig verleitet, deutliche Formen von Bypassing zu betreiben (zum Beispiel bei Partnerschaftskonflikten und Liebeskummer in den Kosmos „abzutauchen", und damit Dinge, die mir im Kontakt gar nicht gut taten, zu leugnen), fiel meinem durch Trungpa geschärften kritischen Geist immer mehr auf, wo einzelne Mit-Yoginis und -Yogis ähnliche Manöver anwandten. Manchmal wurden ganz handfeste psychologische Probleme geleugnet, weil diese weltliche Ebene zu wenig vorkam. Stellenweise brachen im Keller des Unbewussten schlummernde Schattenanteile (diejenigen, mit denen man sich natürlich lieber nicht konfrontiert) hervor und richteten inneres und äußeres Leid an. Psychotherapie wurde in diesen Kreisen öfter verschmäht, und alles auf die Meditationspraktiken und einen „reinen" Lebensstil gesetzt. Bei bis heute andauernder Wertschätzung den Methoden, Lehrerinnen und Lehrern gegenüber zog ich mich nach und nach zurück, fortan nochmal wachsamer gegenüber offenen und subtilen Formen von Bypassing psychischer Probleme durch spirituelle Ideen und Praktiken.

Es folgte eine tibetisch-buddhistische Renaissance, wo sich plötzlich sinnhaft in den mir bislang verschlossen gebliebenen Praktiken des Vajrayana neue Türen öffneten.

Das Problem beim spirituellen Bypassing ist nicht nur, dass wir uns dabei um wesentliche Aspekte unserer Psyche nicht kümmern, sondern dadurch nachhaltiges spirituelles Wachstum verhindern. Aufwachen aus unseren allgemein-menschlichen Egoprozessen funktioniert nur mit radikaler Wahrhaftigkeit, besonders uns selbst gegenüber. Diese muss immer mehr durchzogen werden von einem feinen, sich in uns spinnenden Netz, bestehend aus bedingungslosem Wohlwollen und Herzenswärme. Dieses Netz, das wir mittels verschiedener

Praktiken wachsen lassen, wächst inmitten der Schlammpfütze des gemeinen Menschseins.

Wir sollten uns auf spirituellen und meditativen Wegen selbstkritisch reflektieren, wenn wir uns häufig nichtanhaftend, rein, von Licht und Liebe durchdrungen geben, einem Helfersyndrom unterliegen, oder den eigenen spirituellen Weg gegenüber andersartigen selbstgerecht erhöhen. Wir könnten uns dann fragen, ob wir dazu neigen, das Hier und Jetzt stets positiv einzufärben, weil wir es vielleicht so, wie es ist, gar nicht aushalten. Ich sage nicht, dass alle Yogis und Yoginis wie diejenigen in meiner Geschichte bypassen, nicht ganz wahrhaftig sind und ihre Schatten nicht anschauen. Aber die Gefahr ist groß.

Spirituelles Ego

Manchmal gibt es in der spirituellen Welt eine spirituelle Ego-Zweckgemeinschaft mit narzisstischem Geschmack gegenseitiger und individueller Aufwertung. Dies kann in Lehrer-Schüler-Beziehungen und unter Schülerinnen entstehen. All die zentralen Werte, wie zum Beispiel Mitgefühl, Bescheidenheit, Friedfertigkeit, werden dann zelebriert und demonstriert, ohne wahrhaftig anzuerkennen, wozu wir noch nicht in der Lage sind. Dann wird die Reise unwahrhaftig, und züchtet spirituelles Ego. Richtig gute Lehrerinnen oder spirituelle Wegbegleiter, die manchmal auch den Finger in die Wunde legen, statt Übenden nur zu schmeicheln, und dadurch sehr beliebt und gefeiert zu sein, oder möglicherweise auch mehr finanzielle Zuwendung zu bekommen, weisen gelegentlich darauf hin, dass in Sanghas und bei einzelnen Übenden auch Unwahrhaftigkeiten auftauchen. Diese nähren die Egoprozesse eher, statt sie aufzulockern.

Ram Dass spricht in dem wunderbaren Film *Becoming Nobody*, der zum Ende seines Lebens über ihn gedreht wurde, über das Herz und das dritte Auge im Umgang mit dem Leid in und um uns herum: „Wenn du nur hier oben (Anm. d. Verf.: Im 3. Auge/Stirnchakra, also im transzendenten Wahrnehmen) bist, und siehst wie jemand hinfällt, dann denkst du nur: „Karma …". Und wenn du nur hier unten bist (Anm. d. Verf.: Im Herzchakra, also auf der relativen Ebene des Mitgefühls), siehst du überall nur noch Leid. Das geht dir gegen den Strich und du willst etwas dagegen tun, aber es gibt so unendlich viel Leid. In mein Herz zu gehen, würde entsetzlich wehtun. Wenn man sich dem Leiden im Universum öffnet, ist es leicht, wieder nach oben zu gehen. Es ist viel schwieriger, unten damit offen zu bleiben. Der Schmerz ist unerträglich."

Darauf hingewiesen zu werden, dass man gerade „das Herz auslässt", welches in leidvollen Umständen zu fühlen eine der höchsten Übungen ist, ist natürlich alles andere als Ego-Bauchpinselung. Aber heilsam.

Dilgo Yangsi Khyentse Rinpoche beschrieb einmal in einem Retreat, auf welche Formen von Ego-Projektionen er als Lehrer und vielversprechende Reinkarnation des großen tibetischen Meisters Dilgo Khyentse Rinpoche in allen Teilen der Welt stößt. Alte amerikanische Schüler von Dilgo Khyentse erwarteten, von Yangsi Khyentse wiedererkannt und besonders gewürdigt zu werden. Tibetische junge Schülerinnen suchten ihn teilweise auf, um als „Khandro/Himmelstänzerin" erkannt zu werden, in der Hoffnung, möglicherweise zur Gefährtin des prominenten jungen Lehrers zu werden. Persönliche Probleme wie Partnerschaftskonflikte oder Krankheiten sollten durch ihn erlöst werden, und vieles mehr.

Khandro Rinpoche, eine seit etwa 20 Jahren überall auf der Welt lehrende tibetische Meisterin, stellte in einem Vortrag[8] einmal eindringlich die Frage, ob wir wirklich bereit seien, selbst eine schwere Krankheit auf uns zu nehmen, wenn wir z. B. Tonglen praktizieren (eine tibetische Übung, in der wir in Verbindung mit der Atmung die Leiden anderer, wie z. B. Krankheit, in unser Herz nehmen, und Erleichterung, Erlösendes etc. aus ebendiesem Herzraum an die jeweilige Person zurücksenden). Weiter fragte sie, ob wir wirklich selbstloses Mitgefühl entwickeln wollten, wie im Anfang jeder Sadhana-Praxis zur „Klärung der Motivation" rezitiert wird. Ob wir mitfühlend und herzoffen bleiben, wenn wir jemanden auf einer spirituellen Veranstaltung herzlich willkommen heißen, und der Mensch abweisend reagiert. Und ob wir wirklich die wahre Natur aller Dinge erkennen wollen (hier nahm sie u. a. Bezug auf den „american lifestyle"), oder einfach nur über die spirituelle Praxis einen weiteren Tag ohne Probleme haben wollten. Sie fordert hier einfach nur zu Ehrlichkeit uns selbst gegenüber auf. Das Problem ist nach Khandro nicht unsere Selbstbezogenheit, sondern wenn wir so tun als ob – was spirituelle Fortschritte verhindert. Wenn wir die wahre Natur erkennen wollten, müssten wir als Voraussetzung dafür unsere eigene (momentane) Wahrheit eingestehen. Auch wenn wir gerade verschlossen, im Widerstand, hart, missgünstig, egozentrisch sind.

Auf meiner eigenen spirituellen Reise hatte ich immer wieder Erfahrungen mit spirituellem Ego. Glücklicherweise ist mir wie gesagt bereits sehr früh das Buch *Spirituellen Materialismus durchschneiden* von Chögyam Trungpa begegnet. Meine Wachsamkeit für meine inneren neurotischen oder vom Ego angetriebenen Manöver im Umgang mit Retreats, spirituellen Lehrerinnen, Lehrern und Lehren wurde dadurch dauerhaft geschärft, obwohl natürlich immer wieder entsprechende Prozesse in mir stattfanden und dies noch tun. Bereits beim Lesen damals fand ich uns Yoginis und Yogis alle in Trungpas Beschreibungen genauso wieder, wie in den Ausführungen der drei gerade zitierten, hoch geschätzten spirituellen Figuren. Ich werde sogar skeptisch, wenn jemand zu schmeichlerisch auf mich wirkt, und bin inzwischen meist freudig-erleichtert, wenn spirituell Lehrende auf die oben beschriebene Weise den Finger in die Wunde legen. Denn das fühlt sich – trotz aller Kränkung – wahr und hilfreich an.

Ego-Helfen

Auch diese Form oft verkappter, aber dennoch mächtiger Ego-Aktivität ist eine Falle. In allen Religionen und spirituellen Traditionen ist Altruismus und Nächstenliebe, meist auch aktives helfendes Tätigsein ein hoher Wert. Im Buddhismus ist es nicht nur moralisches Gebot, sondern auch Teil der Geistes- und Herzensschulung. Es geht nicht nur darum, weiser und klarer zu werden, sondern auch mitfühlender. Auf dem Praxispfad geht es um Erwecken von *Bodhicitta* (übersetzbar als *erwachtes Herz*). Ein Teil davon ist das relative Bodhicitta, wo es um innere wohlwollende, mitfühlende, mitfreuende und nicht zwischen Freund und Feind unterscheidende Liebe bzw. Güte geht. Zudem aber auch um aktives Helfen und Unterstützen aller fühlender Wesen, der Natur und der Erde. Es passiert auf christlichen oder buddhistischen Wegen schnell, dass man stellenweise anfängt, sich mit eigenen hilfreichen Aktionen zu schmücken, damit gesehen werden will, und so letztlich auch wieder eine gute Yogini sein will. Es gibt eine verführerische Form, in die Helferrolle zu gehen, die sehr aus Egoverstrickung und narzisstischen Motiven (siehe nächstes Kapitel) heraus geschieht. Manchmal ist sie sehr offensichtlich und sehr leicht bewusst zu machen, häufig aber auch sehr subtil. Wenn wir „Gutes tun" (spenden, uns jemandem zuwenden, der/die es braucht, obwohl wir etwas anderes zu tun hätten, uns boostern lassen, auf Demos gehen, auf vegane Ernährung und ein E-Auto umsteigen, ein Ehrenamt belegen oder geschundene Tiere retten), stellen wir uns gern damit dar – auch wenn es nur ein klein wenig ist. Vielleicht sogar auch nur vor uns selbst. Davon weiter abzuhängen, hält uns aber von wahrer Befreiung von Herz und Geist ab. Es kann sogar Schaden bei anderen anrichten, wie wir aus vielen leidvollen Geschichten aus der Zeit des Kolonialismus und der Missionare wissen.

Deshalb wird im Buddhismus immer wieder betont, wie wichtig es ist, zu prüfen, aus welchen Motiven heraus wir tun, was wir tun. Es ist wesentlich, aus den richtigen Motiven heraus zu praktizieren, zu helfen, zu handeln. Es geht immer um das Wohl aller, nicht nur mein eigenes. Praktizierenden wird stets geraten, keine große Sache aus eigenen altruistischen Handlungen zu machen. Vielleicht sogar auch mal Gutes zu tun, ohne dass irgendjemand etwas davon mitbekommt (oder nur die Person um die es geht), und sich selbst freundlich zu stoppen, wenn nach einer Hilfsaktion eine innere Gutmenschen-Geschichte anzurollen beginnt. Dies passiert realistisch gesehen meistens – ich kenne diesen Mechanismus selbst sehr gut. In Meditationen zu Mitgefühl, liebevoller Güte oder Vergebung gibt es oft die eingebaute Erinnerung, nicht stolz zu sein auf das, was man da gerade tut, oder auch keine Anerkennung dafür zu erwarten. Wir machen es aber auch nicht klein – wir lassen es, was es ist, und dann ziehen wir weiter. Vielleicht können wir sogar eine Wahrnehmung herstellen von „kein Gebender, keine Empfangende, kein Gegebenes", wie viele Dzogchen- und Mahamudra-Texte sagen.

Konzepte und die persönliche Erlebniswelt:
Die 5 Skandhas

Die buddhistische Psychologie beschreibt den Egoprozess der entstehenden inneren Geschichten oder Konzepte über uns und die Welt anhand der *5 Skandhas*. Für mich hat diese buddhistische Beschreibung der Konzeptbildung, die als Automatismus im Inneren und Äußeren zu viel Leid führt und nachhaltige Lösungen verhindert, in unserer krisengeschwängerten Zeit nochmal an Aktualität gewonnen.

Als menschliche Spezies sind wir seit unseren Anfängen darauf ausgerichtet, zu überleben. Dafür müssen wir Komplexität reduzieren – im Inneren und im Außen. Wir bilden uns unsere Welt – unbewusst, teilbewusst oder manchmal auch ganz bewusst. Wir teilen ein, bewerten, blenden aus, fokussieren. Wir reduzieren die Vielzahl der Eindrücke, die stets über uns hereinbrechen, und nehmen Ausschnitte wahr. So befassen wir uns in jedem Moment mit einer Meereswelle, sind aber auch der Ozean.

Wir brauchen diese Fähigkeit, zu filtern und zu werten, unbedingt, um steuerungs- und handlungsfähig zu sein. Womit sich aber alle spirituellen Traditionen befassen, ist die erweiterungsfähige Wahrnehmung, dass wir nur das sind. Spirituelle Lehrerinnen und Lehrer bezeichnen unsere Tendenz, immer unseren Überlebenssicherungs-Mechanismen zu folgen, die die Welt nur sehr eingeschränkt wahrnehmen, als Missverständnis der Realität. Genau dieses Missverständnis erzeugt nach Buddha Leid. Sobald unsere Einteilungen der Wirklichkeit erschüttert werden, und wir uns darin eingerichtet hatten, entsteht Schmerz, Hadern und Widerstand.

Die 5 Skandhas sind die buddhistische Beschreibung dessen, wie wir stets - auch unter weniger erschütternden Umständen -

unsere Welt einfärben. Wenn wir solch enormen Stressoren begegnen, verdichtet sich der anhand von 5 Aspekten beschreibbare Prozess. Man kann sich diesen als in 5 Kategorien ablaufend vorstellen, oder als 5 Arten, nach der Welt (uns eingeschlossen) zu *greifen*, oder diese abzuwehren. Dies bringt unser Menschsein mit sich: Wenn wir nicht greifen, was wir erfahren, lehnen wir es ab, oder haben keinen Bezug dazu. Der Skandha-Prozess läuft automatisch und unbewusst ab, und bewirkt zum Beispiel, ob uns unser Gegenüber sympathisch oder unsympathisch ist, und welche Handlungsimpulse dann entstehen. Im Einzelnen sind die Skandhas (frei übersetzt „Haufen der Anhaftung" oder „Daseinsgruppen"):

1. Die sinnlichen Empfindungen von uns selbst und äußeren Objekten (über sehen-riechen-schmecken-tasten-hören und das Denkorgan, welches im Buddhismus als sechster Sinn gesehen wird),
2. die Gefühle dazu,
3. die Wahrnehmung,
4. die Geistesformationen und
5. das Bewusstsein.

Die 5 Skandhas wurden von Buddha beschrieben, als er nach seiner vollkommenen Befreiung bzw. Erleuchtung zu lehren begann. Sogleich sprach er davon, dass es nach seinem Verständnis letztlich keine Individualseele als feste Einheit und über dieses Leben hinaus gebe. Damit hat er dem Ego sozusagen von Anfang an den Boden weggezogen. Er beschrieb das, was sich durch die sich gegenseitig beeinflussenden Skandhas als feste Vorstellung von uns selbst und unserer Objektwelt aufbaut, mit einem Wagen: Dieser sei keine feste Einheit, weil er aus Rädern, Achsen, der Auflagefläche usw. bestehe. Diese Einzelteile zerlegte er wieder und wieder, bis nichts Festes, Dauerhaftes übrigblieb. Er tat das lange, bevor die atomare

Struktur aller Dinge gefunden wurde, und dann später das noch viel feinere Quantenwissen hinter den Atomen. Die 5 Skandha-Schritte unseres Bewusstseins folgen oft aufeinander und können als fortschreitende begriffliche Verdichtung gesehen werden: Wir erleben etwas über Sehen, Hören, Riechen, Schmecken, Körpersensationen, und denken: „Ich" oder „Meins". Dann geschieht etwas Zentrales: Wir ordnen es blitzschnell und instinktiv in angenehm, unangenehm oder neutral ein. Als nächstes bemerken wir das, was wir erleben, aktiver, und unterscheiden es, ordnen es ein und zu, geben der Welt Namen – der Bereich unserer Muster. Nun kommen die aktiven Gestaltungskräfte hinein – unsere Emotionen, Absichten, Motive: Wir tendieren dazu, zu handeln, heilsam, unheilsam oder neutral, und je nach Einfärbung unserer Impulse mit Sehnsucht, Ignoranz oder Abstoßung. Das 5. Skandha – Bewusstsein – ist die Voraussetzung für das Ablaufen des beschriebenen Prozesses. Er läuft nur, wenn wir bewusst wahrnehmen und die Dinge in ihrem Wesen erleben. Das kann konzeptuell eingefärbt sein oder frei von Konzepten. Wenn man in der Meditation vom ‚Zeugen' spricht, ist das eine nicht konzeptionell vorbelastete Einheit, während konzeptionelles Bewusstsein etwas ist, was nicht mehr auf das rein über die Sinneskanäle Erfahrene reagiert. Wir projizieren dann unsere aus unseren Erfahrungen heraus entstandenen Konzepte auf alles, was wir erleben.

Wenn die 5 „Daseinshaufen" immer und immer wieder unreflektiert ablaufen, steht unser Egoprozess in voller Blüte. Wir haben das Gefühl eines festen Ichs und Dus, starre Meinungen, wir werten, urteilen, und sind rigide geworden in unserer Wahrnehmung der Dinge. Diese übertragen wir dann auf andere Erfahrungen. Das hat aber nichts mit der wahren Essenz der Dinge und Erfahrungen zu tun, die im Buddhismus oft als

„luminous emptiness" – leuchtende Leerheit – beschrieben wird.

Buddha lehrte Wege, wirklich zu erkennen, dass die Skandhas selbst leer von eigener, innewohnender Existenz sind, und somit auch die aus diesem Mechanismus heraus erschaffenen Konzepte und Identitäten. Ein Fortschreiten auf diesem Erkenntnisweg ermöglicht es, zunächst temporär, und am Ende dann dauerhaft die Buddha-Natur zu erfahren. Dann gibt es keine neurotischen Verwicklungen und keine anhaltenden Leidenszustände mehr. Die Fesseln, die uns im Leiden halten – Buddha hat 10 beschrieben – sind gesprengt. Wir sind innerlich frei. Es würde an dieser Stelle zu weit führen, auf alle beschriebenen Fesseln unseres Geistes einzugehen. Wichtig ist aber, dass die fundamentale, erste Fessel das Anhaften an einer unveränderbaren Identität und an einer Weise, die Welt zu betrachten, ist. Wenn diese Fessel, mit der wir uns in diesem Buch immer wieder beschäftigen, nicht gelöst wird, sind wir vollkommen blockiert auf dem Weg aus Ego und Leiden heraus.

Ich finde es ungeheuer spannend, diesem Verdichtungsprozess unseres Bewusstseins über die 5 Skandhas zuzusehen, und bereits entstandene Konzepte gelegentlich im Rückwärtsgang wieder zu zerlegen. Ein Beispiel:

Ab dem Jahr 2020 konnte man im Zusammenhang mit dem Covid 19-Virus diversen Mechanismen der Spaltung zusehen. In der Gesellschaft und Politik kam es zu einer starken Blockbildung in Bezug auf die Einschätzung der Lage und das richtige Vorgehen. Manchmal ging dieser Riss der so hoch gehaltenen Meinungen durch Partnerschaften, Freundschaften, familiäre Bezüge, Arbeitsteams. Der Druck, die Ohnmacht, und die individuell unterschiedliche, immer aber existenzielle Angst musste abgewehrt werden. Man bildete Konzepte, als Einzelperson und in Interessensgemeinschaften.

In der ersten Zeit wuchsen in mir und um mich herum Meinungen und Formen mit der Thematik umzugehen, die oft immer weiter verfestigt und dezidiert vertreten wurden. Zu welchem Narrativ jemand dabei tendierte, hing stark davon ab, wie der persönliche Erfahrungshintergrund im bisherigen Leben und in der aktuellen Situation aussah. In der psychotherapeutischen Praxis konnte ich diesem von Woche zu Woche anwachsenden Verdichtungsprozess zusehen. Ich bekam dabei auch mit, wie inmitten der Bedrängnis, die uns alle gleich betraf, die zwei polaren Haupt-Narrative umso mehr Leiden kreierten, je extremer sie wurden. Man fühlte sich zwar in der eigenen „Meinung" zuhause und richtig, wurde aber weniger und weniger dialogfähig, und fühlte sich bedroht von der jeweiligen Gegenseite. Es war auch meist voraussagbar, wer welchem Narrativ folgen würde: Die Sozialpsychologie weist immer wieder auf unsere Tendenz hin, das zu befürworten, was uns und unseren Konzepten ähnlich ist, und das abzulehnen, was nicht in unsere Situation und unseren Erfahrungsschatz passt.

Die 5 Skandhas zur Konzeptbildung über den Umgang mit Covid waren voll im Gange. Irgendwann fand ich mich immer öfter in Diskussionen verwickelt, während in mir eine immer größere Besorgnis wuchs: Teilweise über die polaren, intoleranten Ausrichtungen und Haltungen, um die es ging, vor allem aber über die rigide Selbstgerechtigkeit, die überall auftauchte, egal welche Überzeugung jemand vertrat. Es war wie ein Sog, sich in diesen Debatten gegenseitig aufzuzeigen, dass man Recht habe. Mit etwas mehr Abstand ist dies natürlich als von Angst getriebener, fast verzweifelter Versuch zu erkennen, die individuelle Sicherheitszone wiederherzustellen, aus der jeder und jede Einzelne auf ganz persönliche Weise durch die pandemische Situation herauskatapultiert worden war. Eine Zeitlang sah ich mir Talkshows und politische Debatten zum Thema an, die oft hitzig und polemisch abliefen. Die Szene jenseits vom Mainstream war in weiten Teilen ebenso aufgeladen und nicht mehr fähig zu Dialog und Unterschiedlichkeit. Immer wieder gab es 2 Lager bezüglich der politischen Maßnahmen. Mit der Zeit wurde immer weniger debattiert und immer mehr beschuldigt und gespalten. Ein schillerndes Egoverdichtungs-Schau-

spiel mit bedrückenden Folgen: Patientinnen mit Traumahintergrund fielen nach Heilungsprozessen in innere Ohnmachtsgefühle zurück, überwundene innere Täter-Opfer-Dynamiken erblühten neu. Depressionen kamen zurück oder entstanden neu. Suizidale Phantasien als Ausweg gewannen an Verlockung. Somatisierungsstörungen wurden wieder massiver, Psychosen blühten neu auf, neu aufgebaute Beziehungsstrukturen bröckelten, Süchte nahmen wieder zu. Lassen Sie uns aus diesem Geschehen lernen, uns selbst noch mehr zuzusehen, wie wir Ego-Konzepte bilden, und menschlich zu bleiben!

Ein einzelner Prozess durch die 5 Skandhas könnte zu Beginn des Pandemiegeschehens beispielsweise folgendermaßen abgelaufen sein: Eine Person sieht die plötzlich täglich in den Medien auftauchenden Horrorbilder vermummter Ärztinnen und Pfleger, Großaufnahmen rötlicher, stacheliger Viren, sich stapelnder Särge etc.. Sie sieht die Reaktionen plötzlich ausweichender, verschlossener, manchmal auch ausflippender Menschen im Umfeld, und diejenigen der Politikerinnen und Experten (1. Skandha: Sinnesempfindungen). Sie fühlt sich diffus bedroht und geht überwiegend in die Ablehnung von bedrohlichen Bildern und Nachrichten (2. Skandha: Gefühl). Sie recherchiert auf der Suche nach emotionaler Beruhigung und Wiedererlangung von Sicherheit. Je nach persönlicher Vorprägung und Situation findet sie ihre sympathischen, beruhigenden Experten und Influencerinnen aus Mainstream oder Kritikerbewegungen, die ihr Unbehagen vermindern (2. Skandha: Emotionales Annehmen). Sie fängt an, polar zu unterscheiden zwischen Mainstream und Nichtmainstream, Lagern von Befürwortern und Gegnerinnen, beginnt sich selbst zuzuteilen (3. Skandha: Aktive Wahrnehmung und Einordnung). Dann bemerkt sie den Impuls, etwas zu tun, vielleicht mit einem diffusen Gemisch aus Angst und Aggression, und den Drang, das Geschehen mit zu beeinflussen auf der

Seite, zu der sie nun tendiert (4. Skandha: Gestaltungskräfte, Impulse, Motive). Wie viel sie sich dem Thema über Medien etc. zuwendet, oder ob sie aussteigt, beeinflusst die weitere Wahrnehmung des Geschehens (5. Skandha: Bewusstes Erkennen). Diese Wahrnehmung ist jetzt stark konzeptionell eingefärbt. Die Abwehr der jeweils bedrohlichen Gegenseite wird immer stärker. Sie will nichts anderes mehr wissen als das, was ihr Narrativ befeuert, weil anderes zu viel innere Spannungsgefühle auslösende, kognitive Dissonanz erzeugt. Es besteht aber durchaus die Möglichkeit, in der Innenschau zu bemerken, dass sie sich, genauso wie die meisten Menschen um sie herum in einer Polarisierung verfangen hat: Mit Liebes- und Hassobjekten, Wahrnehmungsfilterung, Verfestigung auf eine Variante von Meinung, die Unsicherheit und Nichtwissen abwehrt und neue, erweiternde Erfahrungen eher verhindert. Dann könnte sie sich über ihre Polarisierung stellen, und beginnen, einen frischen Blick auf alles zu werfen, was geschieht. Dies würde sie wieder freier machen, auch andere Perspektiven zuzulassen, und sich allen gegenüber menschlich zu verhalten.

Auch wenn die Prozesse der einzelnen Skandhas verkettet sind, stets ablaufen, und zusammen Surrogate der Wirklichkeit bilden, ist jeder einzelne „Haufen" per se leer. Das betonen buddhistische Lehren immer wieder. Es gibt also keine einzelnen kompakten Fertigungsstationen in unserer inneren Ego-Fabrik, sondern nur sich verzahnende Tendenzen unseres Geistes (Fühlen und Denken), alles immer wieder zu verwerten und damit fester zu machen, als es ist.

Wenn wir einen solchen Verdichtungsprozess unseres Egos bemerken, und es uns gelingt, ihn wieder zu lockern, geht es viel weniger um die Fragen: Was zieht mich an und wie bekomme ich es? Was lehne ich ab, wie werde ich es los? Es geht vielmehr um die Frage: Wie bin ich *in Beziehung*? Zum Außen, zu meinem Inneren? Dies zu erkennen, zu beobachten und darin kontemplierend zu verweilen, entstrickt und befreit uns. Die Shamatha-Vipassana Meditation arbeitet genau mit dieser Thematik, indem sie uns unsere Muster und Konzepte bewusst werden und erfahren lässt, den Blick der Betrachterin schärft, und inmitten aller inneren Abläufe Raum entstehen lässt: Lücken in unserer Konzeptbildung, die uns zum Beispiel in einem Schweigeretreat plötzlich den Spaziergang in der Natur vollkommen neu erfahren lassen, manchmal sogar auf magische, wundersame, meistens aber sehr intensive Weise.

Ich möchte Sie, liebe Leserin und lieber Leser herzlich einladen, öfter mal in verschiedenen Situationen inne zu halten und sich von einer höheren, neutralen Warte aus zuzusehen, wie Sie gerade wahrnehmen, werten, denken und fühlen. Insbesondere, wenn Sie in einem besonders negativen, gelangweilten oder auch euphorischen oder anders positiv-intensiven Zustand sind, der – wenn Sie sich zu sehr an diese Befindlichkeit klammern – möglicherweise schnell ins Leiden kippen kann. Es wäre in diesem Fall beispielsweise möglich, in etwa folgenden inneren Dialog zu führen: „Mein Lieber, Meine Liebe, da ist aber gerade eine Riesenportion 2. Skandha im Spiel … – vielleicht reagierst du gerade so allergisch auf dein Gegenüber, weil dich ihre Stimme an deine damalige Lateinlehrerin erinnert, die dich stets schikaniert hat? Ja, diese Person löst bei dir erstmal reflexartig eine absolute Ablehnung aus. Lass uns nicht vorschnell reagieren, sondern die Situation eine Weile mit einer ungetrübten Brille betrachten…". Oder: „Oh, du hängst gerade voll im 4. Skandha und bemerkst, dass du diesem Typen, der dich so unverschämt angemacht hat, am liebsten etwas vernichtendes zuschreien würdest! Achtung – dein Ego verengt sich…vielleicht machst du alles noch schlimmer, wenn du diesem Impuls jetzt folgst …".

Eine andere Möglichkeit, unsere Ego-Prozesse auf Basis der 5 Skandhas zu vermindern, sind Fragen wie die folgenden:

Warum habe ich diese politische Meinung? Warum mag ich bestimmte Gemüsesorten, während ich andere verabscheue (meine Offenbarung war hier zum Beispiel die sich nach jahrelanger Abneigung und Vermeidung entwickelnde Liebe zu Roten Beeten, oder der erstmalige Genuss eines vorzüglichen Sellerie-Schnitzels, obwohl ich „Sellerie hasse")? Warum kann ich mir ein Leben ohne Fleisch nicht vorstellen, auf meinen Milchkaffee am Morgen nicht verzichten, obwohl ich Milch nicht gut vertrage? Warum fühle ich mich so angezogen von dem einen, während ich das andere so unangenehm finde? Warum verabscheue ich den Winter, während ich am liebsten immer Sommer hätte? Warum leide ich so an dieser oder jener Situation? Warum habe ich immer wieder so viel Widerstand, wenn ich eine bestimme Aufgabe erledigen muss?

Ego will Komfort und Sicherheit

Wie reagieren Sie, wenn Sie sich bedroht fühlen? Wie schon beschrieben, verdichten sich die Egoprozesse in uns meist. Stellen Sie sich beispielsweise vor, Sie erkranken und leiden dabei unter ungewohnten, massiven Schmerzen. Vermutlich wird Ihr Geist wilder als sonst und produziert Gedankenketten des Widerstands und der Suche nach Erleichterung. Vielleicht sucht er auch nach dem Schuldigen, vielleicht geißeln Sie sich noch selbst. Diese Geschichten mögen wiederkehrend, zäh und klebrig sein, oder auch loser und leichter zu zerstreuen. Alles was in Ihnen reflexartig geschieht, kommt aus dem tiefen Bedürfnis nach Sicherheit und Komfort. So verständlich es ist, dass Ihr Geist die Krankheit und den Schmerz loshaben möchte, so wenig hilfreich sind diese inneren Erzählungen dafür vermutlich. Manchmal, wenn es gelingt, die zugrunde liegende Bedrohung zu realisieren und anzunehmen („ja – Unbehagen", „ja – Kontrollbedürfnis"), kann sich etwas anfangen zu entspannen. Im besten Fall lässt auch der subjektive Schmerz etwas nach.

Der humanistische Psychologe Abraham Maslow beschrieb eine Bedürfnispyramide, in der das Bedürfnis nach Sicherheit neben dem noch fundamentaleren Bedürfnis nach physiologischer Bedürfnisbefriedigung – primär ist. Das heißt, wenn wir gerade nicht an körperlichen Befindlichkeitsstörungen leiden, beschäftigt uns zunächst das Thema Sicherheit. Dies kann von der Beschäftigung mit unseren Lebensgrundlagen (z. B. Weltfrieden und nationale Sicherheit, Abwendung der Klimakatastrophe, wirtschaftliche Stabilität) bis hin zu persönlichen Verunsicherungsfaktoren (z. B. kann ich dieser Person vertrauen? Kann ich mir diese neue Aufgabe zutrauen, oder werde ich versagen?) reichen. Erst wenn wir uns relativ sicher und körperlich unversehrt fühlen, geht es um die darauffolgenden Bedürfnisse nach Kontakt, Zugehörigkeit, persönlichkeitsspezifischen Bedürfnissen und Selbstverwirklichung. Aber oft bleiben wir im Wiederkäuen des Themas Sicherheit versus Bedrohung hängen.

Auch in der Psychotherapie geht es oft darum, im Inneren (oder auch im Äußeren) mehr Sicherheit zu erlangen – zum Beispiel Selbstsicherheit. Das ist wichtig, um auf diesem gewachsenen Boden und inneren Halt zu weiteren Anliegen vordringen zu können. Und es ist wichtig, um ein gesundes Fundament für den spirituellen Weg zu haben. Wenn wir diese innere Sicherheit nicht haben, können uns bestimmte Meditationen und Praktiken, genauso wie zum Beispiel auch psychedelische Drogen, in eine Psychose, oder (milder) so etwas wie eine Angststörung manövrieren. Gerade buddhistische Meditationen und Praktiken rütteln gezielt an uns und unserem Bild von uns selbst. Sie betreiben gezielte Dekonstruktion ohne z. B. einen Gott, der uns hilft und bei dem wir Zuflucht finden.

Öfter wird gesagt, das Ziel (vollkommen wach zu werden und unser wahres Wesen, sowie die Wahrheit über transzendente Zusammenhänge zu erkennen) sei bei allen mystischen Wegen, und eher esoterisch statt exoterisch ausgerichteten Religionen, dasselbe. Die buddhistische Dekonstruktionspraxis setzt jedoch anders als andere spirituelle Wege gezielt das Seziermesser an, bis sozusagen nichts mehr übrigbleibt als Egolosigkeit, Buddha-Natur, die Natur des Geistes, leuchtende Leerheit, oder wie dieses Ungeborene und Unvergängliche noch genannt wird. In Psychotherapien ist es meiner Ansicht nach wichtig, den Punkt zu erkennen, wo man „therapiert genug" (ichstabil genug, un-neurotisch genug, nicht mehr tief traumatisiert) ist, und sich dann in eine Schleife von konzeptueller Ego-Stärkung (zum Beispiel: „Ich bin so und so", „ich weiß jetzt was ich brauche, und die Welt sollte mir das geben") begeben würde. An diesem Punkt beginnt in meinen Augen die Arbeit am Menschsein an sich, am Transzendenten, an den im Buddhismus beschriebenen Mechanismen menschlichen Egos. Dieses wird auch nach einem therapeutischen Heilungsprozess weiter und weiter Formen von Leiden produzieren – weil dies, solange wir noch nicht vollkommen wach und befreit sind, in unser Menschsein eingebaut ist, ohne Ausnahme.

Letztlich gibt es keine Sicherheit – und keine Sicherheitszone, die von Dauer ist. Dilgo Yangsi Khyentse Rinpoche hat dies in einem Retreat mit einem Bild über den meditativen Weg beschrieben. Er sagte, wenn man Achtsamkeit praktiziere oder meditiere, lerne man, über eine Planke balancierend einen Sumpf zu überqueren. Erst sei es noch wackelig, aber dann werde man besser. Wenn man richtig gut sei, komme der Lehrer und lege einem eine schmälere Planke hin. Es wird wieder wackelig und man übt und übt. Schließlich ist man Meisterin auch in diesem Balanceakt. Dann wird einem eine Planke über den Sumpf gelegt, die so schmal ist, dass es nicht machbar erscheint, darauf über den Sumpf zu waten, ohne herunterzufallen und zu versinken. Mit viel Übung werden wir jedoch auch hierin perfekt. Wenn wir uns darüber freuen, und uns – wie an den 2 vorigen Stationen auch – stolz und gut fühlen, dass wir es geschafft haben, perfekt auf einer Planke auf dem Sumpf zu balancieren, erkennen wir durch einen neuerlichen Hinweis der Lehrerin oder durch das Leben selbst: Die Planke gibt es nicht! Es gibt sie nicht, die Komfortzone der Scheinsicherheit des alles Bewältigens oder Beherrschens.

Ego regiert, wenn wir unsere Komfortzone an Sicherheit und Bequemlichkeit bewahren wollen, egal in welchen vielleicht herausfordernden Umständen. Aber es geht nicht immer um Unbehagen: Ego beherrscht uns zum Beispiel auch, wenn wir *ehrlich gemeinte* Wertschätzung eines anderen Menschen nicht annehmen können, weil unsere inneren Grundüberzeugungen etwas anderes sagen. Dann unterliegen wir sozusagen einem Kleinheits-Ego. Ein anderes Beispiel ist das Reisen: Kennen Sie die Tendenz, beim Erkunden eines neuen Urlaubsortes in fremder Kultur innerlich oder äußerlich zu bemängeln, was dort irritiert, abstößt, anders ist, als wir es wollen oder gewohnt sind? Wir können uns sogar nach einem Moment spiritueller Öffnung und Weitung über alle Sicherheit hinaus in dieser Erfahrung einzurichten versuchen, auch wenn dies zum Scheitern verurteilt ist. Wenn wir uns auf einer neuen Stufe unseres Bewusstseins angekommen sehen, und darüber ein neues, identitätsstiftendes Konzept bilden, suchen wir eine Sicherheit, die es nicht gibt. Außerdem klammern wir die anderen aus, von denen wir nie getrennt und unabhängig existieren werden.

Um dieses „ich und meine Erleuchtung"-Narrativ zu verhindern, sind zum Beispiel folgende Fragen hilfreich:
Wer wacht auf? Wer meditiert? Wer stirbt?

4 Schleier: Unwissenheit, Gewohnheit, aufgewühlte Emotionen, Karma

Es gibt viele wunderschöne Parabeln für die Befreiung aus den verschiedenen Spielarten des Egoprozesses. Schöne Bilder sind z. B. folgende: Der Kokon und der Schmetterling (der Schmetterling muss und darf dabei wachsen und schließlich davonfliegen); die Sonne, die hinter dem wolkenverhangenen Himmel scheint; der in uns vorhandene Samen, der aufgeht, wenn wir ihn genug bewässern und ihm zur Verfügung stellen, was er braucht. Eindrücklich ist auch die Erzählung von einer goldenen Buddhastatue, die in einem südostasiatischen Tempel (je nach Erzählvariante Myanmar, Laos, Thailand oder Kambodscha) mit Lehm überzogen worden war, als plündernde feindliche Soldaten näher rückten. Mit der Zeit wurde der wahre Inhalt vergessen. Als nach vielen Jahren Kinder im Tempel spielten, entdeckte eines davon einen Riss, hinter dem Gold hervorschimmerte. So wurde die wahre Buddha-Gestalt, so wie sie eigentlich gedacht war, wieder frei gelegt. Ein weiteres traditionelles Bild ist auch der stinkende Tümpel, aus dem die im Buddhismus sehr symbolische Lotosblüte erwächst (meist wird hier darauf hingewiesen, dass der Morast essentiell ist, um die Blüte wachsen zu lassen – wir müssen also unserem „inneren Morast" wahrhaftig begegnen, um darüber hinaus und in die kostbare Blüte hineinzuwachsen).

Buddha lehrte von 4 Schleiern, die unsere wahre Natur jenseits von Ego verhüllen, vernebeln, blockieren, oder wie auch immer man es empfinden mag. Wenn wir darum wissen, und diese Schleier in uns erforschen (hier wiederum hat jedes Individuum seine persönlichen Schwerpunkte oder „Specials"), können wir anfangen, sie – ähnlich wie die Skandhas und andere von Buddha beschriebene Ego-Mechanismen – zum

Fallen zu bringen und darüber hinaus zu gehen: Unwissenheit, Gewohnheit, aufgewühlte Emotionen, Karma.

Unwissenheit:

Wenn man auf einem Friedhof spazieren geht, kann dies manchmal unsere grundlegende Unwissenheit oder Vergänglichkeits-Ignoranz ganz schön ins Wanken bringen. Besonders dann, wenn man sich plötzlich vor einem Grab wiederfindet, auf dem der eigene Name steht. Diese Erfahrung hatte ich tatsächlich einmal in einer fremden Stadt gemacht. Ich hatte mit der verstorbenen Frau nichts zu tun. Dennoch war dies eine deutliche Erinnerung an meine eigene Sterblichkeit. Wie die meisten Menschen vergesse ich die Tatsache immer mal wieder, dass dieser Körper, Herberge meines Geistes, sterblich ist, und mit jedem Atemzug die Zahl derer, die noch geatmet werden, weniger wird.

Viele Menschen möchten nicht aus diesem Leben scheiden, und ihr Hab und Gut, sowie lieb gewonnene Menschen und Tiere zurücklassen. Andere wünschen sich, endlich gehen zu können, und erhoffen sich davon Erleichterung bezüglich eines enttäuschenden Daseins. Dies begegnet mir öfter in meiner psychotherapeutischen Praxis, und ich sage dann häufig: „Wer weiß, ob es dann besser wird?". Beide Haltungen sind auf unterschiedliche Art in ein Ego verstrickt: „Ich" will bleiben, „ich" will gehen. Unsere wahre, tiefste Natur kann weder bleiben noch gehen – sie ist nondual und leer von all diesen Ich-Konzepten. Auf diese Erkenntnis läuft im Buddhismus alles hinaus. Aber sie ist nicht nihilistisch leer und trostlos langweilig (siehe das Gedicht von Yogananda in Kapitel 5). Meditation als erfahrungsbasierte Dekonstruktion mentaler und emotionaler Prozesse ermöglicht es meist mehr als rein philosophische Analysen, in diese Natur einen Einblick zu bekommen.

Zum Thema Abwehr von Tod und Vergänglichkeit haben wir auch wieder Covid als aktuelles Beispiel: So tragisch das Virus Leben nahm und nimmt, oder langfristig Körper schädigt, so auffällig war auch, dass es in der politischen, gesellschaftlichen und konventionellen medizinischen Darstellung der Krise den Tod als natürliche Folge von Leben generell nicht mehr wirklich zu geben schien. Andere tödliche Krankheiten verschwanden weitgehend von der öffentlichen Bildfläche, und es wurde oft nicht besonnen nach einem Weg mit möglichst wenig Erkrankungen, Todesopfern und Sekundärfolgen gesucht, sondern es wurde – angeheizt durch die Medien – zusammen mit dem Virus der Tod an sich bekämpft. Manchmal schien die Menschheit in eine kollektive Zwangsneurose gefallen, getrieben von der immer schon in unserem Kulturkreis gegebenen Todesleugnung, und uns alle überflutender Todesangst. Gleichzeitig verfolgte ich auf YouTube die 50-tägige Zeremonie nach dem Tod des tibetischen Lehrers Chokling Rinpoche in Nepal, der seinen Körper in Meditationshaltung verlassen hatte, und dessen sterbliche Hülle hinter einer Glasscheibe betrachtet werden konnte, ohne Anzeichen von Verfall und mit einem fortwährenden Ausdruck transzendenter Verzückung. Während bei uns Abschiede von Sterbenden oder die Teilnahme an Begräbnissen teilweise technokratisch unterbunden wurden, versammelte sich dessen Anhängerschaft im pandemiegeschüttelten Nepal täglich. Die meisten trugen Masken, aber man kam nicht auf die Idee, dieses heilige Geschehen der Öffentlichkeit zu verwehren. Es wurde ein Meister gezeigt und verehrt, der gestorben war, aber den Tod besiegt hatte. Die Werte waren grundverschieden. Bei uns stand der Kampf gegen menschliches Sterben über allem anderen, in kollektiver Ausrichtung auf das Coronavirus. Andere Todesursachen wie Krebs, Infarkte, Unfälle gab es natürlich weiter, sie fanden aber erst einmal keine öffentliche Beachtung mehr. Schwierig erschien mir hier die kriegsähnliche Bekämpfung von Covid und Sterben, und die überwiegende Darstellung derselben in den Medien, welche besonnene Vernunft vermissen ließ. Allen älteren und jüngeren Menschen wünsche ich von Herzen einen ruhigen, würdigen Tod, der „nicht zu unrechter Zeit" kommt, wie es in tibetischen Sadhanas manchmal heißt. Der erwachte Meister Jigme Lingpa[9] schlägt als innere Übung vor, regelmäßig so den Tod zu kontemplieren: „Ich frage mich, ob ich heute Abend sterben werde? Oder vielleicht morgen?". So eine offene, unser Ableben willkommen heißende Haltung ist in unserer Kultur unüblich. Vielleicht entspricht sie auch generell nicht unserem Zeitgeist – abgesehen von einigen eher ursprünglichen, naturnahen Kulturen.

Neben der ausgeblendeten Vergänglichkeit gehört zum Thema Unwissenheit die uns allen gemeine Sicht, isoliert-eigenständige Einzelwesen zu sein, die unabhängig von Leben und unbelebter Materie außerhalb unserer selbst existieren. Dies führt unter anderem zu unseren ökologischen Problemen. Denn es ermöglicht uns, den eigenen Komfort auf Kosten von Ökosystemen und benachteiligten Lebewesen aufrecht zu erhalten, und komplexe Abhängigkeiten zu ignorieren. Wenn in der Politik in Abhängigkeit von der Wirtschaft etwa zu laxe Grenzwerte für den CO_2-Ausstoß von Motoren und Industriebetrieben festgelegt werden, um mehr ökologische Balance zu erwirken, und letztlich unseren Lebensraum zu erhalten, ist der Schleier der Unwissenheit am Werk. Profitorientierung und Wachstumsdiktat widersprechen sich mit der komplexen Interdependenz von allem, was lebt. In der Wirtschaft und in der Politik wird noch viel zu wenig ganzheitlich, nachhaltig und vernetzt gedacht und entschieden. Es wäre dabei fatal, wenn wir unsere Spezies und anderes Leben so tatsächlich ausrotten würden. Wir scheinen nahe dran zu sein, denn der Kipp-Punkt ist nach Analysen vieler ökologischer Organisationen bald oder auch schon erreicht. Dass in der Arktis und im Himalaya Gletscher schmelzen, was ökologisch katastrophal ist, weil Menschen in Verdrängung oder Verleugnung zu viel fliegen, Kreuzfahrten machen, automatisch ihr Auto benutzen oder Fleisch als Standardnahrung verzehren (was Massentierhaltung bewirkt, die nachgewiesenermaßen die atmosphärische Schutzschicht beschädigt), dass die Meere kippen, weil unter anderem unfassbare Mengen an Mikroplastik fabriziert und wieder entsorgt werden, ist für unsere Alltags-Bewusstseinsebenen schwer zu greifen. Wenn es uns gelänge, den Schleier der Unwissenheit nach und nach mehr zu lüften, würde vielleicht aber gelegentlich der verendende Wal oder der sterbende Eisbär in unserem Geist erscheinen, wenn wir aus Bequemlichkeit ins Auto oder Flugzeug steigen. Wenn wir uns des globalen Zusammenspiels noch bewusster werden, und immer mehr erkennen, dass wir weniger getrennte, fortbestehende Einzelwesen sind, als wir denken, wird dieser Bewusstwerdungsprozess und nachhaltigeres Handeln vielleicht trotz des Blickes auf die anderen geschehen, die sich noch verantwortungslos und unökologisch verhalten, als gebe es keine kommenden Generationen. Und wir werden auch keinen Applaus dafür brauchen.

Gewohnheit:

Der Schleier der Gewohnheit ist mächtig. Wir sind daran gewöhnt, in Dualitäten zu denken, uns als feste Person in einem festen Lebenskonzept mit festen Ritualen etc. zu erfahren. Auch aus psychologischer Sicht ist zu bedenken, dass das Aufweichen des Egos in eine wachere, tiefere und weitere Wahrnehmung hinein vermutlich oft nicht reibungslos vonstatten gehen wird, und einen längeren psychischen Gewöhnungs- und Neubeginn-Prozess nach sich ziehen wird. Eckart Tolle, der westliche spirituelle Lehrer, beschreibt in seinem Buch *Jetzt* beispielsweise, wie er nach seinem Erleuchtungserlebnis zwei Jahre lang überwiegend auf Parkbänken zugebracht hatte, bevor er sich zunehmend in einem neuen Leben mit neuer Struktur wieder fand. Nicht umsonst braucht spirituelles Wachstum meist lange. Dennoch müssen wir aktiv mit unseren Gewohnheitsmustern arbeiten, und uns wiederholt aus unserem Kokon bewegen, wie Chögyam Trungpa es beschreibt[10]. Das ist unbequem, manchmal auch schmerzhaft.

In der Suchtarbeit heißt es, es brauche nach dem Entzug von Alkohol, Drogen oder anderen Stoffen ein Jahr, um so stabile neuronale Netzwerke im Gehirn zu knüpfen, dass es in einer typischen auslösenden Situation nicht mehr zu massivem Verlangen und einem sehr wahrscheinlichen Rückfall kommt. In diesem Jahr trifft die oder der Betroffene immer wieder auf Versuchungen, die das Körper-Emotions-Geist-System in das alte Verhalten zu treiben drohen. Aus der Motivationspsychologie wissen wir, dass ein möglichst großer Anreiz der angestrebten Veränderung, zusammen mit der Erwartung, die Herausforderungen zu meistern, Erfolg unterstützt. Zudem lässt sich menschliches Fühlen, Denken und Handeln, erzeugt durch Gewohnheitsmuster, in der Regel auch nur bei einem genügend großen Leidensdruck verändern. Die innere Zeugin, trainiert durch Formen der Achtsamkeits- und Einsichtsmeditation (Pali: Shamatha und Vipassana), ist ein weiterer Faktor, der bei der Überwindung fest geschriebener Gewohnheiten notwendig ist.

Übertragen lässt sich diese unbequeme innere Arbeit mit Gewohnheiten auch auf die Herausforderungen unserer Zeit: Umweltschonende Alternativen zum Auto nutzen, weniger Fleisch verzehren, alle Formen von Energie sparen, weniger fliegen und nachhaltiger reisen, auf nachhaltige Kleidung, Nahrung achten etc. ist mühsam, eventuell teurer und begleitet von Widerstand. Zudem benötigen wir dazu teilweise mehr Zeit.

Wenn diese nicht mehr vorhanden ist – etwa in der Palliativarbeit – vollziehen sich therapeutische Heilungsprozesse und innere Quantensprünge oft radikaler und schneller als bei voller Gesundheit, und einem noch nicht zeitnah zu erwartenden Tod.

In Meditationsklausuren erfolgt in der Regel ein bewusster Entzug von Gewohntem und Bequemem. Ich erinnere mich gut an einen Moment, als in einer solchen einmal, inmitten der geistigen Aufs und Abs und Öffnungen und Verschließungen, die Frage aufkam, was wäre, wenn ich nur noch diese Woche hätte, und danach diesen Körper verlassen müsste? Würde die Meditation dadurch tiefer, die Erkenntnis intensiver? Die Antwort war ja. Ich fand etwas in mir, was nicht wirklich richtig aufwachen wollte. Nicht jetzt. Nicht ganz. Etwas, was daran zweifelte, dann noch den Lebensunterhalt für meine Söhne und mich selbst weiter bestreiten zu können wie bisher. Meine Wohnung abzuzahlen, die als Freiberuflerin die Basis für mein Auskommen im Alter sein wird. Bestimmte Dinge würden auf einmal unwichtig werden. Diese brachten aber doch Spaß und Genuss mit sich (z. B. guten Wein trinken, ein Kurzurlaub mit Wellnessanwendungen, in die Sauna gehen, neue Kleider oder Schuhe kaufen). Solche Konsumformen waren mir wichtig – unter anderem, um die mir vertraute soziale Teilhabe und meine privaten Beziehungen weiter in der gewohnten Art zu führen, wie ich es kannte. Die Gewohnheit des Feststeckens in Samsara – dem irdischen Kreislauf des Leidens – wurde mir sehr bewusst. Die meisten Meditierenden möchten aufwachen und im Herzen und im Geist frei werden. Doch wollen wir das wirklich? Wo wir doch auf viel Gewohntes, was uns trägt, verzichten müssten? Während Samsara immer wieder so sehr lockt, wie es in vielen Sadhanas heißt? Ich finde es sehr spannend, die Sehnsucht nach Erleuchtung einmal umzukehren, und uns damit zu befassen, was wir dann – im Ernstfall – aufgeben müssten!

Ein sehr radikales Beispiel ist die verstorbene indische erleuchtete Lehrerin Dipa Ma Barua: Nach einem Leben voller Krankheit, weitgehend in den Härten einer indischen Witwe mit heranwachsender Tochter, wurde sie Schülerin von Sri Munindra, einem großen indischen Meister. Als sie eine spirituelle Strecke hinter sich hatte, aber immer wieder im überwiegend körperlichen Leiden versank, kam der Tag, an dem es für sie kein Zurück mehr gab: Sie vertraute ihre halbwüchsige Tochter einer Nachbarin an, zusammen mit all ihrem Geld, was sie hatte. Dann ging sie zu Munindra ins Kloster, mit dem festen Entschluss, die Erleuchtung zu erlangen, oder dort zu sterben. Sie wollte es so sehr und war so „einspitzig" in ihrer Absicht, dass sie innerhalb von 6 innigen Versenkungstagen (nach 30 Jahren Vorlauf) die erste Erleuchtungsstufe erlangte! Später taten es ihr ihre Schwester und ihre Tochter gleich[11].

Aufgewühlte Emotionen:

Buddhistische Lehrende weisen häufig darauf hin, dass wir auch an unseren Emotionen allzu sehr anhaften. Theoretisch könnten sie einfach ihre sinnvolle biologische Aufgabe erfüllen: Uns in Gefahrensituationen warnen, beim Verarbeiten von Verlusten helfen, uns mit Schaffenskraft und Abgrenzungsfähigkeit ausstatten, oder unsere Beziehungen aufrechterhalten. In der Psychotherapie ist die Arbeit mit Emotionen eine ganz wichtige, und manchmal müssen Menschen darin tatsächlich erst lernen, ihre Gefühle und Emotionen wahrzunehmen und zu differenzieren. Oft geht es aber auch um deren Regulation. Das heißt, nicht darin hängen zu bleiben, sie aufzubauschen, oder davon überflutet zu werden. Emotionen könnten Durchgangsphänomene sein, und weniger ausschlaggebend für unser Sein werden, als sie es sind.

Wichtig ist auch folgender Blickwinkel: Im Grunde sind unsere Emotionen, die uns gerade belasten, nicht unsere – sie **gehören** uns nicht, wir ‚sind' nicht unsere Emotionen. Wir neigen aber dazu, dies immer wieder so zu empfinden. Die Emotionen beherrschen uns in diesem Fall. Wenn wir einmal über den Tellerrand unserer eigenen Psyche hinausschauen, gehören all unsere lebendigen Emotionen noch nicht einmal unserem menschlichen Kollektiv, da **Tiere** auch emotional sein können. Als Menschen teilen wir einen gemeinsamen emotionalen Erfahrungsraum. Generationen über Generationen haben wir Angst, Trauer, Verlust, Ohnmacht, Hilflosigkeit, Wut, Hass, Feindseligkeit, Scham, Schuld, Neid, Eifersucht, Liebe, Glück, Freude, Zufriedenheit, Verzückung, Begehren usw. erlebt, wieder und wieder, durch fette und magere Jahre, friedlichere und traumatische Kriegszeiten und Äonen hindurch. Ist das nicht unglaublich relativierend und über die Ich-Zentrierung hinausführend, unsere menschliche Emotionalität so zu sehen?

Sehr aufschlussreich war für mich auch die tibetische Energielehre, die in tibetisch-buddhistische Praktiken miteinbezogen wird (z. B. bei Tummo, der „inneren Hitze"). Hier gibt es im Körper den essenziellen Zentralkanal und Nebenkanäle, alle im Bereich der Wirbelsäule angeordnet. Hoch emotionale Zustände entstehen hiernach bevorzugt, weil feinstoffliche energetische Winde in den Nebenkanälen chaotisch durcheinanderwirbeln. In der Regel wird geübt, diese Winde zu beruhigen, die Nebenkanäle zu reinigen, und mehr Lebensenergie in den Zentralkanal zu lenken. Dies wiederum beruhigt den emotionalen Teil unseres Geistes.

Ich selbst bin ein gutes Beispiel für emotionale Anhaftung. Ausgestattet mit einer sehr lebendigen und intensiven Emotionalität, war ich lange meinen Ängsten, Schuld- und Schamgefühlen, Überforderungsgefühlen, Verlassenheitsgefühlen, manchmal auch meinen Aggressionen weitgehend ausgeliefert. Wesentlich war hierbei neben einem vermutlich leicht übererregbaren Nervensystem auch das Konzept, dass es gut und wichtig sei, Emotionen auszuleben und stets ernst und wichtig zu nehmen. Emotional authentisch zu sein. Daran waren mein Psychologiestudium und die darauffolgenden Therapieausbildungen nicht ganz unschuldig. Seit ich tiefer in die buddhistische Psychologie eingetaucht bin, hat sich mein Verhältnis zu den Emotionen schleichend gewandelt. Wahr- und ernst nehmen gilt immer noch, aber – wenn mich wieder einmal in einer Befindlichkeit verfangen habe, die in meinem Fall meistens mit Angst oder Überforderung zu tun hat – bin ich die Emotion nicht mehr: Nicht mehr identifiziert damit, nicht mehr „besessen" davon, und somit in der Lage, besonnener und heilsamer zu handeln.

Karma:

Wie vielen Einflüssen von Karma – abhängigem Entstehen – sind wir unterworfen? Warum treffen wir mit bestimmten Menschen zusammen, werden in bestimmte Familiensysteme hineingeboren, in Länder, Kontinente, in ein Geschlecht, in einen mehr oder weniger attraktiven oder gesunden Körper, in eine genetische Grundausstattung? Es heißt, Buddha habe bei seiner Erleuchtung alle karmischen Zusammenhänge seiner Existenz verstanden. Wir können für uns selbst dagegen eher davon ausgehen, sehr wenig oder gar nichts von den karmischen Wirkungen in unserem Leben zu verstehen. Doch es ist möglich, sie zu bemerken – und mittendrin immer wieder nach Befreiung aus alten und zukünftigen karmischen Wirkungen zu streben.

Karma wird deshalb den „Schleiern des Egos" zugeordnet, weil es uns zwar manchmal auf dem Weg zur Befreiung aus Egoprozessen helfen kann (indem wir die Ursachen mitbringen, auf unsere spirituellen Lehrerinnen zu treffen, spirituelle Gefährten zu haben), oftmals aber auch erschwerend wirkt. Es heißt, wir müssen Karma aus unzähligen früheren Leben abarbeiten, bevor wir aus unserer grundlegenden Verwirrung aufwachen können. Manchmal wird auch gelehrt, uns auf eine Vielzahl karmischer „Samen" zu fokussieren, die wir bereits in diesem jetzigen Leben produziert haben. Wenn wir dennoch vom Reinkarnationsgedanken ausgehen: Wissen wir, wie oft „wir" – im Sinne eines fortlaufenden Bewusstseinsstroms – schon betrogen, getötet, verletzt, gelogen, gerafft oder irgendwie anders Unheil angerichtet haben? Auch der Zeitpunkt, gerade jetzt in unsere Zeit des Niedergangs geboren zu sein, wird oft als erschwerender Umstand angesehen. Angeblich war es in anderen Zeitaltern wesentlich leichter, unser samsarisches Dasein zu transzendieren, und fortan nicht mehr in Unwissenheit und Egoverstrickung festzustecken, als im jetzigen. In buddhistischen Praxiswegen gibt es daher Reinigungspraktiken (insbesondere im tantrischen Buddhismus), sowie Lehren über unheilsame Handlungen, die uns weiter von der Befreiung abhalten werden (am schlimmsten wird Ego-Aggression angesehen), und heilsame Handlungen, die uns ihr näherbringen.

Um nicht zu entmutigend zu sein, hier ein paar positive Gedanken, die wir aus dem Karmagedanken auch ziehen können: Können wir bei allen Widrigkeiten nicht auch höchst dankbar sein, dass wir offenbar in karmische Umstände hineingeboren wurden, die uns hier in diesem Buch in genau diese Auseinandersetzung mit all den Themen gebracht haben? Ist es nicht ein großes Glück, in keiner Diktatur und keinem fanatischen religiösen Staat zu leben, und so auf eine freie, individuelle spirituelle Suche gehen können? Ist es nicht ein riesengroßes Stück Freiheit, sich live und immer öfter auch ortsungebunden online ins Retreat zu begeben und Vorträge zur Kultivierung von Herz und Geist besuchen zu können? Und meistens auch die finanziellen Mittel dafür zu haben? Eine kognitive Ausstattung zu haben, die uns all das verstehen lässt, über das wir hier sprechen? Und für die Frauen: Ist es nicht unendlich wertvoll, in einem Kulturkreis zu leben, in dem wir (bei durchaus möglichen Einschränkungen, z. B. entstehend durch Mutterschaft) keinem rigiden Patriarchat unterworfen sind, sondern frei über unseren Weg entscheiden können?

Endlich wieder in einem komfortablen Hotelzimmer in Kathmandu, nach einer herausfordernden Pilgerwanderung von Nepal nach Tibet und um den heiligen Berg Kailash herum, war bei mir und allen aus der Gruppe die gewohnte, unbewusste Grundhaltung von Hoffnung und Furcht allem im Leben gegenüber kräftig aufgeweicht worden. Ganz vieles hatte nicht so funktioniert wie erhofft (mein Körper öfter nicht, die chinesischen Polizisten an den Kontrollpunkten nicht, die zwischendurch in Aussicht gestellten Dusch- oder Bademöglichkeiten nicht, und vieles mehr). Fast magisch waren Befürchtungen nächtlicher Temperaturstürze, plötzlicher Schnee-Einbrüche, versiegter heißer Quellenbäder nach 8 Tagen ohne Waschen etc. eingetreten. Irgendwann beschloss ich, weder Befürchtungen („hoffentlich nicht"), noch Hoffnungen („vielleicht doch-hoffentlich") mehr in die nahe Zukunft dieser Pilgerreise zu investieren, weil es keinen Sinn machte und Widerstand und Leiden produzierte. Es klappte erstaunlich gut, nach der harten Schule. Zurück in Kathmandu las ich in einem Heftchen, welches im Zimmer herumlag, ein paar buddhistisch inspirierte Zeilen, etwa mit der Aussage: „Alles erscheint und verschwindet aufgrund einer endlosen Abfolge von Ursachen." Dann wurde ein wilder Fluss beschrieben, in dem ein Holzstück treibt. Wenn man das Holzstück nicht aus dem wilden Gewässer heraushole, werde es dauerhaft untergehen, nachdem es weiter und weiter herumgewirbelt wurde.

Was ich schon oft gehört und durchdacht hatte, nämlich dass wir nur zu einem sehr geringen Teil unser Leben steuern und kontrollieren können, wurde mir in diesem Moment viel tiefer klar.

3 Wurzelgifte

Der Egoprozess führt zu den sogenannten 3 „Wurzelgiften" des Geistes. Sollten Sie mit den buddhistischen Lehren vertraut sein, werden Ihnen Ignoranz, Gier und Aggression als die zentralen emotionalen Verdunkelungen bereits sehr geläufig sein. Sehr anschaulich werden diese 3 Gifte als innerster Bereich der in 4 Ringen dargestellten buddhistischen Psychologie im sogenannten „Lebensrad" (Sanskrit: Bhavacakra) verbildlicht, oft zum Beispiel als mahnender Hinweis im Eingangsbereich tibetisch-buddhistischer Tempel. Unsere grundlegende Ignoranz oder falsche Sicht der Wirklichkeit wird durch ein Schwein dargestellt, unsere unersättliche Gier nach immer mehr und Neuem durch einen Hahn, und unsere Tendenz, aggressiv abzuwehren oder zu hassen, was uns unbehaglich erscheint, durch eine Schlange.

Denken Sie an Menschen, mit denen Sie in einer privaten, beruflichen oder anderen Beziehung stehen, oder die Sie gerade kennen gelernt haben: Es sind immer diese 3 emotionalen Tendenzen, die hier unser Fühlen und Verhalten bestimmen. Wir mögen jemanden, und hätten gern mehr Kontakt oder Nähe zu ihr oder ihm. Jemand anderes lässt uns kalt, berührt uns nicht, ist uns egal. Oder wir sind abgestoßen, entweder in Form von leichtem Widerstand gegen nähere Begegnung, bis hin zur massiven Aversion. Dasselbe gilt für Geräusche, Geschmack, Gerüche, Empfindungen, Befindlichkeiten. Wir landen immer in einer der 3 Tendenzen. Sind wir nicht unheimlich simpel gestrickt?

Interessant wird es, wenn wir beginnen, unsere Geistesgiftreflexe zu erkennen, wenn sie auftreten, oder auch bereits wenn sie im Entstehen begriffen, oder bereits voll erblüht sind. Erst dann ist es möglich, etwas mehr Spiel hineinzubringen. Etwa zu beginnen, Begehrenswertes etwas loszulassen oder frei zu geben, statt unserer Indifferenz mehr in Kontakt mit einem Wesen oder einer Sache zu gehen, oder Abwehr Auslösendem etwas mehr Akzeptanz und Erlaubnis entgegen zu bringen. Es gibt eine Geistes- und Herzensschulung, in der bewusst transformierend mit diesen 3 simplen Tendenzen gegenüber anderen, Dingen und Situationen gearbeitet wird: Die Kontemplation der 4 unermesslichen Qualitäten. Oft wird dies in Meditationssitzungen eingebaut, um den Geist nicht nur ruhiger und klarer werden zu lassen, sondern auch aus dieser dreifaltigen Tendenz zur *emotionalen Verstrickung* herauszuhelfen. Eine der Qualitäten ist Gleichmut (Pali: Upekkha). Im Geiste und mit geschlossenen Augen holt sich die oder der Übende bewusst drei unterschiedlich besetzte Menschen aus den 3 Kategorien ins Bewusstsein. Eine Person aus der Kategorie 'Freund' nimmt in der Vorstellung auf der rechten Seite Platz, und eine andere, mit der unbehagliche oder feindselige Gefühle verbunden sind, sitzt zur Linken. Eine Persönlichkeit, die einen nicht wirklich interessiert, sitzt in der eigenen Vorstellung frontal gegenüber. Zunächst werden die 3 verschiedenartigen Emotionen im Inneren bewusst wahrgenommen. Meistens wollen wir, dass die Figur zur Linken näher rückt, und diejenige zur Rechten mehr Abstand nimmt, während wir unser Gegenüber ausblenden, hier möglicherweise auch gar nichts empfinden. Dann trainieren wir zur Linken etwas weniger Anhaftung, zur Rechten etwas mehr Offenheit und Herzenswärme, und zur Gegenüber etwas mehr Interesse und Zuwendung, da es sich ja auch um ein fühlendes Wesen handelt. Das ist nicht leicht, oft aufrüttelnd und von Widerständen durchzogen, doch mit der Zeit macht es innerlich freier. Wir sind nicht mehr so sehr Marionetten unserer Geistesgifte und nähern uns in Babyschritten der Erfahrung von Nondualität und des „einen Geschmacks" aller Erfahrungen an: Eine Sicht, die Individuen, die die wahre

Natur aller Dinge erkannt haben und vollkommen frei geworden sind, stetig begleitet.

Es muss uns ja vielleicht nicht egal sein, was wir mit unseren Sinneskanälen gerade wahrnehmen, oder in wessen Gesellschaft wir uns gerade befinden. Aber unsere emotionale Reaktion auf die jeweiligen, vorübergehenden Umstände kann nach und nach weniger verstrickt ausfallen, wenn wir das üben.

Ein fast tägliches Übungsbeispiel ist für mich der mittägliche Kochgeruch, der auf sehr verlässliche Weise in die Wohnung zieht, wenn unsere kroatische Nachbarin anfängt zu kochen. Es gibt meist Hausmannskost, gekochtes Fleisch mit Sauce. Für meine Ignoranz und Aggression ist dies eine anspruchsvolle Dauerübung. Wenn ich gerade unbewusst und unentspannt bin, kann ich mich tief hineinverfangen in meine Aversion und den Wunsch, das möge aufhören, und zwar für immer! Wenn Bewusstsein hineinkommt, welches solche Regungen aus der Zeugin heraus erkennt und relativiert, wird der Ausstieg aus der Aversion möglich. Die Angelegenheit kann dann als Geistesgift-Übung begrüßt und genutzt werden. Ich mag weiterhin kein Fleisch und keine Bratengerüche. Aber ich weiß, dass auch diese Geruchsattacke vorübergehender Natur ist, und die Nachbarin ihre Freude daran hat.

Eine Geschichte aus dem Zen beschreibt nochmal anders den Umgang mit den emotionalen Giften, bzw. das Handeln eines erwachten Meisters, der frei von diesen geworden ist:

Als ein schönes japanisches Mädchen unverheiratet und ungewollt schwanger wurde, schob sie es Zenmeister Hakuin, einem Wandermönch aus dem frühen 18. Jhd. v. Chr., in die Schuhe. Erzürnt stellten die Eltern Hakuin zur Rede. Er sagte dazu nur: „Ist es so?". Nach der Geburt wurde ihm das Kind gebracht, und er sorgte liebevoll dafür. Nach einem Jahr schließlich gestand das Mädchen aus schlechtem Gewissen den Eltern, wer der wirkliche Vater war: Ein junger Fischverkäufer. Die

Eltern verlangten sogleich das Kind von Hakuin zurück. „Ist es so?", kommentierte er das Ganze, und übergab ihnen das Kind.

8 Inhalte: Ego kreist um die „8 weltlichen Belange"

„Ein Leben in Luxus ist wie ein bezauberndes Traumbild – möge es sich ergeben, oder nicht. Indem ich die 8 weltlichen Dharmas wie Spreu wegwerfe, möge ich wirklich das wundervolle Dharma praktizieren."

(Dudjom Rinpoche,[12])

Mit diesem Bild spricht der verwirklichte Meister Dudjom Rinpoche von einem Aspekt von 4 Gegensatzpaaren (= 8 weltliche Dharmas oder Belange), die unser ganzes Leben durchziehen und prägen. Und thematisch unsere Egoprozesse anheizen, weil sie alle dual, von Aufs und Abs gekennzeichnet, und der Vergänglichkeit unterworfen sind, die nie endet. Diese sind: *Glück/Leid, Gewinn/Verlust, Ruhm/Schande sowie Lob/Kritik*. Dabei wechseln sich ständig Zustände von Hoffnung und Furcht in Bezug auf alle 8 Themen ab: Wir wollen nur die Glücks-, Gewinn-, Ruhm- und Lob-Seite im Leben haben. Wenn – weil das Leben so nicht ist – Leid, Verlust, Schande und Kritik auftauchen, widerstrebt uns dies. Unserer Ansicht nach fühlt sich diese Leid verursachende Situation falsch an, und wir befürchten, dass der damit verbundene Schmerz bleibt. So vergrößern wir unsere unbehagliche Lage nur noch mehr. Das entsprechende innere Training ist, durch Reflektion, Kontemplation und Meditation dahin zu gelangen, dass es für den Geist – also Verstand *und* Emotionen – weniger bedeutsam wird, wie unser Leben hinsichtlich dieser Polaritäten gerade aussieht. Davon unabhängiger zu werden, ob wir oben oder unten oder „in der Mitte" stehen. Zum Beispiel, weil wir wissen, dass das Leben immer in Bewegung und im Wandel sein wird, und dass sich Sicherheits- und Komfortzonen nicht fixieren und zu 100% versichern lassen.

Dem menschlichen Geist wird immer wieder etwas Neues einfallen, worunter wir leiden, oder weshalb wir uns unerfüllt und schlecht fühlen können. Es geht darum, aus dem ganzen System auszusteigen. Hinduistische Texte sprechen hier vom ‚göttlichen Spiel' des weltlichen Geschehens. Unaufhörlich wanken wir in diesem hin und her zwischen zwischen Genuss und Mangel, Frieden und Krieg, zwischen Glücksgefühlen und Traurigkeit und so weiter. Keine Psychotherapie dieser Welt kann uns dauerhaft ausgeglichen machen und bewirken, dass wir diese Fixierung auf Hoffnung und Furcht grundsätzlich fallenlassen. Das kann nur die transzendente Sicht, die weiß, dass das Leben in einem menschlichen Körper, wo und wie es immer stattfindet, eine äußerste Schicht von etwas ganz Tiefgründigem ist, ein Spiel. Ein Spielplatz, wie manche Meisterinnen sagen, in dem es immer nur um den Moment, der gerade stattfindet, gehen kann. Wo wir uns, unser Leben, und das was gerade darin passiert, auf zwei Ebenen betrachten lernen können: Der des betroffenen, hoffenden, furchtsamen, leidenden, Glück suchenden und Leid abwehrenden Menschen, und der des reinen Bewusstseins, welches sich das alles auch von außen anschauen kann, beziehungsweise in letzter Konsequenz die Leerheit aller Phänomene erkennt. Wenn wir einen zunehmend trainierten Herz-Geist haben, werden wir uns öfter von tiefem Frieden, und dem Geschmack absoluter, nicht-romantischer Liebe durchzogen empfinden, unabhängig davon, ob wir gerade auf der Soll- oder Habenseite sind.

Glück und Leid:

Überlegen Sie sich, wie viele Glücks- und Leidenserfahrungen allein in Ihren letzten Monaten vorkamen, im Großen oder im Kleinen, und wie das Verhältnis zwischen positivem und negativem Erleben ausgesehen hat. Sollten Sie sich frisch verliebt haben, wird das Bild sicher anders ausfallen, als wenn Sie beispielsweise in einer tieferen Beziehungskrise stecken, die gerade nicht wirklich lösbar erscheint.

Buddha lehrte ständig über Glück und Leid, weil es für ihn ein Kernthema war. Er sah als einzigen Ausweg aus diesem unserer Natur innewohnenden, chronischen Hin und Her aus Erstrebenswertem und nicht Erstrebenswertem, Behagen und Unbehagen, eine Ent-Strickung aus unserer Abhängigkeit von äußeren Phänomenen und inneren Befindlichkeiten. Egal ob sie gerade als positiv oder negativ empfunden werden. Sich zu ent-stricken heißt, tatsächlich zu üben, akzeptierender zu werden, wenn wir uns reflexartig verschließen (wenn etwas in unserer Wahrnehmung stinkt, zu heiß, zu kalt, unsicher, anders als erwartet, jenseits unserer Kontrolle etc. ist). Und loslassender, weniger greifend zu sein gegenüber Dingen und Erfahrungen, die für uns höchst attraktiv sind (Zucker und alle Suchtmittel, das neueste iPhone, Menschen oder auch Tiere, an denen wir hängen, diverseste unbeständige Glückserfahrungen). Es gibt ganz eigene, relativ neue Therapieformen zu diesem Thema, die Akzeptanz-Committment-Therapie (ACT) und die Mindfulness Based Cognitive Therapy. Beide befassen sich weniger mit den Inhalten der ständigen Gedanken, die rund um Behagen und Unbehagen kreisen und damit an der Realität oft vorbeigehen, was wiederum Leiden hervorruft. Im Fokus stehen eher gedankliche Muster, die ständig in Konflikt mit der momentanen Realität im Außen und Innen geraten. Es geht um mehr innere Erlaubnis für nie endende Widrigkeiten im Leben samt der Vergänglichkeit irdischer Glückserfahrungen, und um akzeptierende und auflockernde Arbeit mit unseren geistigen und emotionalen Widerständen dagegen. In der **ACT** geht es zudem um eine aktive Ausrichtung des eigenen Lebens nach tieferen persönlichen Werten, und nicht nur nach vorübergehenden Vergnügungen. So werden wir unabhängiger von unserem Streben nach viel Glück und möglichst null Leid – und dadurch vielleicht sogar auf einer tieferen Ebene ausgeglichener und glücklicher als zuvor.

Gewinn und Verlust:

Nehmen Sie sich nochmals einen Moment, in dem Sie sich ihr bisheriges Leben ansehen und persönliche Bilder davon auftauchen lassen, wie Sie auf Ihre Weise Momente von Gewinn und Verlust erlebt haben. Materiell, in Bezug auf Beziehungen, und ideell.

Bemerken Sie, dass das Leben niemals aufhört, sich zwischen Gewinnen und Verlieren hin und herzubewegen? Dass in uns eine Grundneigung wohnt, dies zu verändern, möglichst nichts mehr zu verlieren, und uns in dem, was wir gewonnen haben, einzurichten? Kommt dabei vielleicht ursprüngliche Weisheit mit hinein, die sich gewahr ist, dass das gar nicht geht? Wie langweilig und unlebendig sähe ein solches Leben denn aus?

Eine in spirituellen Kreisen oft in verschiedenen Abwandlungen erzählte Geschichte handelt von einem Fischer, der bei der Rückkehr vom morgendlichen Fischen von einem Fremden angesprochen wird. Er fragt den Fischer, weshalb er sich damit zufriedengibt, nur so viel zu fangen, wie er für sich, seine kleine Familie, und den täglichen Lebensunterhalt brauche. Der Fischer entgegnet, darum habe er sich noch nie Gedanken gemacht. Er möge sein Leben, das zum Großteil daraus bestehe, allein aufs Meer hinaus zu fahren. Er sei glücklich. Der

Fremde zeigt ihm das, was man einen Businessplan nennt, und setzt ihm damit einen großen Floh ins Ohr, der den Fischer fortan nicht mehr loslässt. Er holt sich einen Gehilfen, fängt mehr und öfter, und verkauft in größeren Mengen. Irgendwann bekommt der Gehilfe ein eigenes Boot zur Verfügung gestellt. Dann kommen ein – zwei – drei große Fischereischiffe dazu. Irgendwann fährt der Fischer nicht mehr selber mit hinaus, sondern ist nur noch damit beschäftigt, die beste Marktstrategie zum Verkauf seiner Fische zu finden, und sich um sein Personal zu kümmern. Ständig will jemand etwas von ihm, und wenn er heimkommt, ist er schlecht gelaunt und gereizt gegenüber Frau und Kindern. Die Ehe beginnt darunter zu leiden, ebenso die Beziehungen zu seinen Kindern und seine Freundschaften, für die er früher viel Zeit gehabt hatte. Irgendwann gerät er in eine persönliche Krise. Etwa – wie mir dies in meiner Praxis oft begegnet – eine depressive Burnout-Symptomatik, ein Schmerzsyndrom, Missbrauch von Alkohol oder Medikamenten, oder Panikstörung mit Herzrasen und plötzlich aufflackernder Angst zu sterben. Seine Frau stellt ihm ein Ultimatum. Er nimmt sich eine Auszeit. Und entscheidet sich dann, sein florierendes Unternehmen zu einem humanen Preis abzustoßen. Er geht wieder Fischen wie damals, mit seinem kleinen Boot, für den täglichen persönlichen Bedarf. Dabei stellt er fest, dass das stille Alleinsein draußen auf dem Meer für ihn Meditation ist, von der er und alle um ihn herum profitieren. Seine Ehe und die Beziehungen heilen. Wenn in einem Zusammentreffen mit Dorfbewohnern jemand eine neue marktwirtschaftliche Idee hat, ist er jetzt meist derjenige, der nicht gleich abwinkt, aber den Startup-Unternehmer zu einer tiefgreifenden Prüfung seiner Werte und Motive veranlasst.

Was verlieren wir? Was gewinnen wir? Das Erleben von Gewinn und Verlust ist individuell. Aber in unserer neoliberalen Gesellschaft vergessen wir neben der kollektiven Gewinn-

und Wachstumsorientierung unsere wirklichen Lebensgrundlagen, unseren Seelenfrieden, unser gemeinsames Menschsein, Menschen in weniger privilegierten Teilen der Welt, Tiere, Mutter Erde. Hohe Gewinne sind zudem häufig verbunden mit Mangel an anderer Stelle - beispielsweise bei Lebensmitteln wie Kaffee, Tee, Kakao, an der Börse oder im Steuersystem.

Ruhm und Schande:

Die verwandten Gegensatzpaare Ruhm vs. Schande und Lob vs. Kritik haben starken Bezug zu Narzissmus. Unsere Gesellschaft ist stark darauf ausgerichtet, als Einzelner oder als Kollektiv gut dazustehen, leistungsstark, erfolgreich, attraktiv, jugendlich usw. zu sein, und wir wollen damit von einer breiten Öffentlichkeit wahrgenommen und positiv gespiegelt werden. Wo streben Sie nach Ruhm? Oder haben bereits eine entsprechende Position inne? Und wo versuchen Sie, anderen, ihren Eltern, Chefs, Mentorinnen oder sich selbst keine Schande zu machen? Gab es Zeiten in Ihrem Leben, als Gefühle von Scham oder Schande eine Rolle spielten? Auch wenn die zwei Begriffe etwas archaisch wirken – dreht sich nicht im Kleinen und Großen ganz viel um diese Thematik? Als Nation, Fußballverein, Partei, Politiker, in der Profession, als Mutter/Vater Ruhm, Einfluss und Macht zu ernten, und der Gefahr zu entfliehen, in Schande zu geraten (wie viel geht es in unserer Kultur um potenzielle Nichtperfektion, Versagen, unterlegen und ohnmächtig sein, Mobbing?), ist ein ganz gängiges und wenig infrage gestelltes Verlangen, gerade in unserer heutigen neoliberalen Gesellschaft. Was dabei rühmlich ist und was in die Schande treibt, ändert sich im Laufe der Zeit oft. Man denke zum Beispiel an die Situation der Frau in den letzten Jahrhunderten. In patriarchalen Machtstrukturen konnten Frauen schnell in Schande geraten (durch Scheidung, sexuelle Lebendigkeit, erotische Ausstrahlung, „Freizügigkeit", Unfruchtbarkeit, Intellekt, politische Interessen, Vergewaltigung, Weisheit und Heilkraft, Verlust der jugendlichen Ausstrahlung und Älterwerden). Glücklicherweise ist in unserer Gesellschaft Frausein inzwischen freier und gleichgestellter geworden, auch wenn noch immer nicht alles gerecht ist. Männliche Schande war und ist meist anders gelagert – sie dreht sich oft um Themen wie berufliches, finanzielles und auch sexuelles Scheitern.

Weitere Beispiele sind die Ungleichbehandlung unterschiedlich privilegierter Kinder und Jugendlicher in der Schule, das Streben nach Ruhm in Form guter Noten, und das öffentliche Verlesen von Noten. Oder das zur Schau stellen von etwa Statussymbolen, die man sich erarbeitet hat (in einer Stadt wie München besonders ausgeprägt), sowie das Vertuschen von Alterserscheinungen und begrenzten Geldmitteln (Leben auf Pump ist bei uns sehr weit verbreitet).

In unseren derzeitigen Krisen spielen Ruhm und Schande eine große Rolle: Es ist gar nicht so schwer, bei einem Gegenüber oder in einer Gruppe in Ungnade oder Schande zu verfallen, wenn man etwas dort nicht gern Gehörtes sagt. Alle scheinen auf der Suche nach dem Rühmlichen zu sein, indem sie die „richtige" Meinung vertreten. Die Angst, beschämt zu werden ist in unseren Zeiten öffentlicher Shitstorms und einer hemmungsloser gewordenen Blaming-Kultur omnipräsent.

Lob und Kritik:

Ein richtig narzisstischer Mensch wird bei Kritik hoch aggressiv, sinnt auf Rache und bringt viel Energie dafür auf, sein angekratztes Bild von sich wiederherzustellen. Umgekehrt begegnen mir gerade als Psychotherapeutin viele Menschen, die in unangemessener und übersteigerter Selbstkritik gefangen zu sein scheinen. Sie fühlen sich eher „zu Hause", wenn sie geringgeschätzt werden, als wenn eine gute, ehrliche, der Seele durchaus wohltuende Form von Wertschätzung und Anerkennung erfolgt. Es gibt Menschen, die innere Muster haben, welche Wertschätzendes sofort als nicht zutreffend oder irgendwie anders gefährlich einstufen, während sie sich mit Kritik und Tadel ausführlich beschäftigen, und dem innerlich beipflichten. So werden auf dem Konto des Selbstwerterlebens immer mehr rote Zahlen geschrieben, während sehr narzisstische Menschen darum ringen, im Plus zu bleiben und von anderen auch als herausragend wahrgenommen zu werden. Auch weniger narzisstische Menschen wollen Anerkennung ernten und möglichst nicht kritisiert werden. Kein Mensch kann wahrscheinlich von sich behaupten, vollkommen unabhängig zu sein von Lob und Kritik. Relativ unabhängig davon zu werden, ist jedoch durchaus möglich. Menschen, die mit sich weitgehend im Einklang sind, sich selbst gut und freundschaftlich durch alle Hochs und Tiefs begleiten können und eine gewisse innere Freundschaft kultivieren, können das wesentlich besser als andere. Auch bei dieser „weltlichen Angelegenheit" lohnt es sich jedenfalls, sich selbst zu beobachten. Und uns vielleicht humorvoll einzugestehen, dass wir wütend werden, weil wir für etwas Gutes zu wenig Lob und Anerkennung ernten. Oder unsere unangepassten Ansichten für uns behalten, weil wir harsche Kritik fürchten. Dass wir Lob und Wertschätzung natürlicherweise brauchen – aber dem Einfahren von Applaus vielleicht nicht übermäßig hinterherjagen müssten.

Um zum Thema des Buches zurückzukehren, könnte man vielleicht sagen, dass wir alle, und narzisstisch getönte Menschen nochmals verstärkt, zwischen den 8 Angelegenheiten herumsurfen. Wir sind abhängig von Ruhm (keine Kritik bekommen, sondern Anerkennung), Gewinn (in welcher Hinsicht auch immer), unserem extremen Wollen oder Ablehnen von Menschen und Dingen. Wir leben in der ständigen Hoffnung, dass es gut für uns selbst laufen möge, und fürchten zutiefst, dass es das nicht tun wird. Um dies zu kontrollieren, wird oft ein massiver Energieaufwand betrieben.

Das Problem dieses menschlichen „herumgeschleudert Werdens zwischen den 8 Dharmas im unendlichen Ozean von Samsara", wie buddhistische Lehrtexte es manchmal verbildlichen, ist: Zu leben, ein fühlendes Wesen zu sein, in einem Menschenkörper Existenz angenommen zu haben, heißt, dass wir diesen Gegensätzen stets aufs Neue begegnen werden. Es ist zwecklos, dies in den Griff bekommen zu wollen. Der buddhistische Weg lehrt und übt vielmehr, sich in diesen stetigen Wechsel hinein zu entspannen. Wir versuchen, dieser Grundbedingung des Menschseins gegenüber immer akzeptierender zu werden, jedoch immer weniger deren Marionette zu sein.

Im Lauf meines Übungsweges fiel mir dabei immer wieder auf: Der Buddhismus befasst sich viel mit Gier, Gewinnstreben, Aggression, Stolz, Eifersucht und Neid, kaum aber mit einem mangelnden Selbstwertgefühl (welches die Basis der narzisstischen Größenphantasien, aber auch Grundlage eines selbstunsicheren Persönlichkeitsstils sein kann). Ein „Kleinheits-Selbst", wiederkehrende Selbstabwertungen, harsche Selbstkritik etc. haben eben auch mit einer Ego-Fixierung zu tun.

Der Output von Egoprozessen: Die 10 Untugenden

In den buddhistischen Texten wird von 10 Auswirkungen unseres verwirrten, greifenden oder ablehnenden Geistes gesprochen, sogenannten Untugenden, die in 3 Kategorien eingeteilt werden: 1. die physische Ebene, 2. die verbale Ebene, und 3. die mentale Ebene.

Physische Untugenden sind: *Leben nehmen* (unterteilt in die Absicht, den Akt an sich und die Häufung der Tötungsakte), nicht nur Menschen, sondern *alles Leben* betreffend, mit besonders schweren karmischen Auswirkungen. Des weiteren *Diebstahl* (im herkömmlichen Sinn, aber auch subtil z. B. durch Täuschung und Manipulation) und bestimmte *Formen der Sexualität* wie den Eid des Zölibats brechen, Außenbeziehungen bei monogam vereinbarter Partnerschaft unterhalten, oder Sexualität unter Familienmitgliedern).

Verbale Untugenden sind *lügen* (einschließlich anderen etwas vormachen oder faken), *spalten* (Unfrieden und Konflikt zwischen sich nahe Stehenden, oder in neutraler Beziehung stehenden anderen schüren), *brutale, verletzende Sprache (*z. B. die Schwächen und Mängel anderer betreffend), und *leeres Gerede* (im Zusammenhang mit einem der 3 Wurzelgifte in unnötiges, den Geist eintrübendes Geschwätz gehen, über irrelevante oder auch negative Dinge). Die 3 mentalen Untugenden sind *Gier* (z. B. auf missgünstige und fixierte Weise so reich sein wollen wie jemand, der uns im Außen begegnet), *böse Absichten hegen* (gegenüber jemandem, mit dem wir Schwierigkeiten haben, dauerhaft, ohne Bedauern oder Änderungsabsicht Hass schüren; sowie Rachsucht, selbstgerechtes Nichttolerieren unangenehmer Personen, Fixierung auf Phantasien und Gedanken, anderen zu schaden oder sie zu bestrafen), und *falsche Ansichten* (zum Beispiel das Gesetz von Ursache und Wirkung außer Acht lassen oder sich dauerhaft auf einen persönlichen Nihilismus mit nachfolgender nach-mir-die-Sintflut-Haltung versteifen).

Beispielhaft für die Verdichtung dieser Ego-Untugenden sind bestimmte Auswüchse auf Online-Plattformen, etwa wenn makellose Identitäten gefaked werden. Bei Jugendlichen fällt in psychologischen Fachkreisen auch das Phänomen erfundener negativer Miseren oder Schicksalsschläge, oder Cyber-Mobbing gegenüber der eigenen Person auf. Oder blicken wir erneut in den Bereich der Medien, wo Formen der Polarisierung, Emotionalisierung und Entwertung omnipräsent geworden sind. Weiter sehen wir zentralisierte Interessen kleiner mächtiger Wirtschaftseliten und die Ergebnisse der Gier nach Macht und unendlich weiterwachsenden Gewinnen.

Wir leben und hinterlassen ständig Spuren. Während der Blick so weit sein soll wie der Himmel, sollen unsere Handlungen so fein sein wie Mehlstaub, so sagen die alten tibetischen Meisterinnen und Meister. Dabei geht es gar nicht so sehr um den moralischen Zeigefinger, sondern einfach einmal mehr um innere Ent-Wirrung. Es geht darum, uns auch auf der pragmatischen Handlungsebene dem anzunähern, was wir in unserer Essenz wirklich sind, und nicht mehr in unseren Egoprozessen gefangen gegen den Dharma – bestimmte Grundgesetze im Leben – zu leben.

Ego-Typen aus Ost und West

So wie es im Ayurveda den Pita-, Kapha- und Vata-Typ gibt, und verschiedene Menschen verschiedene Nahrungsmittel gut verwerten und brauchen, gibt es unterschiedliche „Ego-Tönungen" als Typologien. Diese machen unsere individuelle Grundstruktur greifbar und erforschbar. Mir ist bewusst, dass wir uns mit den Typologien, die hier beschrieben werden, auf sehr relativer Ebene befinden. Auf vollkommen absoluter Ebene, unserer wahren Natur, gibt es keine solchen Typologien und Unterschiede mehr. Aber wir sind auch unterschiedlich, speziell, und brauchen verschiedene Wege und Mittel, um unsere Egoprozesse abzumildern.

Die westliche Psychologie kennt narzisstische, depressive, schizoide, zwanghafte, selbstunsichere, ängstlich-vermeidende, antisoziale, paranoide, histrionische und dependente Persönlichkeitsstile. Die narzisstische Persönlichkeit und Narzissmus generell wird in diesem Buch besonders herausgehoben. Man kann aber auch von einem anderen Stil besonders geprägt sein. Diese Persönlichkeitstile sind Arten und Weisen, mit unseren Konflikten, Herausforderungen, Beziehungen und Emotionen umzugehen. Sie neigen häufig dazu, verengte Ego-Konzepte zu sein. Sie bestimmen, mit welcher ‚Brille' wir die Welt betrachten. Nehmen wir ein aktuelles Beispiel: Die drohende oder sich manifestierende Wirtschaftskrise. Jemand mit narzisstischem Schwerpunkt ist auch in dieser Zeit besonders angewiesen auf ein Selbsterleben von Größe und Besonderheit. Er oder sie wird vielleicht frühzeitig zusehen, dass der eigene Besitz in Sicherheit gebracht wird, intensiv nach den „Schuldigen" forschen, und sich über diese entwertend erheben. Jemand mit depressiver Tönung wird kriselig und sorgenvoll werden, sich der Situation weitgehend ohnmächtig ausgeliefert fühlen, und stark daran leiden, mit sehr wenig Zuversicht. Ein schizoider Mensch wird sich noch weiter von den Mitmenschen zurückziehen, damit es die anderen ihm nicht noch schwerer machen als es sowieso schon ist. Ein zwanghafter Typ wird noch mehr Ordnung und Übersicht benötigen als sonst, Berechnungen anstellen, Risiken herausstellen und abzuwenden versuchen, und vermutlich auch schon vorgesorgt haben. Vielleicht arbeitet und lebt jemand mit dieser Akzentuierung in verschiedenen Bereichen auch so weiter, als wäre keine Krise – in gewohnten Abläufen, ohne die es zum Zusammenbruch käme. Eine selbstunsichere Persönlichkeit wird in sich wenig Sicherheit finden und auch unsicher über die Einschätzung der Lage sein. Sie wird daran sehr leiden, sich aber vielleicht auch auf starke, charismatische Menschen stützen oder in schwierige Abhängigkeiten begeben, um dem Bedrohlichen zu entrinnen. Ganz ähnlich ein Mensch mit ängstlich-vermeidender Persönlichkeit, der sich vermutlich auch stark zurückziehen und keinerlei kreative/unbekannte Wege beschreiten wird, um Lösungen zu finden. Antisoziale Menschen werden ihre Ellenbogen ausfahren, und mit vielleicht viel krimineller Energie zusehen, wo sie bleiben. Paranoide Typen werden in vielen Mitmenschen potenzielle Feinde sehen und es sehr schwer haben, sich zu Solidargemeinschaften und synergetischen Lösungen zusammenzuschließen. Vielleicht entstehen auch Ideen, wer sich mit wem zu welchem Zwecke verschworen hat, und die Misere bewusst inszeniert hat. Aktuell kursieren sehr viele solcher Ideen, nicht nur auf Seiten politischer Proteste. Während man aus meiner Sicht davon ausgehen kann, dass in jeder Verschwörungstheorie ein Teilchen Wahrheit steckt, ist das Problem bei paranoiden Strukturen, dass die Dinge hier schnell undifferenziert, unhinterfragt und unumstößlich werden. Ich denke hier an das typische wissend-verächtliche Lächeln, wenn solche festgefahrenen Theorien angezweifelt werden – übrigens alle eingefahrenen Seiten betreffend, die ihre Gegenspielerinnen als böse oder vollkommen unwissend abblitzen lassen. In den letzten Jahren ist mir dieses spezielle Lächeln häufig begegnet – und konnte sehr schnell umschlagen in eine hoch emotionale Gut-Böse-Debatte. Weiter wird jemand mit starker histrionischer Tönung wie immer in Belastungssituationen laut und emotionalisiert auftreten, um damit bemerkt zu werden und Aufmerksamkeit zu bekommen. Und ein Mensch, der zum dependenten Stil neigt, wird sich noch mehr an die vertrauten Bezugspersonen klammern, und bereit sein, dafür einen hohen Preis zu bezahlen.

Die östliche Psychologie und Medizin kennt verschiedene Typologien. Da es in diesem Buch um die buddhistische Psychologie geht, greife ich nochmals vertiefend die 5 Buddha-Familien aus Kapitel 1 heraus, die uns, wie auch die Persönlichkeitsstile der westlichen Psychologie, durch unterschiedliche Brillen auf das Leben blicken lassen. Dies sind 5 menschliche Grundenergien, äquivalent zu den Elementen Erde-Wasser-Feuer-Luft-Äther. Eine Buddha-Familie beinhaltet – anders als die westlichen Typologien – charakteristische Stile mit je einer neurotischen und befreiten Form. Ihnen sind verschiedene Farben und Namen zugeordnet: Buddha (weiß), Vajra (blau), Karma (grün), Padma (rot) und Ratna (gelb)[13]. Lassen sie sich nicht durch die Namen verwirren, die Begriffe werden hier etwas anders eigesetzt als in den allgemeinen buddhistischen Lehren! Wie bei den meisten Typologien gibt es auch hier Mischformen. Oft haben wir aber 1-2 Schwerpunkte in unserer Persönlichkeit.

Nehmen wir wieder das Beispiel mit der bedrohlichen Wirtschaftskrise: Jemand, der überwiegend zur Familie *Buddha* (hier als Gruppe mit einem bestimmten Persönlichkeitsstil gemeint) gehört, wird im verwirrten, neurotischen Modus viel Ignoranz zeigen: Entweder durch eine Kopf-in-den-Sand-Strategie ohne jede Recherche, was geschieht und eventuell zu tun ist, oder durch Isolation in einer pseudo-heilen Welt des vorab gesicherten Wohlstandes, der Esoterik, und Ähnlichem. Er oder sie hat aber aufgrund ihrer Persönlichkeits-Schwerpunkte ein besonderes Potenzial, in eine allwissende Sicht einzutreten, in der großer Gleichmut, eine gute Form von Nicht-Agieren, und das Erkennen der Substanzlosigkeit all der Aufregung um ihn oder sie herum möglich wird. Jemand aus der *Vajra-Familie* wird in der neurotischen Form oft aggressiv reagieren, anklagen, verurteilen, rechthaberisch sein und polarisieren. In der befreiten Form dagegen findet er oder sie zu viel Klarheit und Wissen, wie vorzugehen ist. Dieses wird aber ruhig und geduldig transportiert. Eine *Ratna-Persönlichkeit* wird in der unerwachten Form versuchen, viel anzusammeln, aus Angst vor unerträglichem Mangel, der in diesem Bereich schwer auszuhalten ist (auch Verzicht fällt sehr schwer). Es wohnt dieser Grundenergie aber auch das Potenzial der Großzügigkeit inne, und der Fähigkeit, selbst in den widrigen Umständen kleine Momente von Freude, Fülle und Schönheit entstehen zu lassen, an denen andere teilhaben dürfen. Eine *Padma-Persönlichkeit* wird in diesen unsicheren, knappen Zeiten im verwirrten Zustand noch mehr Sehnsucht nach Quellen der Erfüllung oder des Glücks entwickeln. Oft bei anderen Menschen, erotischen und anderen Formen der Liebe, in der Ferne, bei Abenteuern und Reisen – und sehr darunter leiden, dass Letztere gerade nicht mehr möglich sind. Im befreiten Modus wird er oder sie dagegen in eine weise Unterscheidungsfähigkeit hineinfinden, was wirklich wichtig ist und was nicht, und sich den Mitmenschen intensiv und charismatisch zuwenden, um zusammen nach heilsamen Lösungen und Umgangsweisen zu suchen. Jemand mit viel *Karma-Energie* wird im verwirrten Modus noch aktionistischer werden als sonst, und sich ununterbrochen mit Lösungen, Vorgehensweisen, to-do's befassen, dabei eher konkurrierend statt solidarisch handeln, und sich dabei erschöpfen. Im befreiten Modus kann diese Person dagegen unermüdlich aktiv und kreativ tun was zu tun ist, und ist dabei hoch energetisch und auf das Gemeinwohl bedacht.

Bezogen auf das ganz praktische Leben – welches ja in Wirtschafts- und anderen Krisen besonders herausfordert – weisen diese verschiedenen Grundenergien also sowohl Formen neurotischer Ego-Verengung, als auch 5 unterschiedliche Aspekte von Befreiung und Weisheitsentfaltung auf. In der buddhistischen Psychologie gelten die Grundenergien als angeboren. Die westliche Typologie der Persönlichkeitsstile gilt als Kombination aus genetischem Material und Prägung in den ersten Lebensjahren. Ein Weisheitspotenzial innerhalb eines solchen Stils ist unserer Psychologie eher fremd, mit etwas Phantasie könnte aber auch hier versucht werden, Formen der Ent-Strickung innerhalb der schwer ganz zu verändernden, Persönlichkeit prägenden charakterlichen Stile zu finden. Probieren Sie es aus!

Befreiung jenseits von Typologien

Befreiung von Ego, welche in nahezu allen spirituellen Traditionen angestrebt wird, und im Buddhismus Dreh- und Angelpunkt ist, geht jedoch auf einer absoluteren Ebene über alle Ego-Typologien hinaus. Egolosigkeit und Buddha-Natur befassen sich mit dem, was Menschen *gemeinsam* ist: Wir sind weitaus mehr als von anderen losgelöste Subjekte. Sehr im Ego verfangen zu sein, auf welche Weise auch immer, fühlt sich an wie ein emotionales und mentales Zusammenziehen: Wir verschließen uns, werden unflexibel und unoffen für Überraschungen und neue Erfahrungen. Mit der Folge, verfangen zu sein in der Tatsache, dass wir gerade etwas dringend wollen, definitiv nicht wollen, oder uns gerade alles egal ist bzw. wir nichts spüren. Aus dem Ego heraustreten ist ein allen Menschen gemeinsames Potenzial, und es fühlt sich immer an wie loslassen, aufgehen, weiter werden, sich verbinden mit dem was ist, einen Draht zurückgewinnen zu sich selbst jenseits eines derzeitigen Konzepts, Glaubenssatzes oder Skripts. Vor allem ist es aber auch das Gefühl der Überwindung von Grenzen (ohne sich selbst zu verlieren!) zu anderen Menschen, egal wie wir sie normalerweise bewerten, und zu fühlenden Wesen generell. Ein Bewusstwerden, dass wir dieselbe Luft atmen, aus bestimmten Gründen oder ganz unbegründet alle in einem vorübergehenden Körper stecken, mit Hoffnungen, Sehnsüchten und Befürchtungen ausgestattet sind, alle Schmerz vermeiden und uns wohl fühlen wollen (sogar die Ameise, die im südländischen Hotelzimmer auf Beutesuche geht).

Sehr aussagekräftig sind auch Berichte von Nahtoderfahrungen von Angehörigen unterschiedlicher Kulturen. Alle haben gezwungenermaßen ihr Körper-Selbst verlassen. Die Berichte ähneln sich sehr in der Beschreibung von Lichthaftigkeit, Freiheit, Raumhaftigkeit, einem mit Allem-verbunden-Sein und großer Freude (alles Attribute, die auch bei Erleuchtungserfahrungen auftreten können). Und vom Zurückkommen in den „engen, klaustrophobischen Körper", weil hier „noch etwas zu erledigen sei".

Ein großer Bonus buddhistischer Übungswege ist meiner Meinung nach, dass hier einerseits am Erkennen unserer grundlegenden Natur oder Buddha-Natur gefeilt wird, die uns allen gemeinsam ist, und diesen Körper, dieses Selbst, dieses Leben transzendiert. Andererseits übt man auf dem buddhistischen Praxisweg jedoch auch „kleine Befreiungen" innerhalb unserer persönlichen Muster und Stile. Also mit unserer ganz persönlichen Art zu fühlen, wahrzunehmen und zu handeln.

Das bedeutet, dass es wichtig ist, unsere Egoverstrickungen kennenzulernen, sie persönlich zu machen, und nicht nur unser Ego überwinden zu wollen. Dann können wir unseren „kleinen Geist" mitsamt unseren emotionalen und gedanklichen Verstrickungen langsam aufweichen und zu einem „größeren, liebevolleren Geist" werden lassen. Dies bezieht sich auf die sogenannte „relative Wahrheit" im Buddhismus.

Genauso wichtig ist es, Erfahrungen von Selbsttranszendenz einzuladen, also auch über das Ego hinauszugehen, was in der Regel durch Meditation und Kontemplation trainiert wird. Das heißt, Momente von Einheit, Raum- und Lichthaftigkeit von Allem, Stille, absoluter Präsenz jenseits von Gedankenspielen zu erfahren. Oft wird von „gaps" gesprochen, Lücken in unserer Alltagswahrnehmung, die sich nur in der persönlichen Erfahrung wahr anfühlen können und dann langsam erweitert werden. Worte können das, was jenseits von Ego ist, zwar versuchen zu beschreiben (wie im 5. Kapitel versucht wird), aber wirklich können wir es über den Verstand nicht begreifen.

Lebensaufgaben

Vielleicht hat *jede* unserer Seelen in diesem vergänglichen Körper, der eine Weile auf dem vergänglichen Planeten Erde in unsrer Galaxie (einer von unzähligen anderen Galaxien) weilt, eigentlich die Aufgabe zu heilen. In großes Wissen, unsere wahre Natur, Raum und absolute Liebe hinein zu heilen. Oder dieser wahren Natur, unserem grundlegenden Ganz-Sein und Eins-Sein in diesem Leben ein wenig näher zu kommen. In den uralten indischen Veden ist es so beschrieben, dass Seelen inkarnieren – also in einem Körper zur Welt kommen – wenn sie sich entscheiden, Erfahrungen zu machen, Erfahrungen, die sich unterscheiden von „im Göttlichen" oder „im All-Einen" zu verweilen, jenseits von Raum, Zeit und Inkarnation. Auf dieser Erfahrungsreise entsteht Karma – vereinfacht Auswirkungen von Handlungen, die dann Ursachen für zukünftige Umstände werden. So können wir uns – zumeist ohne es zu wissen und zu wollen – zum Beispiel auch in große Schwierigkeiten bringen.

Erfahrungen zu machen in einer materiellen Welt, in die man hineingeboren ist, obliegt sehr offensichtlich Gesetzen, die Dualitäten, karmische Ursache-Wirkungs-Prinzipien, mentale und emotionale Wachheit, aber auch Verwirrung, Gesundheit, Krankheit, Krieg, Frieden und so weiter zum Inhalt haben. Bis wir „unsere Erfahrungen gemacht haben", der samsarischen Welt langsam überdrüssig werden, uns langsam nach unseren Ursprüngen zurücksehnen, und uns auf die – wie wir anfangs gehört haben – in diesem dunklen Zeitalter nicht allzu einfache, langwierige Rückreise begeben, durchwandern wir gemäß buddhistischer Lehren viele, viele Geburten und Tode: So viele wie Sandkörner an einem Sandstrand, heißt es oft. Dafür müssen wir uns – neben dem Erkenntnisgewinn durch Befassen mit den überlieferten Lehren, mit Geistes- und Herzensschulung durch Meditation, Kontemplation und einem nach Werten ausgerichteten Leben – meiner Meinung nach auch unseren unerlösten psychologischen Themen zuwenden und darüber hinauswachsen.

Eines Abends, nach mehreren, beruflich und privat mit intensiven Begegnungen gefüllten Tagen zur Ruhe kommend, kontemplierte ich rückblickend meine eigenen Verstrickungen, Ängste und Reaktionsweisen. Dabei holte mich plötzlich der sehr klare, schonungslose Gedanke ein: „Alles was du überspielst, wegdrängst, verleugnest, projizierst, was aber an Dunklem und Schwierigem in dir ist, ist eine Art Schummeln." Erneut nahm ich mir vor, dies weniger und weniger zu tun, und noch wahrhaftiger in die Welt zu gehen. Je wahrhaftiger, desto weniger würde mich etwas hinterrücks einholen – in Beziehungen, in unbehaglichen Wiederbegegnungen, in Wiederholungsmustern, die neues Leiden erschaffen. Das Konflikthafte und Schwierige, all die negativen Emotionen und Anhaftungen im Kontakt mit anderen und der Welt: Lassen Sie es uns als Arbeitsmaterial auf dem Weg sehen. Niemand bleibt davon verschont.

In diesen besagten Tagen, die eng und mit Konflikten und der Beschäftigung mit individuellem Leid durchzogen waren, machte ich einmal mehr die Erfahrung von zwei Parallelwelten des Bewusstseins, die tatsächlich gleichzeitig ablaufen können. Neben allen Wellenschlägen, Abgründen, meiner Angestrengtheit und Anspannung zog sich eine Raumhaftigkeit mitten in all dem durch, eine Befreiung inmitten all dieser Befindlichkeiten, die faszinierend war. Ruhig, tief, Gelassenheit spendend. Das durchschimmernde, transzendente Bewusstsein kam nicht über den Verstand („nimm alles nicht so wichtig" oder „das ist alles vorübergehend"). Es war plötzlich einfach da und lief mit. Natürlich war da der Wunsch, dies möge immer so sein. Und der Gedanke, dass sich all das Meditieren und Kontemplieren eben doch lohnt. Wunderbar.

3. NARZISS

„Mit mir kann sich keiner vergleichen, nicht in Europa und nicht in der Welt" (Silvio Berlusconi)

„Was nottut, ist eine winning culture, statt Orientierungslosigkeit in Deutschland und Europa" (Jürgen Schrempp)

„Vielleicht hassen sie mich, weil ich zu gut bin" (Christiano Ronaldo)

Die Sage von Narziss war vermutlich eine im 1. Jahrhundert v. Chr. erzählte Volkssage, die dann von verschiedenen Autoren – allen voran Ovid – bekannt gemacht wurde. An dieser Stelle möchte ich darauf hinweisen, dass also zu dieser Zeit bereits narzisstisches Erleben und Gebaren als ein im Menschen angelegtes Problem bekannt war. In Ovids Version verschmäht der griechische Jüngling Narkissos die Liebe der Nymphe Echo – und wird von Aphrodite mit einer unstillbaren Selbstliebe bestraft. Er verfällt seinem Spiegelbild und muss fortan in unerfüllbarer Sehnsucht verharren. In manchen Varianten ertrinkt er im Teich, als er versucht, sich seinem Spiegelbild zu nähern. In allen Varianten des Mythos geht es um Beziehungsunfähigkeit, Verschmähen von echten Beziehungsangeboten, und darum, so sehr in der eigenen Selbsterhöhung zu gefangen sein, dass der Protagonist sich nicht mit „normal Sterblichen" einlassen kann und will, was ihn zutiefst unglücklich und unerfüllt macht. Das schreckliche Ende, als er „sein Spiegelbild erkennt", kann so gedeutet werden, dass Narziss hinter seinen Masken und Selbsterhöhungen seinem von ihm ganz und gar nicht als wertvoll erachteten, defizitären Selbst begegnet – und damit den (auch psychischen) Tod stirbt.

Im Alltagsjargon nennt man deshalb einen extrem eitlen, selbstbezogenen Menschen, der sich mit Einfühlung in die Erlebniswelt und in Bedürfnisse anderer schwertut, einen Narzissten.

Da für sehr narzisstische Menschen das Gegenüber als selbstbestimmtes Subjekt, als Individuum mit vielleicht ganz anderen Werten, Eigenschaften und Wünschen, quasi gar nicht existiert, und die Einfühlungsmöglichkeit in dessen Gefühlswelt wie bei Narkissos stark reduziert ist, kann die destruktive Reaktion auf empfundene Kränkung gewaltig ausfallen. Energetisch und emotional werden ernsthafte Konflikte hier öfter zum archaischen Kampf um Gewinnen und Verlieren. Das ist umso schwieriger auszuhalten, je intimer oder abhängiger das Verhältnis ist (z. B. Kind eines sehr narzisstischen Menschen zu sein, mit ihr oder ihm in einer Partnerschaft zu leben, oder aber auch den eigenen Arbeitsplatz abhängig von dessen oder deren Gunst zu wissen).

Im Umgang mit Menschen mit einem ausgeprägten narzisstischen Persönlichkeitsstil fürchte ich mich selbst immer wieder vor dem Zorn, auf den man als Gegenüber stoßen kann, wenn man sich weigert, Objekt in dessen Selbstinszenierungs-Spiel zu sein. Eine solche narzisstische Person kann enorm wütend werden, was sich durch Kontaktabbruch, entwertende oder aggressive Anschuldigungen bis hin zu psychischer oder physischer Gewalt ausdrücken kann. Auf jeden Fall gilt: Egal, ob man bei einem sehr narzisstischen Menschen in Ungnade gefallen ist, oder von ihm oder ihr „gemocht" wird, man ist nie wirklich *gemeint*.

Von einem sehr narzisstisch geprägten Menschen wird man als Gegenüber in der Regel idealisiert, oder aber entwertet. Das kann sich schnell vom einen ins andere Extrem verändern. Umgekehrt gestalten sich auch Reaktionen auf und in Beziehungen zu einem Menschen mit solcher Struktur meist polar – entweder es besteht starke Anziehung oder Abneigung. Auch dies kann rasch wechseln, und hat viel mit den manipulativen Kräften des narzisstischen Gegenübers zu tun. Der Bereich zwischen Attraktion und Aversion, eine differenzierte Beziehung von Mensch zu Mensch mit jeweiligen Stärken und Schwächen, ist in der narzisstischen Dynamik schwer zu finden. Das ist nicht mehr nur in der Beziehungsgestaltung narzisstischer Individuen ein Problem. Da der kulturelle Narzissmus in unserer westlichen Welt massiv zunimmt, verhindert dies zunehmend eine gesellschaftliche Diskursfähigkeit auf der Basis von differenzierter Wahrnehmung, Frustrationstoleranz, Fehlerfreundlichkeit, Empathie und Achtung.

Narzissmus in der gegenwärtigen Welt

Viel wird in unserer Zeit über „Narzissmus", die „narzisstische Gesellschaft", die „Egogesellschaft" geschrieben. Wie gesagt, die „narzisstische Versuchung" des Menschen war bereits in der Antike bekannt (vermutlich auch schon vorher), aber die vielen Artikel und die zunehmende Brisanz des Themas, auch bezogen auf unsere gegenwärtige Gesellschaft, fallen mir etwa seit der Jahrtausendwende verstärkt auf.

Wer hätte vor 20 Jahren gedacht, dass wir heute mit Smartphones an Selfie-Sticks umher laufen, und uns selbst mit immer neuem Hintergrund fotografieren würden? Dass wir viel Zeit in Selbstdarstellungs-Foren und -Plattformen verbringen würden, die in den letzten 10 Jahren aus dem Boden geschossen sind?

Uns dabei ‚likes' und ‚dislikes', im schlimmsten Falle ‚shitstorms' aussetzen würden, und über Nacht zu Gurus gewordenen Youtuberinnen und Influencern folgen würden? „Follow me" auf Facebook, Twitter und Instagram begegnet uns tagtäglich in der neuen, auch wieder primär marktorientierten Selbstdarstellungskultur. Das alles finden die meisten von uns inzwischen ganz normal. Nicht alles Geschehen auf den Plattformen ist dabei per se narzisstisch, vieles auch verbindend und voller neuer Möglichkeiten. Doch wenn wir uns dabei fokussiert um unsere Selbstdarstellung, perfektionistische Glücks-, Geld-, Erfolgs-, Körper-Optimierungs-Ambitionen und narzisstischen Beifall drehen, kann es eine Nährlösung für Narzissmus sein. Auch „Achtsamkeit" wird stellenweise als Mittel der persönlichen und marktwirtschaftlichen Effizienzsteigerung missbraucht. Gleichzeitig scheint es, dass wir weniger wirklich bei und in uns sind als je zuvor[1]. Möglichkeiten und Verlockungen, sich nur im Außen aufzuhalten, oder aber einem künstlichen Selbstbild, einer gemachten Identität hinterherzujagen, sind in den letzten 20 Jahren deutlich angewachsen. Echte Selbstbegegnung, die ja auch unangenehme Seiten hat und Unsicherheiten und Minderwertigkeitsgefühle miteinschließen kann, ist meiner Wahrnehmung nach weniger *in*, weniger gewünscht, leichter zu umschiffen als früher. Gerne sind wir unseren unzulänglichen, schambesetzten Schatten- und dunklen Seiten freilich noch nie begegnet.

Eine neue, öffentliche Kultur der Bezichtigung und Beschämung hat zugenommen – und dies manchmal sogar, wenn es eigentlich um gute Zwecke geht (wie z. B. unser derzeitiges, ultimativ existenzielles Thema der Rettung von Klima, Erde, Menschheit und Natur, das Gendern, oder die Diffamierungskultur in Bezug auf diverse Haltungen zu Dingen wie Lockdowns oder Impfpflicht). Viele Humanistinnen und Philosophen haben angefangen, sich in Bezug auf diesen neuen Stil des Aburteilens kritisch zu äußern, weil eine neue Form von Polarisierung, Schwarz-Weiß-Denken, und eine Dauertendenz zur Spaltung in Gut und Böse, Richtig und Falsch entstanden ist, die dem, was wir als Menschheitsfamilie in diesen herausfordernden Zeiten eigentlich brauchen, nämlich Dialog, Diversität und Co-Kreation, entgegensteht. Auf YouTube und anderen Plattformen ist die Entwertungsaggression fast schon normal. Wenn wir nicht aufpassen, wird durch diesen legitimer werdenden, narzisstischen Idealisierungs-Entwertungs-Stil in der Kultur die humanistische, demokratische, tolerant-liberale Möglichkeit, miteinander Mensch zu sein, unterwandert. Wir brauchen keine einseitigen, autoritären, einzelne Gruppen ausgrenzenden und unterdrückenden Strukturen mit rigidem Über-Ich mehr – die Entwicklung unserer Gesellschaft und Spezies braucht einen Bewusstseinssprung in eine ganz andere Richtung. Frieden inmitten unserer Heterogenität muss dabei ganz oben stehen. Auseinandersetzen mit sich selbst und den anderen, sowie Verhandlungsfähigkeit gehören in allen Bereichen kultiviert. Narzisstische Menschen und Strukturen können dies nicht – hier geht es nur um du oder ich, wir oder ihr.

Eine Verschiebung unserer Kultur hin zu narzisstischen Stilen und Werten ist nicht über Nacht entstanden, sondern über die letzten Jahrzehnte hinweg. Heute gibt es Reality-TV mit Bachelors und Bachelorettten, Talkshows mit einem hohen Selbstinszenierungs-Anteil, neue Tratschmagazine mit oft sehr diffamierendem Stil, und die bereits erwähnten Selbstdarstellungs-Plattformen im Internet. Wöchentlich ins Haus flatternde Kreditangebote erleichtern das Fake-Selbst mit SUV und iPhone. Schönheitsoperationen, Implantierungen, Botoxanwendungen sind mittlerweile wesentlich weniger schambesetzt. Allen Nationen voran gehen hier sicherlich die USA, aber auch bei uns haben sich diese kleinen Eingriffe und Korrekturen zu etwas Normalem entwickelt, seit ich in meiner

Jugend zum ersten Mal davon erfuhr, dass sich Menschen aus optischen Gründen operieren lassen. Auch in meiner psychotherapeutischen Praxis werde ich immer wieder mit der Thematik konfrontiert. Lippen, Nasen, Brüste, Pos, Oberschenkel – wie viele der gerade in einer Stadt wie München sich häufenden, perfekten Körper sind echt und unmanipuliert, wie viele sind ‚gemacht'? Ist das die Eintrittskarte in bestimmte narzisstische Schichten, Szenen, Ehen, oder geht es noch mehr um ein falsches, manipuliertes, aufpoliertes, narzisstisches Selbstbild?

Auffällig finde ich auch die Entwicklung in den Bereichen Yoga und Ernährung: Wenngleich Bewegungen in diesen Bereichen auf eigentlich sinnvolle, gesunde Zwecke ausgerichtet sind, sind sie oft zu einer weiteren narzisstischen Subkultur geworden, die uns einlädt zu „celebrate yourself"/„finde DEINEN Smoothie"/„inszeniere DEINEN Körper"/„verwöhne DICH mit Superfood"/ „Stelle dir DEINE Bowl zusammen"/ „trage die hippste Yogamode".

Auch in der westlichen Psychologie und im immer mehr aus dem Boden schießenden, schon erwähnten „life coaching" dreht sich alles um unser Ich und unser Selbst. Manchmal geht es freilich auch um Beziehung und Beziehungsfähigkeit; dabei wird aber nur selten erkannt, dass dieser ganze gesellschaftsfähig gewordene Kult der Selbststilisierung, -perfektionierung und -inszenierung an dieser einen sehr großen, negativen Anteil hat.

Wir werden ständig überflutet mit Dingen, die wir zu unserem Glück haben oder konsumieren sollen, ob es nun ein neues Großraumgefährt, eine paradiesische Traumreise nach irgendwohin, wo es so bezaubernd ist wie nirgendwo sonst, oder ein hochpreisiges life-coaching-Seminar ist, nach dem „nichts mehr sein wird, wie es vorher war". Dann sind wir enttäuscht oder eben nur kurz befriedigt, und suchen weiter, immer mehr im Außen, immer mehr von uns weg. Dies ist ein narzisstisches Geschehen. Dem diametral entgegengesetzt steht der Buddhismus mit seiner ultimativen ‚Medizin': Der Erinnerung an unsere Vergänglichkeit, der Konfrontation mit dem zu einem unbekannten Zeitpunkt wartenden Sterbebett, auf dem wir feststellen, dass wir nichts mitnehmen können, auch unsere kreierte Identität nicht. Dies ist immer noch ein hoch wirksames Heilmittel, und wird es bleiben.

Auch der Gesundheitsbereich ist ein gutes Beispiel für ungesund wuchernde, narzisstisch-marktorientierte Strukturen. Gerade in meiner Zunft sind die meisten Kollegen und Kolleginnen bestürzt über das Menschenbild des letzten Gesundheitsministers: Patientinnen und Patienten sollten gläsern und gleichgeschaltet werden, gerade psychische und psychosomatische Erkrankungen wurden mechanistisch betrachtet, und dabei die Beziehungsqualität vollkommen aus den Augen verloren, die zwischen Behandlern und Kranken unabdingbar wichtig ist. Aus dem Gesundheitswesen wurde nach der Jahrtausendwende sukzessive ein Markt, aus dem bestimmte Sparten (Digitalisierungsfirmen, Pharmaunternehmen und Klinik-Aktienunternehmen) Profit schlagen wollten. Wenn sich die eigene Person erhöht und feiert, dabei von einer Art von *Kritik-Firewall* umgeben ist, und andere bzw. Andersartige entwertet, ist das genau das, was in den klinischen Kriterien des krankhaften Narzissmus beschrieben wird. Sich Fehler oder Einseitigkeiten eingestehen zu können ist nicht unbedingt mehr ein hoch gehaltener Wert in unseren Zeiten. Sehr deutlich ist dies immer wieder auch in der Politik zu beobachten. Demut – etwas, was narzisstische Menschen und Strukturen scheuen wie der Teufel das Weihwasser – kommt in der Politik nicht oft vor. Sie wäre in bestimmten Bereichen heute unverzichtbar notwendig – etwa, wenn es um die Klimakatastrophe, kippende oder gekippte Ökosysteme (die Grundlagen unseres Lebens sind), das Leiden der Menschen an der Zivilisation (Depressionen, Burnout und Angsterkrankungen haben High Scores erreicht, und die Krankschreibungen und Erwerbsunfähigkeitsrentenanträge aus psychischen Gründen waren nie höher), und nicht zuletzt den Tod geht. Wir haben nicht alles im Griff, werden es nie haben. Gerade was unsere Sterblichkeit und immer höhere Lebenserwartung angeht, erschien mir bereits vor der Coronakrise etwas gekippt (zum Beispiel, wenn an Krebs Erkrankte noch kurz vor ihrem Tod und im absoluten Endstadium eine weitere, quälende Chemotherapie empfohlen bekommen, statt dass Themen wie ein würdiges Ende, Kapitulation oder gutes Gehen in den Mittelpunkt gerückt würde).

Im politischen Geschehen geht es heute häufig um die Bedienung mächtiger Wirtschaftsverbände, um Wählergunst und Wählerstimmen, und weniger um Wählerinnen und Bürger an sich. Das Gesamtgebilde fungiert auf narzisstische Art. Und weil die Bevölkerung immer narzisstischer wird, ist sie Teil des Spiels, gefangen in einer Mischung aus Anspruchshaltung an „den Staat", eigenem Narzissmus und Co-Narzissmus (in dem es eben nicht um die Interessen anderer menschlicher und nichtmenschlicher Lebewesen und der Natur geht, sondern um die eigene Wertsteigerung durch Dazugehören zu den Guten und Richtigen), Verleugnung von schwer zu regulierendem Unbehagen, infantilen Erlösungswünschen, und einem omnipräsenten Machbarkeitswahn. Unsere Gesellschaft erscheint tief gespalten, und auch die politik-kritische Seite, die durchaus mitfühlende, humanistisch ausgerichtete, ganzheitliche Stimmen beinhaltet, ist leider oft – vor allem als Kollektiv – wieder narzisstisch anmutend.

Hans-Joachim Maaz veröffentlichte vor 10 Jahren sein Buch *Die narzisstische Gesellschaft*, und es ist nicht verwunderlich, dass es sich schnell auf der Spiegel-Bestsellerliste wiederfand. Wir spüren eben doch, dass etwas in unserer Gesellschaft in eine unbehagliche Richtung läuft und sind irritiert. Maaz schreibt über die gegenwärtige Politik: „Die gegenwärtige Politik, die nur Narzissten machen können, dient vor allem deren Selbstwertstabilisierung. Mag sein, dass auch andere davon Vorteile haben, aber das ist nicht ausschlaggebend. Die Beliebtheitsskala besagt vor allem, dass der Politiker am meisten geschätzt wird, der am höchsten und elegantesten betrügt und lügt. Damit wird vor allem die narzisstische Abwehr der Anhänger gestärkt, denn diese ist ja ein Lügengebäude, ein Selbstbetrug hinsichtlich der eigenen Größe oder Kleinheit. So ein Politiker ist wie eine Wundsalbe auf den eigenen Verletzungen. Dagegen würde jeder ehrliche Politiker die Abwehr seiner Anhänger in Frage stellen und die verborgene Wahrheit beleben – was zuerst Angst machen und dann Schmerz auslösen würde."[2]

Im Rahmen der 68er Befreiungsbewegung ist in unserer Kultur eine Menge Hedonismus entstanden[3]. Das war möglicherweise nötig, um eine gesunde Entwicklung aus statusorientierten Wertesystemen zu begründen. Doch inzwischen hat sich diese hedonistische Seite mit der markt- und konsumorientierten Seite zusammengetan. „Mein" Glück, Erfolg, Konsum und Wohlergehen, ganz ohne Einbezug der anderen, die dafür vielleicht sogar ge- oder benutzt werden, ist seither immer bedeutsamer geworden, mit positiven und sehr dunklen Schattenseiten. Wir scheinen weniger beziehungsfähig denn je. In meiner Praxis häufen sich seelische Verletzungen durch schnellen Konsum, Unwahrhaftigkeiten, Ghosting und ähnliches bei Tinder und andere Singlebörsen. Neben wenigen erfreulichen Ausnahmen erscheint mir der Partnerschafts- und Sexmarkt oft wie ein riesengroßer Supermarkt der Liebe, supernarzisstisch, da sich alles um Selbstinszenierung dreht und die/ den anderen zum Objekt macht. Liebesobjekte sollen einfach Wunsch- und Bedürfniserfüllungsmaschine sein. Zu Silvester

2021/2022 war München, wahrscheinlich auch andere deutsche Städte, gepflastert mit Werbeplakaten für das Forum *C-Date*: Eine verschlafen und offensichtlich nackte hübsche Frau unter der Bettdecke ruft zum geheimen Fremdgehen auf, mit den Worten: „Ich trage ja auch nicht jeden Tag dieselben Schuhe".

Rücksichtslosigkeit breitet sich immer noch mehr aus – auf der Straße, im öffentlichen Leben, in der Wirtschaft, in der Politik. Menschen weichen sich auf Gehwegen oft nicht mehr auf natürliche Weise aus, sondern laufen mit Blick auf ihr Smartphone ineinander hinein, die Armuts-Reichtums-Schere klafft immer weiter auseinander, die Elite nimmt keine Rücksicht auf die weniger Privilegierten, Arbeitnehmerinnen werden verheizt und häufen Überstunden ohne Ende an, aus Angst, sonst entlassen zu werden. Viele Menschen in unserer westlichen Welt arbeiten chronisch und ohne gesunde Grenzen bis zur Erschöpfung. Meist wird das vom Arbeitgeber so verlangt, oft aber auch von sich selbst. Als Ausgleich wird konsumiert – manchmal wirkt dies wie eine kindliche Selbstbelohnung, weil wir tüchtig und erfolgreich waren. Ich selbst habe schon öfter beobachtet, wie ich gerade in Zeiten mit sehr viel und belastender Arbeit öfter mal auf einer der ständig aufploppenden Werbeseiten lande, mit dem Impuls, mir was Nettes zu bestellen. Immer feinere digitale Netzwerke wissen irgendwann genau, wo die persönlichen Verführungsmöglichkeiten liegen – in meinem Fall bei außergewöhnlichen Schuhen, Kleidern und spirituellen oder psychologischen Büchern. Glücklicherweise durchschaue ich dabei meistens diesen Mechanismus, und durchbreche ihn nicht ohne eine gewisse Selbstironie. Doch manchmal ist der Zusammenhang unseres selbstverständlichen Durchfunktionierens und Perfektionsstrebens mit psychischen Belohnungseffekten und marktwirtschaftlichen Bestrebungen auch subtil, und es ist schwer, sich dem ganz zu entziehen. Die

Selbstausbeutung von ihren Werten entfremdeter Menschen durch exzessives Funktionieren als Selbstzweck, und um ein komfortables Leben zu finanzieren, lässt sie dann irgendwann in der psychotherapeutischen Praxis oder psychosomatischen Klinik landen; oft zunächst mit der Idee, bald wiederhergestellt zu sein, statt sich, gesellschaftliche Strömungen, und ihren Lebensstil infrage zu stellen.

In der wachstums- und konsumfixierten Geldpolitik der letzten Jahrzehnte, die den Finanzmarkt enorm inflations- und krisenanfällig machte und zur privaten Anhäufung von Schulden mithilfe von Krediten einlud, gibt es wie auch in früheren Wirtschaftskrisen Gewinnlerinnen und nicht gesehene Verlierer. Das betrifft auch die finanziellen Corona-Hilfen: Es ist ein offenes Geheimnis, dass sie auch oft ausgenutzt wurden, von Unternehmen und besonders gewieften Einzelnen, die weniger Bedarf und andere Möglichkeiten hatten als viele, die jetzt hoch verschuldet sind, weil sie leer ausgingen. Die allgemeinen Mittel wurden definitiv nicht gerecht verteilt. Der Blick über den Tellerrand hinaus zu Bedürftigeren und weniger Gehörten, und so etwas wie Verzicht oder Selbstbeschränkung war nirgendwo beobachtbar und offensichtlich auch nicht üblich. Warum sich zurücknehmen, wenn es etwas für MICH oder UNS zu holen gibt? Doch auf Kosten von welchen anderen? Und bezahlt durch wen (wenn nicht die zukünftigen Generationen)? Ich erfuhr zum Beispiel selbst ein privilegiertes Angebot, welches allen freiberuflichen Ärztinnen und Psychotherapeuten gemacht wurde: Ein Corona-Schutzschirm, der immer wieder ohne größere Begründung einen Großteil des Honorars fließen ließ, egal, ob mehr, weniger oder gleich viel behandelt wurde als im entsprechenden Quartal des Vorjahres. Dabei gab es mehr Arbeit denn je, und Angehörige unserer Zunft gehören nicht zu den Bedürftigsten der Nation. Autohersteller und Flugunternehmen auch nicht. Künstlerinnen, Schausteller, kleine

Selbständige, die mit ihrem mühsam und langwierig erschaffenen Betrieb gerade so überleben, dagegen durchaus. Sie gingen oft teilweise oder ganz leer aus, zum Teil versinkend in den Sümpfen einer absurden Bürokratie.

Ein anderes Beispiel kommt aus der Schulwelt: In der Zeit des Aufatmens nach Lockdowns, mit den für Eltern und Kinder oft massiv belastenden Schul- und Kita-Schließungen, wurde sogleich über Kompensationsmaßnahmen für Kinder gesprochen. Als ich dies in den Nachrichten hörte, war ich erschrocken, dass es erstmal nur um das Wiederaufholen von verlorenen Leistungen und Wissen ging, etwa durch Bereitstellung von Nachhilfe und Vollzeitbetreuung. Es sprach für mich Bände, dass nicht als erstes das emotionale Leiden vieler Kinder und die von vielen Kinderärzten beschriebenen psychischen Belastungsreaktionen fokussiert wurden, bevor dann nach dem Wissens- und Leistungsaspekt geschaut wurde. Dazu bräuchte es einen ganz anderen Blick auf die jungen Menschen: Weniger optimierungs- und leistungsbezogen, dagegen mehr empathisch und psychohygienisch.

Die Coronapandemie hat so viele von unseren unreifen Mustern an die Oberfläche gespült, daher greife ich sie in diesem Buch oft beispielhaft heraus. Wir liefen in dieser immer wieder Gefahr, uns plötzlich in explosiven Konflikten wiederzufinden, oder ernteten fast übermäßige Anerkennung - je nachdem, was da für Narrative und ‚Meinungen' aufeinandertrafen. Doch es war zunehmend schwer, sich eine differenzierte Sicht im Mittelfeld zu bewahren, eine ganz eigene Perspektive. Denn dann hatte man ständig damit zu tun, von der einen und der anderen Seite entwertet zu werden, weil es in der Zuspitzung kaum mehr möglich war, Menschen und Meinungen nich nur mehr in Schwarz-Weiß-Kategorien einzuordnen. Wenn Maßnahmen-Gegner aneckten, hatten sie meist ein Feld Gleichgesinnter hinter sich, mit deren nicht mehr hinterfragten Narrativen. Wenn

Maßnahmen-Befürworter anecken, dasselbe. Das ist nicht wirklich reif und autonom. In der medialen und persönlichen Diskussion des Ukraine-Kriegs wiederholt sich erstaunlicherweise genau dieses Muster.

Die Schweizer Psychoanalytikerin Jeannette Fischer beschreibt oft, was für Auswirkungen es hat, dass ein Großteil der Menschen in unserer Kultur nicht wirklich erwachsen und den frühkindlichen Bedürfnissen der ersten Lebensjahre entwachsen ist. Wir wollen gelobt werden, an Ruhm und Macht der elitären Schichten aus Reichen, Lauten und Promis partizipieren, etwas vom Glanz abbekommen, konsumieren, uns Zuwendung sichern, uns symbiotisch verbinden. Weil wir noch auf so vielen kindlichen Bestrebungen sitzen, sind wir bereit, den Preis der Aufgabe echter innerer Freiheit und Eigenständigkeit zu zahlen. Nur wirklich im Inneren autonome Individuen in entsprechend heterogenen Gruppierungen, Nationen und darüber hinaus, können nach Fischer frei entscheiden, ob sie in einer Sache den Preis der Nichtanerkennung zahlen wollen. In narzisstischen Systemen werden Beziehungen über erschaffene Abhängigkeiten gelebt, die nichts zu tun haben mit innerer Freiheit in gleichberechtigter Co-Existenz mit Einfühlungsversuchen in andere Perspektiven und Verhandlungs- und Kompromisskulturen.

Die US-amerikanische Professorin in Ökopsychologie Jeanine Canty sagt dazu: „Narzisstische Verhaltensweisen zerstören die Erde! Die Challenge ist, sich etwas Größerem als MICH zu öffnen. Das ist bei Narzissmus schwierig. Es muss aber sein!"[4]

Blicken wir in die internationale Politik: Der Gruppennarzissmus der USA mit ihrem Energie- und Ressourcen-intensiven Life-Style und militärischem Hoheitsanspruch ist – auch unabhängig von der jeweiligen Regierung – offensichtlich. Es ist in unserer Kultur rühmlicher, sich solche Schattenseiten bei nicht gerne gesehenen Nationen wie China, Nordkorea oder Russland anzuschauen. Dort wird man auch sehr leicht fündig – pathologisch anmutende Autokraten, diktatorische Unrechtsstrukturen, empathielose Aktionen gegen Gruppen und Nationen außerhalb der eigenen. Der letzte US-Präsident hat es erleichtert, sich über den amerikanischen Narzissmus öffentlich auszulassen. Schließlich wurde er gewählt. Und fast wiedergewählt! Mit der neuen Regierung ist das Auftreten der USA zwar moderater, es gibt mehr Blick auf unterprivilegierte und diskriminierte nationale Gruppen. Dennoch findet sich weiterhin hochgradiger Narzissmus im Umgang mit unserem Planeten, den Interessen anderer Nationen außerhalb der USA, und der Vision einer friedlichen Welt nach möglicherweise auch anderen Spielregeln als den eigenen.

Kürzlich sah ich mir eine Doku über die sogenannte „Landschenkungs-Bewegung" im Indien der 50er Jahre an, die nach Gandhi u. a. durch Vinoba Bhave ins Leben gerufen wurde. Ist es heute nicht undenkbar, dass es Menschen mit viel Besitz geben könnte, die sich dazu bewegen lassen, Mittellosen freiwillig einen kleinen Teil ihres Eigentums zu überlassen? Nicht weil sich dann durch eine Stiftungsgründung viele Steuern sparen ließen? Sondern mit dem Argument des Mitgefühls? Auch in Indien, wo sich im einflussreichen Bildungsbürgertum inzwischen ebenfalls eine neoliberale, technokratische, und marktergebene Kultur entwickelt hat, erscheint mir diese Bewegung, die damals erblühen konnte, inzwischen unmöglich. Die Werte haben sich verschoben, überall, wo Geld, Wachstum, Markt und Technologie weitgehend unhinterfragt regieren – sie sind narzisstischer geworden.

Es fehlt uns immer mehr die sogenannte Selbsttranszendenz: Außer mir gibt es gleichwertige, aber andersartige andere, das Große und Ganze, und vielleicht sogar etwas Transzendentales, was mich und uns alle übersteigt. Eine Anspruchshaltung scheint sich epidemisch ausgebreitet zu haben, dass andere und das Leben möglichst maximal die eigenen Bedürfnisse erfüllen sollen – sonst stimmt etwas nicht. Dafür sind wir als Einzelne, aber auch als gesamter Staat bereit, Schulden anzuhäufen, Geld auszugeben, welches wir nicht erwirtschaftet haben, und uns damit in individuelle und kollektive Schwierigkeiten bis hin zum immer mehr beschworenen wirtschaftlichen Ruin zu bringen.

In diesem Buch unterscheide ich zwischen der gerade angerissenen narzisstischen Kultur, einem narzisstischen individuellen Stil des Seins, und der krankheitswertigen, weil extrem akzentuierten narzisstischen Persönlichkeitsstörung. Auf den ersten beiden liegt mein Fokus. Narzissmus wurde bisher in Literatur und Forschung mit starkem Blick auf das, was in der frühen Biographie in der Herkunftsfamilie falsch lief, ursächlich erklärt. Ich frage mich, ob jedoch nicht eine Entwicklung, die spätestens mit der Industrialisierung in Gang gesetzt wurde, dann der Herstellung von mehr gesellschaftlichem Wohlstand nach den Weltkriegen diente, dann sich immer mehr der oft so bezeichneten Wirtschaftsdiktatur der immer globaleren Märkte zu unterwerfen begann, und aktuell durch die Revolution von Internet, Digitalisierung, Smartphone etc., Menschen vom Stil her narzisstischer macht. Zusätzlich zur psychischen Prägung in den Herkunftsfamilien. Es scheint, dass unser gesellschaftlicher Sog es erschwert, sich ehrlich mit sich zu beschäftigen. Sich ganz unmittelbar und echt zu reflektieren, mit allem, was in uns an Emotionen, Bedürfnissen und Bestrebungen gerade per se vorhanden ist. Also eben nicht im Sinne von Selbstdarstellung, und um eine Identität zu kreieren, die ja letztlich nicht oder nur kurz befriedigt. Vielleicht lässt uns die immer neoliberalere und von entgrenzten marktwirtschaftlichen Prinzipien dominiertere Gesamtsituation noch narzisstischer und egobezogener nach etwas suchen, was – wie Buddha sagen würde – uns in „Samsara", im „Leidenskreislauf", in der Illusion hält.

Forschung zum zunehmenden Narzissmus in unserer Zeit

Es ist nicht zu übersehen: Narzisstische Tendenzen werden in unserer Gesellschaft stärker. Und sie werden legitimer, daher offener und weniger verschämt ausgelebt. Jean Twenge und Keith Campbell (*The Narcissm Epidemic*, *Generation Me*) gehen dem „narzisstischen Kulturvirus" in der US-Gesellschaft und darüber hinaus seit mehr als 10 Jahren wissenschaftlich nach. Sie sagen, dass die einzelnen Prototypen der narzisstisch gewordenen Gesellschaft attraktive, charismatische, oft auf ihre Art auch geniale Persönlichkeiten sind, die erstmal auch erfolgreicher sind und anziehender wirken als weniger narzisstische Menschen. Dass sie (anders als in z. B. bekannten psychoanalytischen Theorien proklamiert wird) um ihre Genialität wissen und im Kern hyper-selbstbewusst sind (im Unterschied zu einem normal-hohen und stabilen Selbstbewusstsein). Was aber eklatant fehlt, ist die Fürsorge- und Empathiequalität. Hier gibt es eindeutige Defizite in Motivation und Kompetenz. Sie sehen sich als Menschen, die besonders sind und daher auch eine besondere Behandlung verdienen. Die alles schaffen können, bereit sind, auch auf Kosten anderer alles zu tun, um weiterzukommen, die in der Umgebung ständig nach Anerkennung und Bestätigung suchen, die meistens keine Zeit haben, sich einen Kopf um die Probleme anderer zu machen (es sei denn, sie setzen es manipulativ ein), die andere hart bezahlen lassen, wenn diese sie verletzen, und die sehr materialistisch sind. Twenge und Campbell haben in einer viel zitierten Studie mit einer großen Anzahl amerikanischer College-Studentinnen und Studenten, deren Daten von 1982-2009 ausgewertet wurden, herausgefunden, dass in diesem Zeitraum tatsächlich ein Narzissmus-Zuwachs zu belegen ist. 1982 waren es 17 % der Befragten, die die Kriterien für eine narzisstische Persönlichkeitsstörung erfüllten, 2009 30%![5]. Das ist immer noch deutlich weniger als die Hälfte der Stichprobe, aus der Schlüsse für die gesamtgesellschaftliche Entwicklung gezogen werden. Aber führt man sich vor Augen, wie übermäßig grandios, unempathisch und manipulativ das Verhalten bei einer narzisstischen Persönlichkeitsstörung ist, ist das doch eine ganz beträchtliche Menge. Vielleicht bekommt Narzissmus, auch in milderen Ausprägungen, deshalb etwas Normaleres als bisher, weil es mehr und mehr davon gibt!

In einer anderen Studie untersuchten Nathan DeWall & Kollegen Songtexte, die im Zeitraum zwischen 1980 und 2007 entstanden waren[6]. Anhand der Auswertung einzelner Worte wurde die Häufigkeit von „ich, mein" vs. „du, wir", und von sozial ausgerichteten Texten mit Liebe und Fürsorgeausdruck vs. antisozialen Worten über die Jahre hinweg verglichen. Die Darstellung der Auswertungskurven ist eklatant: Während zu Beginn ein hohes Gefälle zwischen sehr häufig zu findendem „Du" & „Wir", sowie wohlwollenden und Liebe ausdrückenden Begriffen einerseits, und kaum auftauchenden „Ichs", „Meins", sowie antisozialen Worten bestand, war es zum Endzeitpunkt genau umgekehrt: Wieder ein hohes Gefälle, aber genau anders herum. In der Halbzeit der Studie war das Verhältnis der zwei konträren Foki genau ausgeglichen, danach begann eine deutliche Entwicklung hin zu selbstbezogenen und feindseligeren Texten.

Auch wenn wir in Europa möglicherweise noch nicht ganz so stark infiziert sind wie die US-Population, lässt sich doch einiges auch auf uns übertragen, zumal ja viele Aspekte der dort beschrieben narzisstischen US-Kultur schon lange herübergeschwappt sind. Twenge & Campbell haben sogar im kollektivistischeren Skandinavien Anhaltspunkte für einen Zuwachs narzisstischer Strömungen festgestellt: Zum Beispiel wurden in Norwegen Zeitungsartikel von 1984 bis 2005 linguistisch auf kommunale und individualistische Werte untersucht. Es fanden sich dort in diesem Zeitraum ein deutlicher Abfall gruppenbezogener, und ein ebenso deutlicher Anstieg individualistischer Werte.[7]

Narzisstische Marker und Charakteristika

Wie stellt man einen ausgeprägten Narzissmus bei einem Menschen fest? Oft verwendet und sehr gängig ist das NPI (Narzisstic Personality Inventory) als psychologisches Messinstrument. Hier werden Sie zum Beispiel befragt, ob Sie glauben, dass die Welt unter Ihrem Regiment Ihrer Meinung nach ein deutlich besserer Ort würde, oder ob Sie der Gedanke die Welt zu regieren ängstigt. Weitere Fragen sind: Ziehen Sie es grundsätzlich vor, im Mittelpunkt der Aufmerksamkeit zu stehen, oder mischen Sie sich lieber unter die Menge? Werden Sie nicht zufrieden sein, bis Sie nicht alles erhalten haben, was Sie verdienen, oder nehmen Sie Befriedigung, wie sie kommt? Finden Sie es leicht, andere zu manipulieren, oder bekommen Sie mit sich selbst ein Problem, wenn Sie bemerken, dass Sie das gerade tun? Sehen Sie sich als besonders herausragende Persönlichkeit, oder sind Sie in vielem wie andere auch? Glauben Sie, Sie könnten Ihr Leben in jedem Fall so leben wie sie wollen? Vielleicht bekommen Sie bereits einen Geschmack eines narzisstischen Stils, die Welt, andere und sich selbst zu sehen, und entsprechend aufzutreten. Dabei ist narzisstischer Mensch nicht gleich narzisstischer Mensch; es gibt Unterschiede darin, wie festgefahren jemand in seiner selbstzentrierten, grandiosen Sicht ist, wie autoritär jemand in seinem Narzissmus auftritt, in welchem Ausmaß Menschen benutzt und manipuliert werden, wie exhibitionistisch sich jemand gibt, und wie eitel und eingebildet jemand ist.

Narzissmus lässt sich von und unter jungen, potenten, attraktiven Menschen oft noch relativ störungsfrei ausleben. Im Alter wird das immer schwieriger. Altern – was ja auch unseren Verfall und unsere Sterblichkeit präsenter werden lässt – ist per se eine narzisstische Kränkung und sie findet sich in unserer Kultur häufig, bei Männern wie Frauen, wenn auch teilweise auf unterschiedliche Weise. Wenn wir die narzisstische Kränkung des Alterns nicht in uns lösen, kann das vielleicht lange funktionieren, aber nicht auf Dauer. Irgendwann werden Jüngere, Potentere nachrücken, was erneut kränkt, oder die Unwahrhaftigkeiten schimmern immer mehr durch, lassen sich vom Betroffenen und vom Umfeld nicht mehr ganz ignorieren. Dann bricht das narzisstische Konstrukt oft ein, und es folgen zum Beispiel Depressionen, eskalierende Süchte, auch Suizide sind bei kriselnden Narzissten überdimensional häufig.

Wo findet man die größte Dichte akzentuiert-narzisstischer Menschen? Es ist ganz logisch, dass dies die Bereiche sind, in denen es um Macht, Geld, aber auch um in der Öffentlichkeit stehen und von einem bewundernden Publikum gesehen werden geht. Das sind genau die Bereiche, die eine Gesellschaft lenken und von den Werteausrichtungen her beeinflussen: Politik und Wirtschaft, Schauspielerinnen-, Künstler- und Musikerinnenszene, berühmte, profilierte Sportarten. Die Motivation sehr narzisstischer Menschen, in einer solchen Position zu landen, ist enorm hoch, und oft wird dem alles untergeordnet. Zudem ist bekannt, dass sehr narzisstische Menschen oft zunächst als sehr charismatisch und auch erst einmal als Sympathieträger wahrgenommen werden. Sie wissen, wie man Zustimmung gewinnt. So fällt ihnen der Anstieg auf Karriereleitern oft auch mehr zu als unauffälligeren, bescheideneren Personen. Je weiter oben in der Hierarchie von Machtstrukturen, desto mehr Narzissmus tummelt sich dort – ein Phänomen, was ich früher in meinen Studienpraktika übrigens auch in der Klinikszene beobachtet habe.

Stark narzisstisch strukturierte Menschen, und gruppennarzisstische Organisationen, Kulturen, Nationen, haben nicht nur die bereits genannten deutlichen Empathiedefizite, sondern auch starke Probleme in echter Beziehungs- und in Kritikfähigkeit. In Büchern über Narzissmus las ich immer wieder über die eigentliche Unfähigkeit starker Narzissten, gute Beziehungen zu führen. Gute Beziehungen beinhalten ein konstruktives Austragen immer wieder auftretender Konflikte. Dies braucht eine gewisse Fehlerfreundlichkeit, anderen und sich selbst gegenüber. Und die Fähigkeit, nicht gleich in den Grundfesten erschüttert zu werden, wenn man kritisiert oder kritisch gespiegelt wird, und dies daher massiv abwehren muss. Lieber stellt ein narzisstischer Mensch postwendend den anderen infrage, oft in einem entwertenden oder übermäßig zornigen Gegenangriff.

In einer sehr interessanten Zusammenschau verschiedener Studien (*Does self-love lead to love for others? A story of narcissistic game playing*) stellen Campbell, Foster & Finkel folgendes fest[8]: Narzisstische Probandinnen und Probanden gehen Liebesbeziehungen ein wie alle anderen. Deutlich ist aber, dass sie ihre Beziehungen mehr als Spiel führen. Sie sind eher bereit, zu einer Alternativbeziehung zu wechseln, wenn es unbequem wird, sind also weniger loyal, und gehen häufiger fremd. Aktuelle und ehemalige Partnerinnen und Partner, die in einer Studie auch befragt wurden, bestätigten diesen Spiel-Stil durchgängig. Die Autoren führen dieses Game-Playing besonders auf einen starken Anspruch narzisstischer Menschen auf Macht und Autonomie zurück. Bei narzisstischen Menschen ist es sehr gefährlich, sich emotional in eine gewisse Abhängigkeit zu begeben, und somit verwundbar zu machen. Aus meinen klinischen Beobachtungen würde ich auch sagen, dass bei stark narzisstischen Menschen die ganz ursprünglichen, echten Gefühle tief vergraben sind, manchmal gar nicht mehr erreichbar. Hier trifft man dagegen oft auf überschäumende, übersteigerte, vor die eigentlichen Gefühle geschaltete, der Abwehr von Verwundbarkeit dienende Gefühle, die manchmal auch etwas hysterisch anmuten. Maaz schreibt dazu: „…der Unterschied zwischen „gemachten" und echten Gefühlen. Erstere werden durch Animation aktiviert, (…), sie wollen etwas bewirken und auch zum Ausdruck bringen. Solche Gefühlszustände kann man für Stunden produzieren oder wochenlang darunter leiden (wie z. B. bei einer Depression). Ein echter Gefühlsausdruck kommt immer von innen, er geht auf eine innere individuelle Problematik oder ein entsprechendes Bedürfnis zurück, benötigt kein Publikum und dauert nie länger als höchstens 20 Minuten. Danach fühlt man sich wesentlich erleichtert, befreit, oft nahezu heiter, auch wenn man soeben noch mit sehr schmerzhaften Gefühlen und bitteren Erinnerungen zu tun hatte."[9]

Übrigens müssen narzisstische Menschen nicht immer charismatisch, selbstverliebt, überheblich und mit ähnlichen bekannten Attributen ausgestattet sein. Es gibt auch narzisstische Selbstverleugnerinnen und Gutmenschen. Der Unterschied zu nicht narzisstischen Persönlichkeiten dieser Art ist, dass die Motive ganz woanders liegen: Wenn Gutmenschentum oder die Helferrolle gut ankommt und in einem bestimmten Umfeld sehr viel Anerkennung verspricht, schlüpfen narzisstisch strukturierte Menschen auch in diese Rolle. Diese ist aber oft recht leicht zu durchschauen, weil das frei lassende Element, die echte und bedingungslose Wärme und Liebe fehlen, und das narzisstische „Gutsein" schnell etwas beengendes, beschuldigendes oder strafendes bekommen kann, wenn vom anderen nicht genügend Unterwerfung, Dankbarkeit, Anerkennung etc. erfolgt. Eine weitere Form von Narzissmus ist die Rolle des oder der vom Schicksal benachteiligten Leidenden. Hier dreht sich jemand letztlich um die eigene Not, die aber eine dahinter liegende, echte Not verhüllt. Es geht um Krankheiten, psychosomatische Symptome oder auch um psychische wie etwa die Depression. Durch all diese Leiden wird Zuwendung und Zuspruch erreicht, und bei Ärztinnen und Therapeuten auch oft gefunden. Als Angehöriger, Freundin oder Therapeut muss man hier aufpassen, dass man nicht dauerhaft mit in eine Aufrichtungs- und Liebes-Nummer mit hineingezogen wird, die manchmal kein Ende hat, und in der man letztlich auch nur wieder benutztes Objekt im narzisstischen Spiel ist, ohne dem oder der Betroffenen wirklich zu helfen. Grenzen und gesunde Frustrationen sind in diesem Fall tatsächlich genauso nötig, wie bei grandiosen Narzisstinnen und Narzissten innere Distanz und die Weigerung, ständig Scheinwerfer zu spielen.

An dieser Stelle möchte ich darauf hinweisen, dass „Narzisst" im Alltagsjargon jemanden beschreibt, der oder die einen narzisstischen Stil bzw. entsprechende Züge in einer gewissen Ausprägung zeigt, dass dabei aber auch jemand gemeint sein kann, der oder die in den Bereich eines klinisch pathologischen Narzissmus fällt. Narzisstische Züge haben noch nichts mit krankhaftem Narzissmus zu tun (auch wenn wir sie sicher kondensiert bei krankhaften Narzissten finden werden). Ein in der Umgangssprache so benannter „Narzisst" hat noch keine entsprechende „Persönlichkeitsstörung" (Persönlichkeitsstörungen sind immer sehr stark von der Norm oder dem Durchschnitt abweichende Grundmuster, die Welt wahrzunehmen und sich in ihr zu verhalten, und haben für Betroffene, oft auch für deren Umgebung, gravierende Folgewirkungen). Hilfreich ist hier die Unterscheidung der Begriffe in Anlehnung an

Kohuts Theorie des Narzissmus, die später genauer dargestellt wird. Hier werden die Entstehung des *narzisstischen Persönlichkeitsstils* (nicht „krankhaft") und der *narzisstischen Persönlichkeitsstörung* („krankhaft") erklärt, und förderliche Formen von Narzissmus (dies gibt es bei Kohut auch) und dem Menschen und anderen eher schadenden Formen unterschieden. Auch die integrale Theorie und Wolfram Köllings „integraler Narzissmus" mit der Beschreibung der lebenslangen Aufgabe eines jeden Menschen, mit dem eigenen Narzissmus oder der Egozentrik bewusst in Prozesse der Wandlung zu gehen, werden wir unter „Wichtige Begriffe von Theoretikern des Narzissmus" näher beleuchten, und die psychoanalytischen Theorien um diesen Blickwinkel ergänzen.

Was ist typisch für Menschen mit narzisstischer Persönlichkeitsstörung? Die Betroffenen haben nach dem DSM-5 (dem aktuellen, aus den USA stammenden diagnostischen und statistischen Leitfaden psychischer Störungen) eine übertriebene Vorstellung davon, wie wichtig sie selbst sind. Sie fordern und erwarten, ständig von anderen bewundert und gelobt zu werden. Gleichzeitig können sie nur in eingeschränktem Umfang die Perspektiven anderer Menschen einnehmen. Die Störung beginnt in der Jugend oder im frühen Erwachsenenalter. Es müssen mindestens fünf der folgenden Kriterien erfüllt sein:

1. Die Betroffenen haben ein grandioses Verständnis der eigenen Wichtigkeit. Sie übertreiben zum Beispiel ihre Leistungen und Talente oder erwarten ohne entsprechende Leistungen, von anderen als überlegen anerkannt zu werden.
2. Sie sind stark von Phantasien über grenzenlosen Erfolg, Macht, Brillanz, Schönheit oder ideale Liebe eingenommen.

3. Sie glauben von sich, „besonders" und einzigartig zu sein. Deshalb sind sie überzeugt, nur von anderen „besonderen" oder hochgestellten Menschen verstanden zu werden, oder nur mit diesen Kontakt pflegen zu müssen.
4. Sie benötigen exzessive Bewunderung.
5. Sie legen ein hohes Anspruchsdenken an den Tag. Das bedeutet, dass sie die übertriebene Erwartung haben, dass automatisch auf ihre Erwartungen eingegangen wird, oder dass sie besonders günstig behandelt werden.
6. Sie verhalten sich in zwischenmenschlichen Beziehungen ausbeuterisch, das heißt, sie nutzen andere aus, um ihre eigenen Ziele zu erreichen.
7. Sie zeigen einen Mangel an Einfühlungsvermögen, das heißt, sie sind nicht bereit, die Gefühle oder Bedürfnisse anderer zu erkennen, zu akzeptieren oder sich in sie hineinzuversetzen.
8. Sie sind häufig neidisch auf andere oder glauben, andere seien neidisch auf sie.
9. Sie zeigen arrogante, hochmütige Verhaltensweisen oder Ansichten.

Ein narzisstischer Stil oder narzisstische Züge gehen in dieselbe Richtung wie die obige Liste, manchmal aber nur in Teilen, oder weniger extrem ausgeprägt und flexibler im Reagieren auf Kritik und Enttäuschung.

Fragt man nach dem Vorkommen echter narzisstischer Persönlichkeitsstörungen in unserer Gesellschaft, dann ist davon recht stabil fast 1 % der Bevölkerung betroffen. Im Gegensatz dazu wird die Zunahme individueller und kultureller narzisstischer Persönlichkeitsstile zurzeit viel diskutiert, und steigt, wie oben beschrieben, deutlich an. Um die 75 Prozent unter den narzisstischen Persönlichkeitsstörungen sind Männer und 25

Prozent Frauen (während bei der selbstunsicheren Persönlichkeit, dem Gegenspieler, das Verhältnis in etwa ausgeglichen ist)[10].

Narzissmustheorien

Welcher psychologischen Theorie wir auch folgen, alle sind sich letztlich einig, dass bei der Entstehung von übermäßigem Narzissmus die ersten Lebensjahre eines Menschen, und seine/ihre Bindungs- und Beziehungserfahrungen in dieser Zeit eine ausschlaggebende Rolle spielen. Immer geht es um die Entwicklung des Selbst, einem – wenn gute Entwicklungsfaktoren vorlagen – stabilen Gefühl für die eigene Person, deren Identität, ursprünglichen Wert und die Möglichkeit, aus diesem So-Sein, wie man/frau ist, etwas bewirken zu können.

Möglicherweise klingelt es nach den Ego-Kapiteln an dieser Stelle bei der einen oder dem anderen. Ist dieses Selbst, die eigene echte Identität nicht eine Illusion, werden Sie sich vielleicht fragen. Letztendlich – aus dem transzendentalen Blickwinkel ja. Wenn wir in unserer Todesstunde diesen Körper verlassen, müssen wir alles zurücklassen, auch unsere Persönlichkeit. Zumindest im Buddhismus, wo man davon ausgeht, dass in der Todesstunde nicht alles stirbt, sondern ein Bewusstseinsstrom weiterfließt, besteht dieser Bewusstseinsstrom nicht aus unserer Persönlichkeit, sondern aus karmischen Auswirkungen, geistigen Gewohnheiten und Tendenzen. Bis wir sterben, brauchen wir unsere gewachsene Kernpersönlichkeit und Identität, auch wenn wir uns tiefer und tiefer in einen spirituellen Prozess hineinbegeben. Berühmte erwachte Meisterinnen und Meister haben immer noch bestimmte Persönlichkeiten, und sind nicht alle gleich eigenschaftslos. Ansonsten werden wir psychisch krank, oder müssen uns zum Beispiel die ganze

Zeit um die Suche nach Anerkennung und den Beweis unserer Besonderheit drehen, wie dies bei narzisstisch geprägten Menschen der Fall ist. Wenn wir ein brüchiges oder schwaches Selbst haben, können wir innerlich nicht frei werden. Denn die Abhängigkeit von der Beweissuche nach unserer Größe, Wichtigkeit und Besonderheit würde in uns dabei sehr existenzielle Angst auslösen, die intolerabel wäre. Wir würden quasi seelisch zerfallen, was uns nicht mehr lebens-, alltagsbewältigungs- und gestaltungsfähig machen würde – es würde sich anfühlen wie der seelische Tod, und das ist nicht, was spirituelle Wege der Egotranszendenz wollen. In meiner psychotherapeutischen Tätigkeit bin ich spezialisiert auf die Begleitung von Menschen auf spirituellen Wegen, und diese kommen oft zu mir, wenn sie in diesen feststecken oder in Schwierigkeiten geraten sind. Öfter sind mir dabei schon psychotische Zustände begegnet, etwa ausgelöst durch intensive Retreats oder bewusstseinserweiternde Seminare. In diesem Fall ist meistens ein brüchiges Selbst vorhanden, welches die intensiven Erfahrungen von Öffnung, etwas Göttlichem oder einem All-Eins-Sein nicht halten kann. Dieses Halten ist nötig auf der spirituellen Reise. Es braucht einen Körper, der Erfahrungen halten kann wie ein Gefäß, was dabei nicht gesprengt wird, und eine ebensolche Psyche.

Wenn jemand sehr narzisstisch ist, ist das Gefühl für den eigenen, natürlichen Selbstwert nicht gut gewachsen und stabil. Psychodynamische Theorien sind sich hier weitgehend einig, die verhaltenstherapeutische Forschung bestreitet gelegentlich, dass es bei Narzissten diesen defizitären Kern gibt, und behaupten dann, dass sich klinische Narzisstinnen durch und durch grandios und besonders fühlen (wie zum Beispiel die bereits genannte amerikanische Narzissmusforscherin Jean Twenge). Aus meiner Sicht kommt es beim Blick auf narzisstische Persönlichkeiten darauf an, wie tief man geht, und wie viele Schichten der Psyche man durchdringt. Die äußeren Schichten wirken oft tatsächlich überzeugt und zu 100% in der Wahrnehmung, ein außergewöhnlicher, genialer, toller Mensch zu sein, der besondere Behandlung verdient und dem mehr zusteht als „dem Normalmenschen". Doch je tiefer man sich in die tiefen Schichten des Unbewussten vorgräbt, desto mehr kindliche Verwundungen, Enttäuschungen, Minderwertigkeitsgefühle und Selbstzweifel tauchen meist auf.

Während Sigmund Freud in seiner psychosexuellen Entwicklungstheorie verschiedene, triebbezogene Phasen beschrieben hat, die ein Mensch durchlaufen und meistern muss, um zu reifen, führt der Pionier der Narzissmus-Forschung, Heinz Kohut, in seinen Darstellungen[11] über diese begrenzte Entwicklungszeit hinaus. Die Entwicklung des Narzissmus eines Menschen wird bei ihm zum lebenslangen Prozess rund um ein intaktes/flexibles oder defizitäres Selbstwertsystem. Nach Freud ist die Phase zwischen dem zweiten bis vierten Lebensjahr sensibel für eine gelungene oder misslungene narzisstische Entwicklung. Freud postuliert einen primären Narzissmus beim ganz kleinen Kind, der, wenn diese Entwicklungsphase nicht gut gemeistert wurde, einen sekundären Narzissmus bedinge, in dem sich die Libido (Liebesenergie) fortan vom anderen auf das Selbst richte. Erich Fromm, ein weiterer Vertreter psychoanalytischer Schulen, bestreitet einen primären Narzissmus, und beschreibt stattdessen Bezogenheit und soziale Ausrichtung kleiner Kinder, die diese mitbrächten. Fromm, Kohut und auch der Bindungsforscher Winnicott sprechen vor allem vom defizitären oder brüchigen Selbst, welches übermäßigen Narzissmus bewirke. Durch unangemessenes elterliches Verhalten (z. B. Vernachlässigung, Missbrauch, fehlende anerkennende Spiegelung oder ein realitätsfernes Zuviel an Bewunderung), und dessen kindliche Verarbeitung, bleibt demnach ein chronisch drohender Selbstverlust im größer werdenden Menschen, und er oder sie muss sich die ganze Zeit bemühen, diesen nicht erneut zu erfahren. Ganz tief innen weiß etwas von der Bedrohung, daher ist die „Sicherung" der Existenzberechtigung, des So-sein-Dürfens, zentral. Ein Mensch, der als Kind ein stabiles Selbst ausbilden konnte, oder auch später durch meist harte innere Arbeit aus narzisstischen Strukturen herausgewachsen ist und die Wunde des Selbst weitgehend geheilt hat, kann sich anderen Dingen zuwenden. Es ist dann nicht mehr nötig, offen oder heimlich nur um sich selbst und die eigene Bedeutsamkeit zu kreisen. Echte erfahrene empathische Spiegelung, echtes Selbstmitgefühl ermöglichen Empathie anderen gegenüber, die sehr narzisstischen Menschen nicht möglich ist.

Auf jeden Fall geht es bei Narzissmus um einen Selbstwert, der kompensatorisch und künstlich durch die Sichtbarkeit der eigenen Grandiosität erreicht werden soll. In dieser auf das gespiegelt Werden ausgerichteten Motivlage unterscheidet sich ein von pathologischem Narzissmus angetriebener Mensch von einem solchen mit gesundem Selbstwert. Bezüglich des eigenen „Größenselbst" geht es dann als Hauptmotiv im Leben darum zu beweisen, dass man besonders, gut, leistungsstark, attraktiv und wichtig ist – und zwar über „Objekte". Andere sind für stark narzisstisch strukturierte Menschen überwiegend Objekte mit der Funktion, das eigene Selbstwertgefühl zu stärken oder zumindest stabil zu halten. Geschieht einem sehr narzisstischen Menschen etwas, was zu infrage stellend oder frustrierend ist, und sozusagen seinen oder ihren Selbstzweifel-Kern ins Mark trifft, ohne dass über andere Anerkennungsquellen das Gefühl zu sein und in Ordnung zu sein stabilisiert werden könnte, kann dieser Mensch seelisch kippen. Dann fällt er oder sie in eine Depression (die keine echte Trauerreaktion und keine Verarbeitung von Schmerz und Wut ist), Sucht oder neigt dazu, sich selbst durch Suizid in der Tat zu vernichten.

Vorher wird er oder sie aber alles tun, um dieses Kippen zu vermeiden.

Was ist nun in den prägenden Jahren geschehen, dass jemand sein ganzes Leben damit beschäftigt sein muss, durch narzisstische Manöver seelische Selbst-Rettung zu betreiben?

Stark prägend hat hier meist in der Kindheit mitgespielt, dass von der Seite der elterlichen Bezugspersonen nicht angemessen mit den eigenen Gefühlen und Bedürfnissen des Kindes umgegangen wurde. Dies kann geschehen sein im Zusammenhang mit starker Verwöhnung und Schonung, auch mit einer Idealisierung dieses speziellen Kindes, oder auch mit einer desinteressierten Haltung, die die gerade ab dem 2. Lebensjahr so wesentliche „Spiegelung" eines Kindes verwehrte. Beiden ist gemeinsam, dass Emotionen eines kleinen Menschen, die für ihn schwierig, frustrierend, spannungsreich sind, nicht akzeptierend, helfend, gut resonierend begegnet wird. Sowohl mit einer „kleinen Prinzessin" oder einem „kleinen Prinz" mit der Aufgabe, als erweitertes Selbst der Eltern diese in ihrem instabilen Selbsterleben aufzuwerten, als auch mit latenter oder offener Feindseligkeit den nicht so willkommenen Facetten des Kindes gegenüber und dem Zwang, ein Liebe und Anerkennung sicherndes falsches Selbst zu entwickeln, bewirkt man eine narzisstische Wunde. Bewunderung ist etwas ganz anderes als Liebe, und kann diese nicht ersetzen; spätestens in der Schule erfährt ein Kind dann eine Frustration nach der anderen, wenn es erfährt, dass es anscheinend gar nicht so exklusiv und großartig ist, wie von den Eltern suggeriert. Das ins falsche Selbst gedrängte, sozusagen narzisstisch ausgebeutete Kind dagegen darf so, wie es gestrickt ist, nicht existieren, und muss immerfort seine oder ihre Existenzberechtigung über Perfektion, Gefallen, Herausragen, Größe beweisen. Diese Beziehungsstile wirken nicht bei jedem Kind gleich: Auf die Form der Verarbeitung unangemessener Spiegelung wirken Faktoren wie seine/ihre genetisch mitgegebene Resilienz, epigenetische Traumata und Ähnliches ein. Doch in den Biografien, die in der Narzissmusforschung untersucht wurden, häufen sich Umstände, in denen Mütter und Väter, sowie weitere nahe Bezugspersonen aufgrund eigener Schwierigkeiten und Prägungen, nicht gut spiegelnd auf ihr Kind eingehen konnten.

Was kommt dabei heraus? Der Narzissmusforscher Prof. Röpke von der Berliner Charité sagt dazu, der Kern der Störung sei die chronische narzisstische Kränkung des Selbst[12]. Erstes Kernkonzept ist dabei eine immer wieder zu beobachtende Scham-Wut-Spirale. Scham ist überdimensional ausgeprägt, und die Aggression ist reaktiv und proaktiv. Zweites Kernkonzept ist die fehlende Empathie. Wie Röpke bei Betroffenen beobachtete, werden Gefühle durchaus gut erkannt. Doch es gibt signifikant weniger Mitgefühl dabei als bei anders strukturierten Menschen! „Was denken Sie, was es mit …macht, wenn Sie sich soundso verhalten?" kann gut eingeschätzt werden. „Fühlen Sie mal rein" sei bei ausgeprägtem Narzissmus nicht möglich.

Was das für die Entwicklung von Herz und Geist zu mehr Weisheit und Mitgefühl bedeutet, liegt auf der Hand. Hochgradige Narzisstinnen und Narzissten sitzen in einem Gefängnis. Ich selbst habe immer wieder erlebt, wie sehr narzisstische Menschen in Therapie aufgrund starken persönlichen Leidensdrucks zeitweise zu kleinen Öffnungen bereit waren, sich ihr „Spiel" und ihre Verwundbarkeit dahinter einzugestehen. Doch auch solche Therapiefortschritte sind instabil – oft gibt es Rückschritte aufs alte Spielfeld, und Therapieabbrüche sind häufig.

Wichtige Begriffe von Theoretikern des Narzissmus

Verschiedene Koryphäen der Narzissmusforschung haben in ihren Modellen bestimmte oft verwendete Begriffe geprägt. Ich möchte diese kurz streifen, um zu verdeutlichen, dass man eigentlich etwas vereinfacht, wenn man nur von „dem Narzissmus spricht".

Freud hat wie gesagt beim Menschen einen primären, angeborenen und einen sekundären Narzissmus gesehen. Wenn in der frühkindlichen Entwicklung alles gut laufe, würden Menschen ihren primären Narzissmus überwinden und die Libido fortan auf andere richten können.

Erich Fromm, der sich in seinen Untersuchungen viel mit der Liebesfähigkeit von Menschen befasste, unterschied zum Beispiel in *Anatomie der menschlichen Destruktivität* die Begriffe „gutartiger" und „bösartiger" Narzissmus. Das heißt nicht, dass gutartiger Narzissmus harmlos ist. Auch hier werden andere stark manipuliert und für die eigene Selbsterhöhung benutzt. Bösartige Narzissten nach Fromm sind dagegen weniger auf Anerkennungssuche, bei ihnen liegt der Fokus vor allem auf Macht über andere. Bei verschiedenen Machthabern (hier muss ich leider die rein männliche Form verwenden) der Geschichte und im Heute wird die eigene Verwundbarkeit über Willkür, Machtdemonstration und harte Unerreichbarkeit abgewehrt. Dabei werden jegliche normale ethische und humanitäre Werte verachtet. Diktatoren wie Hitler und Stalin hatten sich nach Fromm zu Extremformen des bösartigen Narzissmus entwickelt[13]. Darüber hinaus unterschied Fromm die Begriffe Selbstsucht und Narzissmus. Man kann diese gleich setzen mit leichtem und schwerem Narzissmus. Schließlich hat sich Fromm nicht nur mit individuellem Narzissmus beschäftigt, sondern prägte als Sozialpsychologe und Gesellschaftskritiker auch den Begriff des „Gruppennarzissmus". Fromm stammte aus einer jüdischen Familie, und fand in der Auseinandersetzung mit den verheerenden Auswirkungen des dritten Reichs dort einen Prototyp des Narzissmus einer ganzen Nation. Beim Gruppen-Narzissmus finden sich immer extrem narzisstische Leitfiguren, und co-narzisstische Anhängerinnen und Anhänger, die ihr gekränktes Selbst auf diese Weise erhöhen und stabilisieren. Dabei wird die charakteristische Empathielosigkeit vor allem bezüglich aller massiv sichtbar, die sich außerhalb dieser narzisstisch um die eigene Größe kreisenden Gruppe befinden. Anflüge davon finden sich in neueren rechtsextremen Bewegungen in unserem Land, oder auch zu Beginn der Coronakrise wieder. Es erleichterte mich fast, als die deutsche Selbstgerechtigkeit in Bezug auf unsere Sicherheit und unser Gesundheitssystem ganz zu Beginn der Krise in sich zusammenfiel, und sich zeigte, dass dieser Anflug von nationalem Narzissmus keineswegs gerechtfertigt war. Auch in Bezug auf die in diesem Buch beschriebene zunehmend narzisstische Gesellschaft und Kultur sind die Dynamiken des Gruppennarzissmus wichtig. Nationaler Narzissmus, der Narzissmus der Weltwirtschaftsforen und Lobbyisten, narzisstische Subkulturen und Influencerinnen, die zu einem narzisstischeren Stil Einzelner und Gruppen beitragen, sind nicht das, was wir brauchen, um als Individuen und als Spezies zu wachsen und aufzuwachen. Der Dalai Lama sagt dazu: „Die Welt braucht nicht noch mehr erfolgreiche Leute. Die Welt braucht verzweifelt mehr Friedensstifter, Heiler, Wiederhersteller, Geschichtenerzähler und Liebende aller Art".[14]

Heinz Kohut nahm dem Narzissmusbegriff als Ganzem das Negative und durchweg pathologische, indem er von gesundem und krankhaftem Narzissmus sprach[15]. Er betonte, dass es das ganze Leben ein ausreichendes Maß an gesunder narzisstischer Bespiegelung geben müsse, und es normal sei, diese auch zu suchen. Krankhaft wird es, wenn man nur noch um diesen Fokus kreisen *muss*, und das Selbst zu brüchig ist, um daraus aussteigen zu können. Jemand, der oder die die Buddha-Natur erkannt hat, würde Kohut ziemlich sicher widersprechen. Es gibt eine Ebene, auf der man zu so viel Selbst-Transzendenz finden kann, dass man sich diese kleinen narzisstischen Tankstellen für das Selbst und den eigenen Wert nicht mehr holen muss. Doch davon sind wir alle noch ein Stück entfernt, wie ich vermute. Zudem macht es Sinn, bei all diesen Begriffsspielereien und Theorien immer wieder zu reflektieren, durch welche Brille man gerade schaut – etwa die psychologische oder die der absoluten Natur oder Buddha-Natur.

Hans Joachim Maaz beschreibt die Begriffe „Größenselbst" und „Größenklein", und erklärt, warum Menschen in beiden Formen narzisstisch sind[16]. Größenselbst haben wir bereits zur Genüge betrachtet. Größenklein ist nach Maaz eine Form von Narzissmus, wo das Gegenüber ebenfalls manipulativ zum Objekt gemacht wird. Nur geschieht das über übermäßiges Klagen, eine Opfermentalität, und ein zur Schau stellen von Überforderung, Schwäche und Unwert. Dies lässt einen als Gegenüber nicht in Unterlegenheitsgefühle geraten, sondern lädt ein in die Helferrolle. In dieser versagt man zumeist, denn Größenklein-Narzissten brauchen ihr Kleinheits-Selbst. Sie begegnen sich dabei auch nicht wahrhaftig selbst in ihrer Angst etc., sondern spielen eine Rolle, durch die sie andere kontrollieren und entmachten. Wenn man solch strukturierten Patientinnen und Patienten etwa in der Therapie etwas von ihrer Buddha-Natur und ihrem heilen, reinen Kern erzählt, bekommt man meist ordentlich Gegenwind, während Größenselbst-Narzisstinnen davon bereits längst wissen, wobei ihre Buddha-Natur natürlich eine ganz besondere sein muss. Dies wiederum widerspricht sich per se mit diesem stets gleichen „Gold unter den Schleiern".

Wolfram Kölling nimmt in *Narzissmus in der Wandlung* einen integralen Blick[17] auf das Thema ein. In diesem wird nicht mehr zwischen gesundem und krankem Narzissmus unterschieden, sondern jeder Mensch als „Betroffene" und „Betroffener" gesehen. Daraus folgt die lebenslange Aufgabe, eigene narzisstische oder egozentrische Strukturen und Prozesse zu erkennen und zu transformieren. In der integralen Theorie wird die Entwicklung des dort so genannten ‚Ich-Selbst' auf verschiedenen, lebenslangen Stufen je als ‚Holon' mit 4 unterschiedlichen Kräften oder Bestrebungen durchlaufen: Selbsterhaltung, Selbstanpassung, Selbstauflösung und Selbsttranszendenz. Selbsterhaltungs- und Selbstanpassungsbestrebungen des Kindes, der Jugendlichen oder des Erwachsenen sind – ähnlich wie bei den psychoanalytischen Theorien – besonders zentral für die Entwicklung von Narzissmus. Selbsterhaltung impliziert eher offenen, Selbstanpassung eher verdeckten oder versteckten Narzissmus. Doch innerhalb der anderen zwei Bestrebungen können auch narzisstische ‚Blockaden' entstehen, auf die jedoch an dieser Stelle nicht näher eingegangen wird. Es sei nur darauf hingewiesen, dass bei Selbsttranszendenz-Bestrebungen die Gefahr des *spirituellen Bypassings* besteht, welches wir im 2. Kapitel betrachtet haben. Zudem kann bei zu schneller Suche nach Selbsttranszendenz vergessen werden, dass wir unsere Wandlungsprozesse eben als Holon, möglichst die vier Bestrebungen immer wieder ausbalancierend, durchlaufen. Sonst kommt es zu Schattenaspekten in uns, und wir stecken offen oder versteckt, auf jeden Fall aber egozentrisch in bestimmten Themen fest, und können uns nicht wirklich bezogen auf andere Subjekte und uns selbst neuen Lernerfahrungen öffnen. Das in der integralen Theorie angestrebte integrale Bewusstsein, mit Aspekten wie echter Ambivalenzfähigkeit, Autonomie, systemischem Denken und einem konstruktiveren Umgang mit Dualitäten kann so nicht erreicht werden. Als Affekt ist für Kölling beim Narzissmus die Scham zentral. Er benennt eine Basisscham, die sich bereits vorgeburtlich, sowie in Kindheit und Jugend im Ich-Selbst festsetzen, und später durch erneute Erschütterungen wieder spürbar machen kann. Immer wenn sie auftaucht, muss sie narzisstisch oder anders *maskiert* werden. Als unerträglicher Auflösungszustand und Gefühl des grundlegenden „falsch" Seins muss diese seelische Abwehrbewegung in der Ur-Entstehung und in der späteren Re-Aktualisierung zunächst geschehen. Der Weg heraus aus den Schattenanteilen erfolgt bei Kölling, wie in vielen therapeutischen Ansätzen *durch* die Schamgefühle hindurch. Zum „integralen Narzissmus" sei abschließend noch erwähnt, dass Kölling dessen bewusste Bearbeitung im eigenen Selbst für jeden Menschen zentral im Leben sieht: „Dieser Sinn des menschlichen Lebens besteht zu jeder Zeit darin, seine egozentrische Selbst- und Weltsicht zu überwinden."[18]

Bärbel Wardetzki unterscheidet ‚männlichen' und ‚weiblichen' Narzissmus aufgrund von Beobachtungen in ihrer klinischen Arbeit[19]. Narzisstische Männer seien eher autonomiebetont, distanziert, demonstrierten ihre Besonderheit, hätten eine offensichtliche Anspruchshaltung und seien sehr am Agieren in ihrem Muster. Narzisstische Frauen fielen erstmal weniger auf, da sie stark in die Anpassung gehen würden, um die ersehnte Anerkennung zu erhalten. Sie vermieden oftmals, im Rampenlicht zu stehen. Sie seien eher symbiotisch anklammernd, gerade in Partnerschaften, und suchten Sicherheit in der Beziehung. Hier handele es sich nicht um eine echte, positive Anpassungsleistung in Bezogenheit auf den anderen oder die andere. Die Grundstörung sei dieselbe wie beim männlichen Narzissmus – es gehe um die Benutzung anderer zur Selbststabilisierung. Unter der offenen männlichen Grandiosität liege die Depression, unter der depressiven anklammernden Haltung weiblicher Formen liege die Grandiosität. Vereinzelt könnten

Männer auch den weiblichen Stil, und Frauen den männlichen Stil des Narzissmus leben. Nichts davon ist echtes bezogen Sein – weder auf sich selbst, mitsamt der eigenen Unzulänglichkeiten und Selbstverlustängste, noch auf andere. Im Zusammenhang mit dem weiblichen Stil des Narzissmus nennt Wardetzki auch die Begriffe eines *verdeckten Narzissmus*, sowie des hier oft beobachtbaren *Co-Narzissmus*, wo meist eine Frau um einen charismatischen, offen grandiosen Mann kreist, und sich selbst damit aufwertet. Beide benutzen einander dann in einem narzisstischen Spiel.

Spekulation über Faktoren der Zunahme von Narzissmus

Beim subklinischen Narzissmus (die Voraussetzungen für eine Persönlichkeitsstörung sind hier noch nicht erfüllt) und beim kulturellen Narzissmus kann spekuliert werden, dass hier weniger nur ein frühkindlicher Schaden als zentrale Ursache mitspielt, als beim pathologischen im Sinne einer Persönlichkeitsstörung. Eine individuelle traumatisierende oder konfliktdurchzogene frühe Kindheit, aber auch eine belastete spätere Kindheit und Adoleszenz macht generell verwundbarer für ein „Suchen nach Stabilität an den falschen Stellen" im späteren Leben. Meiner Vermutung und Beobachtung nach spielen bei der Ausbreitung eines narzisstischen Stils in unserer Kultur auch psychologische Mechanismen wie Lernen am Modell und Identifizierung mit einem solchen Stil in prägenden Familienbeziehungen, Ausbildungsstäten, Subkulturen, Medien etc. eine große Rolle.

Die Entstehung von Narzissmus hat – wie wir gesehen haben – mit einer oder mehreren Sollbruchstellen im Selbst zu tun. Die Bedingungen hierfür finden sich in unserer von Leistung, Selbstperfektionierung und Konsum besessenen Gesellschaft.

Wie beim ganz kleinen Kind, bei dem gerade die Samen von Narzissmus gelegt werden, wenn es sich wieder und wieder nicht wirklich erkannt, echt gespiegelt, vielleicht von Verwöhnung und Belohnung für nicht zu seinem wahren Wesen gehörende, den Eltern aber willkommene Eigenschaften geprägt wird, könnte es ja auch bei den Heranwachsenden und Erwachsenen unserer Gesellschaft sein: Wir sind viel zu wenig in Verbindung mit Mutter Erde, einem ganz selbstverständlichen, natürlichen Gefühl der Verbindung zum Leben und auch zu den Wundern darin, zu Spiritualität, zu echter Liebe und nicht benutzendem Kontakt, natürlichen Lebensgesetzen, wie der Vergänglichkeit und anderen. Wir sind seelisch verarmt und auf der Suche. Überall stoßen wir auf suggerierte Glücks- und Erlösungsquellen, die mit Selbstverbesserung, Leistungssteigerung, Konsum, und – *benutzen* zu tun haben. Wir wollen und sollen uns zu jemand Besonderem machen, uns aus der Menge herausheben. Der Blick auf Interdependenz unserer Spezies als Menschheitsfamilie, basierend auf unserer ersten, gemeinsamen Urzelle, aus der wir alle gleichermaßen stammen, wird im Gegensatz dazu kaum angewendet. Wir sind verwundbar und suchend, und wir finden oft Pseudolösungen mit narzisstischem Touch. Präsidenten mit krankhaft narzisstischen Zügen sind gesellschaftsfähig geworden, weil wir andere Werte haben, andersherum macht die Tatsache des täglichen Erlebens solcher Gestalten aber wieder etwas mit unserer individuellen und kollektiven Brille, und diese wird zunehmend narzisstisch eingetrübt.

Warum ein Bewusstsein für steigende Narzissmuswerte so wichtig ist

Wie würde wohl eine immer noch narzisstischere Gesellschaft mit noch narzisstischeren, nachrückenden Generationen aussehen? Die Forschungsarbeiten von Jean Twenge weisen darauf hin, dass ein solcher Verlauf denkbar wäre. Was hätte dies für Folgen in unserer Welt, wo wir durch Digitalisierung und fortschreitende Wirtschaftsdiktatur, die ausschließlich auf Konsum und Vergnügen setzt, sowieso schon weiter voneinander entfremdet wurden und werden als je zuvor? Auch wenn alles immer globalisierter wird und die Welt zusammenzuwachsen scheint? Wir brauchen gerade in den noch gar nicht abschätzbaren Entwicklungen in den kommenden Jahrzehnten (wir wissen nicht, in welchem Ausmaß wir weiter mit Wirtschafts- und Energiekrisen, kollabierenden Ökosystemen, neuartigen Krankheiten und autoritären Machtstrukturen beschäftigt sein werden) einen kollektiven Geist, eine Gemeinwohl-Ausrichtung, und keine aus rein egoistischen und narzisstischen Interessen agierenden Machthaberinnen, Wirtschaftsbosse, Wissenschaftlerinnen, Influencer, und generell Erdenbürger. Sonst ruinieren wir uns. Mein Sohn mit seinem eher zynischen Menschenbild sagt dazu immer, „um die Menschen wäre es vielleicht gar nicht so schade, wahrscheinlich haben sie es nicht besser verdient. Aber das Schlimme ist, dass die unschuldigen Tiere und die Natur dann mit kaputt gehen – und wir das gemacht haben!". Ich habe diese Haltung schon öfter bei Angehörigen seiner Generation Z gehört. Auch wenn die Narzissmuswerte zu steigen scheinen, ist wahrscheinlich bei größeren Gruppen aus der Jahrtausendwende-Generation mehr Bewusstsein für die Wertigkeit von Ökosystemen, Tieren, Pflanzen vorhanden als bei den durch Nachkriegsmangel und Wirtschaftsboom geprägten älteren Generationen.

Wenn „ich" (und vielleicht die „Meinen") der Dreh- und Angelpunkt der Welt sind, etwas in unseren Augen wirklich Überragendes, ist keine Ausrichtung auf Interdependenz möglich. Das gängige Selbstverständnis, uns Belohnungen durch einen luxuriösen, auf Rücksichtslosigkeit fußenden Life-Style „verdient und hart erarbeitet" zu haben, wirkt sich schädlich auf unsere Psyche, soziale Umgebung und Ökosysteme aus. Denn andere Menschen, aber auch Tiere, z. B. die vom größten Artensterben seit unserer Entstehung[20] betroffenen Insekten der Ökosysteme, die Natur und die Ressourcen der Erde, sind dann nur Objekte. Sie sollen MIR dienen, auf welche Weise auch immer.

Entsprechende, für diese Struktur charakteristische emotionale Reaktionen und Verhaltensweisen wie Neid, Rache, Projektion eigener erlebter Defizite auf andere Einzelne und Gruppen, Empörung, Gut-Böse-Spaltungen und die Neigung zu entweder Idealisierungen oder Entwertungen, machen den dringend notwendigen gesellschaftlichen Dialog unmöglich. Kompetenzen zu Versöhnung, Schuldeingeständnissen, Entschuldigungen, Einfühlung ins Anderssein der anderen mit genau demselben Grundrecht, glücklich zu sein, werden durch den immer selbstverständlicheren kulturellen Narzissmus unterminiert.

Zukunftsforscher weisen oft darauf hin[21], dass durch die Digitalisierung in den nächsten Dekaden nicht mehr in dem Umfang für jeden erwachsenen Menschen bezahlte Arbeit vorhanden sein wird wie bisher. Bezahlte Arbeit für Jeden und Jede war das Credo und Ziel seit Anbeginn der industriellen Revolution. Damals begannen wir, individuelle Freiheit, aber auch starke Leistungsorientierung und Leistung gegen Lohn zu Kernaspekten unseres individuellen und gesellschaftlichen Seins zu machen. Es wird zukünftig vermutlich nicht mehr wie im bisherigen Maße darum gehen können, für sich selbst und die Liebsten ein möglichst gutes Auskommen zu erwirtschaften, und dann ist alles gut. Wenn wir immer noch selbstzentrierter und narzisstischer werden, bedeutet dies immer aggressiveres Konkurrieren um Ressourcen, immer weniger statt mehr Lösungsfähigkeit für die existenziellen Probleme unserer Spezies, eventuell aus Leid und Frustration geborene neue zynische Diktaturen. Es ist nicht utopisch, dass wir dann in die ultimative, menschliche Vollkatastrophe schlittern.

Exkurs: Milarepa

Milarepa, oft der „Herr der Yogis" genannt, ist ein wahrhaft Heiliger im tibetischen Buddhismus. Ich hatte das Glück, eine seiner Stätten am heiligen Berg Kailash in Tibet, an der er lange gelebt hatte, zu besuchen. Dort gibt es eine Höhle, an deren Decke ein Handabdruck ist (immer wieder haben verwirklichte Yogis in Felsen Hand- und Fußabdrücke hinterlassen, sozusagen als Zeichen, dass sie die einengende grobstoffliche Materie und ihre Gesetzmäßigkeiten überwunden haben). Dort soll Milarepa die zu niedrige Decke seiner neuen Behausung einfach etwas nach oben geschoben haben. Auch werden ihm verschiedene weitere außergewöhnliche Kräfte, sog. Siddhis, wie z. B. Fliegen nachgesagt. Er war oft unbekleidet (woran kultivierte Besucher, die von ihm Unterweisungen erhalten wollten, Anstoß nahmen), und es heißt, er habe sich, um keine Zeit für Unwesentliches zu verlieren, lange Zeit ausschließlich von Brennnesseln ernährt, die um seine Höhle herum wuchsen. Deshalb habe er mit der Zeit ein grünliches Aussehen bekommen.

Vor seinem Weg zur Befreiung war dieser Superheilige ein Mörder und Schwarzmagier. Einer, der in der Familie nach dem Tod seines Vaters tiefes Unrecht erfahren hatte, und sich vornahm, dies zu rächen. Eine absolut narzisstische Eigenschaft, genau wie das Macht- und Überlegenheitsstreben über die schwarzmagische Ausbildung. Übrigens gibt es in der Bio-

grafie extremer Narzissten mit antisozialem Einschlag eine Häufung kränkender Erfahrungen in der vulnerablen Kindheit und Jugend. Sowie eine schwache, aber ihr Kind idealisierende, einflussreiche Mutter (siehe auch z. B. die Biografien von Hitler und Stalin). Tatsächlich gelang ihm die Rachenahme auch. Er war mittels seiner schwarzmagischen Kräfte, die er sich – unter höchster Rache-Motivation seiner Mutter, die ihn anfeuerte, sein und auch ihr Unrecht zu sühnen – angeeignet hatte, sehr mächtig geworden. Die Racheimpulse galten v.a. der Tante und dem Onkel väterlicherseits, die in ihrer Gier das Erbe des Vaters an sich gerissen hatten, statt es gemäß seinem letzten Willen einfach zu bewahren, bis Mila erwachsen war. Zudem ließen sie Mila, seine Schwester und Mutter für sich schuften und behandelten sie wie Nutztiere. Als der Onkel und die Tante ein großes Fest anberaumten und dieses voll in Gang war, ließ Mila das Dach des Gebäudes zusammenstürzen, in dem gefeiert wurde. Es begrub 35 Menschen unter sich, und alle erwachsenen Kinder der 2 Hassobjekte kamen mitsamt deren Ehegatten zu Tode. Onkel und Tante überlebten unter seelischen Schmerzen, und hassten umso mehr. Die Dorfgemeinschaft schloss sich gegen Milas Familie zusammen, woraufhin er auf erneutes Drängen seiner Mutter einen Hagelsturm entstehen ließ, der die gesamte Ernte des Dorfes vernichtete, und damit eine große Hungersnot einleitete. Die Mutter war zufrieden – Mila zog von Dannen. Dann begannen ihn Gewissensbisse zu plagen. Er begann einen Ruf zu verspüren nach Läuterung und Befreiung, und machte sich auf die Suche nach seinem Lehrer. Alles sprach dafür, dass dies Marpa, ein verwirklichter Meister und Übersetzer, der Lehren des tantrischen Buddhismus aus Indien nach Tibet gebracht hatte, dafür am geeignetsten war. Als er ihn fand, opferte er Marpa Körper, Rede und Geist, wie es sich gehörte, und bat um Belehrungen. Doch Marpa, der sonst wohl nicht so streng und rüpelhaft vorging, unterzog Mila jahrelang unvorstellbaren Härten, schlug ihn, brachte ihm Ablehnung und Demütigung entgegen, und ließ ihn 3 (!) 10-stöckige Türme aufbauen. Erst der dritte durfte stehen bleiben, die zwei vorigen musste Mila einreißen, als sie fertig waren, statt, wie in Aussicht gestellt, endlich eingeweiht und belehrt zu werden. Doch bei jeder Einweihung, die

Marpa vornahm, wurde ihm erneut verboten, beizuwohnen. Schließlich suchte Mila, tief verzweifelt und erwägend, seinem Leben ein Ende zu setzen, einen anderen, potenten Meister auf, und dieser fing an, ihm Einweihungen und Belehrungen zu geben. Mila verstand die Lehren kognitiv, tiefe Erkenntnisse und Öffnungen blieben ihm aber verwehrt. Die Verbindung zum Lehrer oder der Lehrerin spielt gerade im tibetischen Buddhismus eine ausschlaggebende Rolle, um auch auf Herz- und energetischer Ebene zu tieferen Erkenntnissen kommen zu können. Zudem bekam Marpa mit, dass Mila nun beim Lama Ngokpa lernte, und stellte beide zur Rede. Schließlich erkannte er Milas inzwischen reine Absicht, und die Bereitschaft, sogar sein Leben hinzugeben (wovor Ngokpa ihn bewahrt hatte), wenn er nicht die Grundlagen für das für ihn alternativlos gewordene Leben als Yogi von seinem Lehrer erhalten könne. Zu dem Zeitpunkt, als Mila durch die unvorstellbaren körperlichen Strapazen gegangen war, trotz der vielen Kränkungen und Zurückweisungen bei der Stange geblieben war, so genügend negatives Karma abgetragen hatte, und jetzt am Kapitulieren war, begegnete er ihm fortan voller Mitgefühl. Mila erhielt alle Übertragungen und Lehren, die er brauchte. Dann absolvierte er eine lange Meditationsklausur, anschließend zog er mit Marpas Segen von Dannen. Nach einem kleinen weltlichen Ausflug in sein Heimatdorf, in der Hoffnung, dort seine geliebte Mutter und Schwester wiederzutreffen, die aber nicht mehr da waren, wurde er ein Wanderyogi, zog von Höhle zu Höhle, praktizierte intensiv, und gab die Lehren an die weiter, die den Weg zu ihm fanden (auch an Räuber, die ihn bestohlen hatten, Jäger, Dämonen, die ihn heimsuchten, und indignierte Menschen von Welt, die sich daran stießen, dass er oft nackt herumlief und seiner Erscheinung keinerlei Beachtung schenkte). Auch seine Schwester und die frühere Verlobte fanden ihn, und beschritten den Meditationsweg.

Warum passt Milarepas Geschichte an dieser Stelle? Sie ist nicht nur eine Beschreibung des Wegs von Ego zur Befreiung von Ego, sondern beinhaltet auch eine narzisstische Thematik: Wie bereits zu Beginn angedeutet, erfuhr Milarepa als Junge einen schweren Schicksalsschlag, als sein

Vater plötzlich an einer Krankheit verstarb. Die Verwandtschaft väterlicherseits sollte in einem patriarchalen Gefüge nur auf das Erbe aufpassen, bis Milarepa es wieder selbst verwalten konnte. Stattdessen riss sie es auf kriminelle Weise an sich und versklavte Mila samt seiner Mutter und Schwester. Jahrelang mussten sie zu dritt massive Kränkungen und Ungerechtigkeiten ertragen. Die Mutter – ein wie in vielen Biografien schwerer, antisozialer Narzissten das Unrecht erduldendes Opfer, gleichzeitig den Sohn glorifizierend und Hass und Racheimpulse auf ihn übertragend, spielte eine wichtige Rolle in der Entwicklung von Milarepas Grandiosität, seinem Machtstreben, seinen Rachephantasien. Dies sind alles Merkmale narzisstischer Persönlichkeiten. Interessant ist auch der Weg, der in die Entwicklung hinaus aus Ego und Narzissmus führt. Nachdem Milas Mutter zufrieden war, schwant ihm, dass er Unrecht begangen hat und entscheidet sich, dass dies nicht sein weiterer Weg sein soll. Zu dieser Zeit konnte man neben einem weltlichen Leben bei Schwarzmagiern lernen, bei falschen Meistern mit unreinen Motiven (die es auch heute noch gibt), und bei echten verwirklichten Meistern. Letzteres bedeutete jedoch, dass man begangene schwerste Brüche grundlegender Gesetze des Dharma – und dazu gehört Töten und Handeln aus destruktiv-aggressiven Impulsen heraus – unter großen Mühen abtragen musste. Die Härten und Abweisungen, die Marpa Milarepa zumutete, bis dieser nicht mehr konnte und lebensmüde war, erscheinen grausam. Es heißt aber immer wieder, dass Marpa genau wusste, wie er vorgehen musste, und dies nicht aus eigenen Ego-Motiven getan hatte: „Um die Verdunkelungen deiner negativen Handlungen zu bereinigen, habe ich dich die vier Türme des Befriedens, Vermehrens, Kontrollierens und Zerstörens bauen lassen. Obwohl ich dich viele Male mit verschiedenen Grausamkeiten gestraft habe, wie zum Beispiel, dich aus den Ermächtigungen hinauszuwerfen etc., hast du niemals negative Gedanken entwickelt…“[22]

Auf diesem harten, ihn bis an seine Grenzen bringenden Weg, hat Milarepa schließlich seine Grandiosität, seine Kränkungswut, sein getrieben Sein von Macht, Rache und Sühne, überwunden. Es zeigte sich auch, dass dabei keine kommoderen Umwege möglich waren – wie zum Beispiel der Versuch, mit einem anderen Lehrer auf behaglichere Weise zum Ziel zu kommen.

Sogenannte „gesunde Frustrationen" spielen auch heutzutage in der Narzissmustherapie eine große Rolle. Ist eine hinreichend stabile therapeutische Beziehung entstanden, reichen empathische Interventionen nicht aus. Es müssen Frustrationen und Kränkungen erfolgen – auch wenn nicht so gnadenlos wie bei Milarepa. Sehr narzisstische Patienten und Patientinnen wechseln leicht das Therapie-Setting, wenn es anfängt unbehaglich zu werden. Oft braucht es eine Vielzahl an Schicksalsschlägen im Leben und eine finale Einsicht, mit immer neuen, schonenden, missbräuchlichen und bauchpinselnden therapeutischen und persönlichen Beziehungen einfach nicht herauszukommen aus dem eigenen Schlamassel. Die Erfolgsquote ist vergleichsweise gering, und ohne großes Leiden gibt es in der Regel keinen Weg. Auch Suizid ist für sehr narzisstische Persönlichkeiten meist ein ultimativer Ausweg – der hier aber neben der Verzweiflungstat auch als selbstbezogener, heroischer und strafender Akt erfolgt.

Gemeinsamkeiten und die Unterschiede von Narzissmus und Ego

Wie wir schon gesehen haben, sind Ego und Narzissmus artverwandt. Der buddhistische Ego-Begriff umfasst mehr als der Narzissmus-Begriff, und Narzissmus funktioniert durch die Prozesse der Egoverdichtung. Thematisch ist der Narzissmus charakterisiert durch Hyper-Selbstwert, Selbstzentriertheit und Empathiemangel, und durch Hyper-Geltungs- und Anerkennungsstreben. Egoprozesse sind ebenfalls durch Selbstzentriertheit charakterisiert, die durch ein fehlendes Bewusstsein für die Realität der Interdependenz und Vergänglichkeit von allem, was wir sind und erleben, entsteht.

Ein Grund, warum ich den Narzissmus hier gesondert darstelle und mit dem Thema Ego & Buddha-Natur verbinde, ist, dass es wohl unmöglich ist, zu einer größeren Sicht auf unsere wahre Natur zu gelangen, wenn wir in der Psychodynamik des Narzissmus feststecken. Wie auch schon viele psychologisch und buddhistisch geschulte Meditationslehrer wie z. B. Mark Epstein betonten, können wir mit einem brüchigen Selbst und einem von Haus aus defizitären Ich keine Transzendenz unserer inneren samsarischen Verstrickungen erreichen. Es wäre für unseren „psychischen Apparat" viel zu gefährlich, sich in diesen Bereich hinein zu öffnen, weil der psychische Selbstverlust droht, der etwas anderes ist als die spirituelle Egotranszendenz. Durch narzisstische Mechanismen wird dieser Selbstverlust ständig abgewehrt, weil, wie wir gesehen haben, das Selbst (die entwicklungspsychologisch wichtige, gute Identität mit einer körperlichen, emotionalen und mentalen Selbstwahrnehmung, -wirksamkeit und -wertigkeit) dort brüchig geblieben ist. Wenn wir mit einem brüchigen psychologischen Selbst bestimmte Substanzen oder wahrnehmungsverändernde Meditationen und Praktiken nutzen, können wir psychotisch werden – was sicher niemand möchte. Psychose ist ein massiv bedrohlicher Zustand, in dem Betroffene unglaublich leiden, da sie durch den Realitätsverlust mit sich und v.a. auch der Umwelt überhaupt nicht mehr zurechtkommen. Ebenso die Umwelt in der Regel nicht mit ihnen, so dass hier eine ultimative Abtrennung und Isolation erlebt wird. Es braucht ein gefestigtes, stabiles Selbst und ein gesundes, zur Regie fähiges Ich, um dann die Selbsttranszendenz voranzutreiben, zu erleben und zu erlauben. Dabei können wir dem ganzen inneren Prozess betrachtend zusehen. Natürlich können Erfahrungen von Weitung und den sich auf dem Meditationsweg erschließenden, völlig neuen Räumen dann immer noch überwältigend, angstauslösend, jenseits von Kontrolle (neben befreiend, beglückend, befriedend etc.) sein. Aber wir drohen nicht mehr lebensunfähig, bar unserer Selbststeuerung, psychisch krank zu werden.

Wenn wir unser Außen- und Innenleben sehr stark über Ego-Prozesse zu bewältigen versuchen, sind wir nicht wirklich resilient gegenüber Belastungen und Krisen. Unsere Mechanismen sind zu starr und auf (Wieder-)Herstellung von Sicherheit und Komfort ausgerichtet. Was, wenn dies gerade nicht in unserer Hand liegt? Wenn wir dazu noch stark narzisstisch strukturiert sind, sind wir nochmals anfälliger, auch wenn wir immer so souverän, charismatisch und mächtig wirken. Sind wir psychisch durch ursprüngliche oder nachholende Reifungsprozesse des Selbst gegangen, haben ein genügend handlungsfähiges Ich als Steuerungszentrale gebildet, und sind durch Herzens- und Geistesschulung etwa im Sinne des folgenden Kapitels freier und offener geworden, werden wir krisenfester: Wenn das Leben anders läuft als gewünscht (und das wird es immer wieder tun – bis zuletzt), und Verluste, Krankheiten, finanzielle Krisen, Konflikte privater oder beruflicher Art, oder globale Krisen auftauchen, werden wir dies nicht schmerzfrei durchlaufen, jedoch beispielsweise wesentlich loslassender den Unwägbarkeiten des Lebens gegenüber sein. Wir werden deutlich weniger in Widerstand gegen die momentane Realität geraten, und wenn doch, dies bald erkennen, kein Drama daraus machen, und dann wieder mit dem Leben gehen können, wie es ist. Durch die Bewegungen des Lebens werden wir nicht dauerhaft brüchiger wie beim Scheitern in narzisstischer und Ego-gefärbter Abwehr, im Gegenteil: Unsere grundlegende Gelassenheit wird dadurch immer noch tiefer. Wir bewegen uns in einem Bewusstsein gemeinsamen Mensch-Seins, in dem wir Erfahrungen machen, die nicht nur unsere eigenen sind und nicht nur uns gehören. In Krisen fallen wir nicht mehr komplett aus der Fähigkeit zu Selbsttranszendenz und Mitgefühl, kreisen nicht mehr nur um uns selbst, unser Problem und unser Wohl.

Da wir Menschen in der Regel erst durch massiven Leidensdruck auf die Suche nach psychologischem oder spirituellem Wachstum gehen, könnte das auslösende Moment bei jemandem mit starker Ego-Verhaftung beispielsweise sein: Er erlebt eine Häufung von belastenden Lebensereignissen, die durch seine Abwehrmechanismen bzw. Egoprozesse nicht mehr aufgefangen werden können. Das könnte ein so noch nicht erlebtes gesundheitliches Problem sein, oder mehrere zusammen, die ihn in eine längere Arbeitsunfähigkeit zwingen; das Trainieren im Fitnessstudio wie früher geht nicht mehr, auch seinen phasenweise starken Alkoholkonsum muss er einstellen, wenn körperlicher noch bei Kräften und Gesundheit bleiben möchte. Durch den längeren beruflichen Ausfall bricht ein wichtiger Identitätsbaustein weg, man geht anders mit ihm um, in einer Mischung aus Schonung und Bevormundung. Er fühlt sich abgehängt. Seine Potenz lässt nach, er ist körperlich gebrechlicher, es ist schwieriger, Frauen für sich zu gewinnen. Er begegnet Krankheit, Alter, nachts beschäftigen ihn zunehmend Gedanken an den Tod, und dass es vielleicht gar nicht mehr so lange dauern wird bis dahin. Er hat sich bisher möglicherweise immer als unreligiösen, atheistischen Menschen gegeben. Aber sind solche Gedanken an seine Endlichkeit und den Sinn von allem, was gerade geschieht, nicht per se religiöser oder spiritueller Natur? Wie gehen eigentlich andere mit Krankheit und Endlichkeit um? Irgendwie fällt ihm das Buch *Der Mönch, der einen Ferrari fuhr* in die Hände – und etwas in ihm bewegt ihn, sich in einen Vortrag über Zen-Buddhismus und Meditation zu setzen (niemals hätte er so etwas vorher auch nur in Erwägung gezogen), den ein alter christlicher Pater und zugleich Zenmeister in der Kirche um die Ecke hält. Vielleicht fängt er Feuer und beginnt mit einer einfachen Meditationspraxis – die ihm hilft, zunehmend zu erkennen, dass seine Krise eine große Chance bietet, und dass es ganz andere Brillen auf sein Leben, seine Beziehungen etc. gibt.

Jemand mit stark ausgeprägtem Narzissmus könnte etwa auf folgende Weise auf die Suche und zur inneren Arbeit gelangen: Zufällig begegnet sie einer früheren Affäre in einem Straßencafé. Dieser hatte damals sehr gelitten, als sie die beginnende Beziehung relativ abrupt beendete, weil sie einen gutaussehenden, vermögenderen, vordergründig in allem souverän und erfolgreich durchs Leben gleitenden Mann kennen gelernt hatte. Allerdings war er ständig dabei fremdzugehen, wie sie eines Tages herausfand. Die zufällige Begegnung ist ein Schockmoment: Der ehemals Verlassene hat eine zugegebenermaßen sympathisch wirkende Frau an seiner Seite; die Beiden wirken glücklich, bei ihr zeichnet sich ein Babybäuchlein ab. Immer wieder hatte die Protagonistin überlegt, ob sie zu diesem Mann zurückkehren solle, es nochmal mit ihm probieren – eigentlich war er ja ein attraktiver Fang und eine gute Partie. Doch sie hatte den Impuls nicht umgesetzt – und jetzt dieser Schock! Ist sie wirklich ersetzbar? Sie beginnt ihre Lebensführung zu reflektieren: Ehrlicherweise stets innerlich die Sehnsucht nach genau einer solchen Situation in sich tragend, wie sie sie gerade außen vorgeführt findet. Als dann noch eine gute Freundin Klartext redet – sie hatte sich in letzter Zeit irgendwie verändert und ließ sie nach den seltener gewordenen Treffen jeweils irgendwie irritierend verunsichert zurück – bricht sie ein. Eine Weile kann sie noch ihren Arbeitskontext aus ihrer zunehmenden, von Selbstzweifeln und Wutattacken durchzogenen depressiven Lebenskrise heraushalten, ist härter und unberührbarer als je zuvor. Irgendwann funktioniert auch das nicht mehr, und ihr Umfeld bekommt ihre Augenringe, ihr inneres Wackeln, ihre zunehmende Kraftlosigkeit und Unlebendigkeit mit. Und – weil das ganze Feld, in dem sie sich beruflich bewegt, narzisstisch geprägt ist – nutzen die Frauen und Männer um sie herum ihre neue Schwäche gnadenlos aus. Was die Abwärtsspirale beschleunigt. Sie ringt sich zu einer Psychotherapie durch – was sie zunächst als sehr kränkend empfindet und immer wieder infrage stellt. Glücklicherweise ist sie bei einer Therapeutin gelandet, die ihr grundlegend Sympathie und Empathie entgegenbringt, aber auch so konfrontativ ist, dass sie in den Spiegel schauen muss, um ihrem Fassaden-ähnlichen Größenselbst und den Unsicherheiten und der Leere dahinter auf die Spur zu kommen. Irgendwann beginnt sie, auf die spirituelle Suche zu gehen, ganz anders als bisher, wo sie die tollsten Yogalehrer, Life Coaches und Gurus einfach in ihr Besonderheits- und Größenspiel eingebaut hatte, ohne dass es unbehaglich für sie wurde. Was sie bei der Stange hält auf dem Übungsweg – und das ist für sie sehr schwer – ist die Erinnerung an die Zeit der kränkenden Konfrontationen, in denen sie erkannt hatte, dass sie sich mit ihrer Selbstoptimierungs-Fassade und ihrem Kampf um Macht und Anerkennung selbst etwas vormacht. Dies kann sie nicht mehr wirklich vergessen, auch wenn sie noch eine Weile immer wieder auf das alte Bewunderungs-Besonderheits-Spiel zurückgreifen wird, um erneut und nicht ohne Schmerzen daraus aufzuwachen.

Egal, wie weit wir aus unserem Narzissmus herausgewachsen sind oder noch tief darin stecken, wie weit wir uns von Egoprozessen befreit haben oder uns noch fest in deren Griff befinden, wir alle müssen spätestens zum Todeszeitpunkt unser Selbst und das Ich loslassen, transzendieren. Ich weiß, es gibt religiöse Weltanschauungen, wo „die Seele" als fortbestehend angesehen wird – „man" kommt in die Hölle, ins Fegefeuer oder in himmlische Gefilde. Im Buddhismus wird ja auch davon ausgegangen, dass wir, weil wir unseren Körper bewohnen wie ein wertvolles Fahrzeug, oder für eine Reise in einem körperlichen Hotel abgestiegen sind, einen in irgendeiner Weise fortbestehenden Geist haben. Wie ich neulich nochmal ganz klar in einem Seminar mit Dolpo Tulku Rinpoche[23] vernahm, geht es hier aber um nichts, was irgendeine Festigkeit besitzt. Was wir buddhistisch gesehen nach dem Tod mitnehmen, sind nicht „wir". Es sind karmische Samen, gute und schlechte, und eigentlich vor allem gewohnheitsmäßige Tendenzen unseres Geistes. Dolpo Tulku sagte, dass es sogar so sei, dass – weil diese Tendenzen auch dem vorher beschriebenen, ungeborenen, unvergänglichen Raum entspringen – diese zerfallen, sich auflösen, wenn der Geistesstrom den Körper verlassen hat – und dann wieder als Gewohnheiten entstehen. Sie sind also nicht durchgängig da. Aber auch nicht weg. Und sie sind das, was wir in diesem Leben mit unserem „Mindset" kultiviert haben. Wenn wir zumindest halbwegs verstanden haben, dass da nur dieses „leere Haus" reinen Gewahrseins fortbesteht (dieses Bild von Vimalamitra wird im Kapitel 4 nochmals aufgegriffen), und aus Erfahrung heraus Vertrauen in diese Grundwahrheit gewachsen ist, wird dieses Vertrauen auch immer wieder da sein, wenn sich ein Geistesstrom verdichtet, und wir können uns entspannen – was auch immer uns nach dem körperlichen Tod begegnet.

Dieses Loslassen ins „ohne *mich* sein" wird mit dichtem Ego und viel Narzissmus vermutlich große Angst machen und Widerstände hervorrufen. Es geht nicht anders, als durch immer erneuten Leidensdruck das eigene Leidens-Gefängnis vorgeführt zu bekommen. Mit der großen Chance auf ein tieferes Erkennen, dass Transformation und Befreiung im Innen stattfinden müssen. Und dafür lieb gewonnene Identitäten, Konzepte, Gewohnheiten und manipulative Spiele über einen schmerzhaften Prozess des Verzichts losgelassen werden müssen. Glücklicherweise ist dieser zwischendurch aber auch begleitet von der neuen Erfahrung einer unzerstörbaren inneren Weisheit, Freiheit und Liebe.

4. Buddha

„Im ursprünglichen Zustand Kuntuzangpos[1] *können wir gut und schlecht weder unterscheiden noch definieren; wir können nicht einmal eine Vorstellung davon formulieren. Wenn wir hier sagen, dass alles gleich ist oder dass nichts gut oder schlecht ist, sprechen wir dabei von der Ebene der absoluten Wahrheit her. Auf der relativen Ebene existiert in der Tat alles als gut oder schlecht, rein oder unrein. Wir müssen diese beiden Wahrheiten gleichzeitig erkennen und anerkennen."* (Dudjom Rinpoche,[2])

„Spüren Sie die grenzenlose Weite. Galaxien wirbeln im Universum, und das Leben wird immer wieder neu. Es ist nicht Ihr Körper, sondern der Körper der Ewigkeit, um den das Bewusstsein der Ewigkeit weiß. Alles ist immer jetzt." (Jack Kornfield,[3])

Buddha-Natur, Egolosigkeit, wahre Natur, Natur des Geistes, Grund des Seins – was ist damit gemeint?

Sehr viele Menschen haben schon einen, oder gar ein paar Momente plötzlicher Bewusstseinserweiterung erlebt, in denen auf einmal eine kosmische, alles durchziehende Liebe, die Auflösung des normalerweise abgetrennten, isolierten Selbst und der normalerweise stattfinden dualen Wahrnehmung von greifen-ablehnen-ignorieren, und ein Einssein mit allem geschaut und gespürt wurde. Nehmen Sie sich etwas Zeit, um auf Ihrer Lebenslinie zurückzugehen. Gab es in Ihrem Leben eine solche Erfahrung bereits? Zum Beispiel in der Natur, bei der Geburt

Ihres Kindes, als jemand gestorben ist, in einem Schockmoment, beim Orgasmus, oder beim Beten oder Meditieren? Das Jetzt fühlte sich vielleicht zeitlos, ewig an – und die Situation und Ihr Sein war nichtbedingt, grundlegend gut. Vielleicht war da auch eine unglaubliche Liebe, ohne Richtung, Subjekt und Objekt, gegen die die Liebeserfahrungen unter Menschen nur noch als kleiner Abklatsch erschienen?

Die buddhistische Psychologie geht davon aus, dass wir alle, ganz egal, wie neurotisch, psychotisch, dement oder persönlichkeitsgestört wir gerade sind, eine innerste, gesunde Natur haben. Dies geht über westliche Konzepte wie des „Kernselbst" hinaus, welches ebenfalls als gesund, unverletzt, und wieder zugänglich machbar gesehen wird. Die buddhistische „grundlegende Gesundheit", „Natur des Geistes" oder auch „Buddha-Natur" transzendiert das Individuum. Es geht hier um die Erfahrung von einem dem Bewusstsein zugänglichen „leuchtenden Urgrund", aus dem alles entsteht, und in den alles wieder vergeht. Auch unser an diesen Körper gebundenes Bewusstsein, die emotionalen positiven und negativen Erfahrungen, und all das, was „es" zum Beispiel in einer Meditation immer wieder in uns denkt, obwohl wir eigentlich von unserem diskursiven Geist Abstand nehmen wollen. Die Buddha-Natur gilt – wie alles – als leer. Sie gilt als ungeborene, unvergängliche Quelle von allem, was wir erfahren, was entsteht und vergeht. Obwohl sie leer ist, hat sie bestimmte Qualitäten. Diese werden in verschiedenen Traditionen unterschiedlich beschrieben, immer dabei ist jedoch ursprüngliche Reinheit, Frieden/Gleichmut, alles durchdringende Liebe/Mitgefühl, leuchtende Leerheit, Raumhaftigkeit, Glückseligkeit, Unzerstörbarkeit. Wird sie erfahren, überwinden wir unser Pendeln zwischen Zuständen von Hoffnung und Furcht, unsere falschen Vorstellungen über uns, unsere Existenz und die Welt, und erschaffen kein neues Karma mehr, weder negatives noch positives. Wenn wir die Natur des Geistes erfahren, haben wir auch unsere karmischen Auswirkungen, denen wir unterliegen, und unsere emotional-mentalen Gewohnheitsmuster überwunden. Wir sind ihnen nicht weiter ausgeliefert. Wir befinden uns nach Vimalamitra[(4)] in einem leeren Haus – wir sind dieses Haus. Wenn Diebe eindringen, finden sie nichts zu stehlen und gehen unverrichteter Dinge wieder von dannen. Das Haus muss sich nicht sorgen um die gedanklichen und emotionalen Diebe – es weiß um deren Substanzlosigkeit. Es hat sich gewöhnt an das ständige Kommen und Gehen – und vertraut dieser Substanzlosigkeit inzwischen. Es ist auch nicht mehr abhängig von Entspannung und Stille, die gerade am Anfang eines Meditationsweges oft gesucht und stellenweise gefunden werden, aber irgendwann auch wieder vollständig losgelassen werden müssen. Ansonsten bleibt man an der Dualität von Erfahrung hängen und kann nicht endgültig frei werden.

Um nochmal zum Anfang des Buches zurückzukommen: Bei Padmasambhava hieß es, es herrsche in unserer Zeit, diesem vielfach vorhergesagten, dunklen Zeitalter des Disputs, unter anderem große Verwirrung in Bezug auf unser Menschsein. Es ist uns enorm erschwert, das zu erkennen, was wir wirklich sind und wovon in diesem Kapitel die Rede ist. Spiritualität und Mystik sind in unserer materialistischen Welt und in unserem Bewusstsein erst einmal kaum präsent. Wir müssen auf die Idee kommen, danach zu suchen. Bei unserer Suche fallen wir vielleicht auf falsche Versprechungen von Gemeinschaften und spirituellen Figuren herein, die nicht leben, was sie lehren. Wir geraten in eine Co-Abhängigkeit und nehmen Schaden, oder wenden uns gänzlich enttäuscht ab und geben auf. Natürlich sind wir selbst mitverantwortlich, wenn uns so etwas passiert. Wenn wir auf eine authentische Lehrerin oder einen echten Lehrer treffen – die es in buddhistischen, mystisch-christlichen, hinduistischen, sufistischen, mystisch-jüdischen, mystisch islamischen, naturreligiösen, und anderen Traditionen gibt, und uns auf den Weisheitsgeist-Herzgeist-Weg machen, zieht uns die Welt mit ihren nie gekannten Verlockungen, Versprechen und Anforderungen immer wieder in ihren Bann. Vielleicht nutzen wir unseren Erkenntnisweg auch als Wohlfühl- und Glücksquelle, und gehen nicht tief genug. Oder wir stürzen ab, wenn wir durch dunkle Nächte der Seele gehen, die zu so einem Weg dazugehören. Wirklich in die Tiefe zu gehen, heißt über uns hinauszugehen. Konsequenz auf Wegen spiritueller Erkenntnis lohnt sich wirklich! Die immer wieder neuen Krisen unserer Welt, und unsere ganz persönlichen, können auf diesem Boden ganz anders genommen werden.

Im Wahrnehmen der absoluten Natur ist es vollkommen in Ordnung, aus unserem Selbst und diesem Körper „herauszusterben", egal ob wir geistig oder körperlich sterben: Es gibt keine abgetrennte Selbstwahrnehmung mehr, wir sterben einfach inmitten unserer Erfahrungen wieder und wieder. Das ist kein kognitives Loslassen, sondern ein tiefes Verstehen, dass dieses geboren Werden-Erscheinen-Vergehen das ist, was in uns selbst, in allen und in unserer Welt ununterbrochen geschieht. Und dass es absurd ist, sich noch an irgendetwas festzuklammern. Buddhistische Lehrerinnen und Lehrer bemerken hier immer wieder, dass das nicht heißt, dass man sich hemmungslos und destruktiv verhalten kann, weil alles sowieso egal ist. Ein solcher Nihilismus ist ein Missverständnis. Wir stehen in Beziehung zu Mitmenschen, Tieren, Ökosystemen der Erde und zum Kosmos darum herum, und auf der relativen Ebene müssen wir heilsames Wirken anstreben, unheilsames dagegen reduzieren. Auf der absoluten Ebene, um die es in diesem Kapitel geht, wird all das transzendiert. Es geht aber nicht ohne die relative.

Es ist etwas verwegen, über die wahre Natur zu schreiben – zum einen, wenn man bislang nur ein „Geschmäckle" davon kosten durfte, und zum anderen, weil sie sich mit Worten nicht beschreiben, und über Verstandeskonzepte weder durchdringen, noch herstellen lässt. Wenn wir sie erkennen dürfen, wurde das nicht hergestellt – ein Ergebnis ohne Erreichen. Immer, wenn große Lehrerinnen und Lehrer über die wahre Natur des Geistes lehren oder schreiben, werden die Worte verwirrend, paradox, der Verstand beginnt sich zu verknoten (meiner zumindest fast immer). Und dennoch sind die mystischen, paradoxen Darstellungen – wie zum Beispiel *„Nichtmeditation", „nicht wissen und wissen zugleich", „voller leerer leuchtender Raum", „ungeboren und unvergänglich", „jenseits von Samsara und Nirvana und beides zugleich"* erhellend. Sie können Kurzschlüsse im analytischen Denken erzeugen, und laden uns ein, eine darüber hinaus führende Ebene zu erahnen, und darüber zu staunen. Begegnen können wir der Buddha-Natur nur über Erfahrung – ungemachte, direkte Erfahrung. Nicht über Nachdenken. Kontemplieren der entsprechenden Darstellungen kann uns ihr näherbringen, sie aber nicht hervorrufen. Oft wird in buddhistischen Schriften auch einfach vom „natürlichen Zustand" gesprochen.

Wie wäre denn die Welt, wenn Angehörige unserer Spezies mehr um diesen natürlichen Zustand wüssten, und ihn begriffsgemäß als Grundlage von allem empfinden könnten? Wenn wir noch keinen Zugang zu dieser grundlegenden Art, im Leben zu sein, haben, oder ihn nicht bewusst herholen können, könnten wir dennoch kognitive Brücken anwenden. Genauso wie jemand, der von klinischem Narzissmus betroffen ist, zumindest auf kognitiver Ebene lernen kann, sich einzufühlen in die Denkweisen und die „Brillen" des Gegenübers auf die Welt. Emotionale Empathie dagegen in die Gefühlswelt der anderen ist bei dieser Struktur sehr schwierig und langwierig. Solche kognitiven Brücken zur wahren Natur sind aufweckende *Erinnerer*, die uns aus der uns eigenen Verdrängung und

Leugnung holen: Es ist beispielsweise ein wissenschaftlich erwiesener Fakt, dass unser so kompakter Körper vor allem aus Raum besteht – weil die ihn bildenden Atome zu 99,9 % aus leerem Raum bestehen[5]. Lassen Sie einmal auf sich wirken, wie Sie darauf reagieren. Quantenphysiker und -physikerinnen entdeckten im auslaufenden 20. Jahrhundert immer verstörendere neue Realitäten über kleinste Teilchen – aus denen wir auch bestehen – und Felder, in denen wir uns bewegen. Manche Vertreterinnen der Quantenforschung leiten aus ihren Ergebnissen ein unabhängig von Raum und Materie existierendes Bewusstsein ab. Dieses könne in Verbindung mit einem Körper sein, aber auch Körpergrenzen sprengen, oder den Körper verlassen. Professor H. P. Dürr vom Max Planck Institut schrieb den folgenden Satz: „Was wir Diesseits nennen, ist im Grunde die Schlacke, die Materie, also das, was greifbar ist. Das Jenseits ist alles Übrige, die umfassende Wirklichkeit, das viel Größere." [6] Die kleinsten Teilchen, aus denen all unsere materielle Wirklichkeit besteht, sind auf subatomarer Ebene nicht nur handfest materiell, sondern können sich in Wellen transformieren, und umgekehrt. Dass eine unbestimmte, unseren herkömmlichen physikalischen Gesetzen nicht unterliegende Welle die Form eines beobachtbaren Teilchens annimmt, hat offensichtlich mit der Beobachterin selbst zu tun, und ihrer fokalen Aufmerksamkeit. Im Qi Gong und Tai Chi heißt es schon seit vielen Jahrhunderten, „die Energie folge der Aufmerksamkeit". Nach der Quantenfeldtheorie beeinflussen Felder Quantenobjekte[7]; das macht greifbarer, wieso zum Beispiel aus meiner Erfahrung nach einem längeren Meditationsretreat für eine Weile viele Hindernisse aus dem Weg geräumt scheinen, sich alles leichter anfühlt und die Dinge im Flow sind. Auch der Dalai Lama initiierte dazu zahlreiche Kongresse und Dialoge zwischen Spiritualität und Wissenschaft. Was er, genauso wie andere tibetisch-buddhistische Lehrerinnen und Lehrer jedoch anmahnt, ist die Gefahr, dass beim Faszinosum Quantenwelt Liebe und Mitgefühl vergessen werden. Mitgefühl gilt als nicht wegdenkbarer „Flügel des Erwachens". Oft wird dieses sogar als wichtigster Fokus des buddhistischen Meditationsweges angesehen.

Wie blicken wir auf die Welt? Mechanisch, bezogen auf Sicherheit, Überleben und Komfort, oder offener? Sehen wir allumfassende Liebe, die diejenige zu unseren Liebsten übersteigt, als töricht und naiv an, und den Tod als Artefakt? Oder streben wir nach Erkenntnis, die über unser beschränktes und beschränkendes Selbst hinausreicht?

Wir stammen alle (Menschen, Tiere, Pflanzen) aus derselben Urzelle, die auf einmal da war[8]. Vorher waren da Gase und kosmischer Staub als Basismaterial, aus dem diese entstand. Wir sind alle miteinander verwoben und aus demselben Stoff. Wie konnte plötzlich Leben auf diesem unserem Planeten entstehen? Forscher versuchen, dieser Frage immer tiefer auf den Grund zu gehen, doch es gibt nach wie vor mehrere Erklärungsversuche dazu. Auch die Entstehung der Erde an sich ist schon ein Wunder, die zusammen mit unserem Sonnensystem genau so beschaffen ist, dass wir auf ihr leben können – hoffentlich noch eine ganze Weile. Spätestens wenn die Sonne verglüht – dass sie das in beträchtlicher Zeit tun wird, ist fast schon Allgemeinwissen – wird Leben in der jetzigen Form auf der Erde nicht mehr möglich sein. Wenn ein Komet unseren Planeten trifft, und darauf haben wir keinen Einfluss und können dies auch nur bedingt vorhersagen, gibt es uns in unserer materiellen Form ganz plötzlich nicht mehr. Gelegentlich gibt es in den Medien Meldungen, dass gerade ein Komet im Anflug sei, oder „uns" knapp passiert habe.

Was ist der Tod? Was ist die Liebe? Jenseits des Messbaren? Wer stirbt? Wer liebt?

Auf jeden Fall würde der Blick durch die Brille des natürlichen Grundes des Seins vieles aus unserem Leben relativieren. Wenn das Einzige, was bleibt und ungeboren/unvergänglich ist, das eigenschaftslose Gewahrsein der Umstände, Geschehnisse, Wahrnehmungen, Empfindungen, Emotionen und Gedanken dazu ist, dann gäbe es vermutlich und logischerweise weniger Gier, Streben, greifen und festhalten Wollen von Dingen und Beziehungen, viel mehr Sein im Augenblick, hier und jetzt, und weniger Abgeschnittensein von der Menschheitsfamilie, der Erde und dem Kosmos. Durch diese Brille schauen hieße, nicht weiter in der eigenen Ego- oder Narzissmus-Blase wohnen zu können. Der Blick wäre weiter und verantwortlicher.

Oft gab es im Leben erwachter indischer, tibetischer oder Zen-Yogis und Yoginis einen vom Meister oder der Meisterin spontan hervorgerufenen Schock-Moment, der dann nach langer Vorbereitung den erwachten Zustand bewirkte, der wiederum die wahre Natur erkennen ließ. In *Das Gehirn eines Buddha* erklärt Rick Hanson neurobiologisch, wie auf einem Weg meditativen Geistestrainings sich nach und nach das Gehirn verändert. Sowohl die Gehirnwellen im EEG verändern sich, als auch neuronale Netzwerke und Reaktionsmuster bestimmter Gehirnareale, die für Aufmerksamkeit, Planung, Absicht, Lösungsfindung, Erkenntnis, die Erfahrung von Weiträumigkeit, und für unsere Emotionalität und unsere Reaktionen auf diese zuständig sind. Was mich dabei besonders fasziniert, ist die Tatsache, dass bestimmte Meditationstechniken nicht nur bewirken, dass wir unseren extremen Gefühlen wie Angst oder Aggression nicht mehr so ausgeliefert sind, weil „ältere und primitivere" Areale wie das limbische System im Zwischenhirn, mit seiner bedeutungsvollen Amygdala, durch Zentren in der Großhirnrinde gehemmt werden. Sondern dass im Zustand von Gleichmut – und das ist eines der wichtigsten Charakteristika der höchsten Erleuchtungsstufe –

im Gehirn dieselben limbischen Reaktionsmechanismen ablaufen, wie bei ungeübten, ihren emotionalen und gedanklichen Reaktionen erliegenden Menschen. Gleichzeitig werden durch das Zusammenspiel von 4 für den Zustand von Gleichmut wesentlichen, trainierten und dadurch anders fungierenden Hirnarealen die im limbischen System stattfindenden Reaktionen (etwa auf Stress, Konflikt) schlichtweg ignoriert. Es läuft dasselbe ab wie in der emotionalen Reaktion des Alltagsverstandes, aber die Hauptsteuerungszentrale bleibt davon unbeeindruckt, ist nicht mehr reaktiv[9]. Für mich ist das ein sehr inspirierendes Bild, was sich genau mit der Erfahrung tiefer Shamatha Vipassana und Dzogchen-Zustände, in denen zumindest Ausschnitte der absoluten leeren Natur geschaut werden, deckt. Es finden Gedanken und Gefühle statt, aber sie lösen keine weiteren Wellenschläge aus, sondern fallen wieder in sich zusammen. Deshalb kann in diesem Modus verstanden werden, dass sie keine konstante Wirklichkeit besitzen. Jedoch begegnen wir dabei etwas anderem, was immer wieder aufleuchtet, wenn das Zusammenfallen erfolgt und bemerkt wird. Eben dem, was ungeboren und unvergänglich ist und in unendlicher Kreativität Leben, Erfahrungen etc. gebiert.

Doch wenn wir sie einmal erblickt haben, unsere Buddha-Natur und die Leerheit aller Dinge von inhärenter, andauernder Existenz als eigenständige, nicht in größere Zusammenhänge eingeflochtene und mit allem verbundene Entität, droht bereits die nächste Falle: Wir wollen diese Wahrnehmung behalten, fixieren. Sie wieder loszulassen, ist Teil des Übungsweges. Nagarjuna – einer der größten Meister des tantrischen Buddhismus[10] – sagt: „Die Leerheit ist leer von Leerheit". Damit zersprengt er erneutes Greifen (nach der Leerheit), wenn man sich dieser annähert, weil dies wieder an der vollständigen inneren Befreiung vorbeiführen würde. Er weist mit diesem Ausspruch auch auf die Unermesslichkeit der Buddha-Natur hin, der wir uns mit Beschreibungen oder Vorstellungen immer nur annähern können.

Überwindung von Ego und Egolosigkeit

„Bless me, that I might single-pointedly pursue it´s essence" *(Segne mich, dass ich geradlinig dessen Essenz verfolge)*[11]

Selbst noch fern davon, für längere Zeit in Egolosigkeit oder wahrer Natur zu verweilen, die nach den Lehren Buddhas, Padmasambhavas und wirklich erleuchteter Wesen in Jedem und Jeder von uns steckt, und nur jenseits von Verstandes-Wissen erkannt werden kann, schreibe ich nun trotzdem über Egolosigkeit. Dabei berufe ich mich auf Belehrungen und Erzählungen spiritueller Lehrerinnen und Lehrer, sowie kürzere meditative Erfahrungen auf dem eigenen Übungs- und Erkenntnisweg.

Egolosigkeit und Buddha-Natur entdecken ist wie ein Lüften von Schleiern, die wir vielleicht noch nicht einmal bemerkt haben. Oder ein plötzliches Eintreten in einen klaren Zustand. Als würden wir am Morgen auf einmal ungeahnt auf eine neue Art und Weise, mit einem anderen Blick aufwachen. Einem Sein in leuchtender Präsenz, wie der Zugang zur wahren Natur oft erfahren wird – ein riesengroßer Ahaaaa-Moment von „so ist das". Das Bewusstsein der eigenen Egolosigkeit ist dabei tief im Herzen spürbar, voll nichtanhaftender, nichtunterscheidender, liebevoller Präsenz. Es ist eine Erfahrung – nicht er-denkbar. Je länger man übt, desto häufiger werden in der Regel Erfahrungen von einer Ebene oder Frequenz, die unter, hinter, inmitten all dessen liegt, was wir so Tag für Tag erleben, denken und fühlen, und wie wir uns und andere wahrnehmen. Im tibetischen Buddhismus gibt es Methoden, sich immer wieder absichtlich zu stören, wenn man – endlich – in der Meditation Frieden, Klarheit und Glückseligkeit erlangt hat. Diese Fortgeschrittenen-Übung, die nicht eines jeden Sache ist, hat den Sinn, sukzessive Momente von Aufwachen aus einer geistig-emotionalen Verstrickung zu provozieren, die dann nach und nach aneinandergereiht werden können. Angestrebt wird, irgendwann quasi durchgehend diese wache Ebene mitlaufen zu haben. Vielleicht meint der verwirklichte Ramana Maharshi dies, wenn er sagt: „Holding firmly at heart the truth of your being, play like a hero your part on the world stage, inwardly calm and detached".

Meine Erfahrung ist, dass auf diesem Übungsweg durch den Verstand, der hier mal einen positiven Dienst erweisen kann, durchaus in den „abgeschnittenen" Sequenzen unserer Erfahrung eine fast durchgehende Brücke gebaut werden kann zwischen den Aufwach-Momenten. Irgendwann weiß der Verstand, dass es diese unter-hinter-in allem liegende leuchtende, alles transzendierende Ebene der wahren Natur von allem tatsächlich gibt, weil wir es oft erfahren haben. Er weiß das im Laufe des Weges auch, obwohl wir es gerade nicht spüren können.

Gedichte, Zitate, symbolische Bilder von Menschen, die wirklich wissen, wovon sie sprechen, und ihre authentischen Erfahrungen so ausdrücken, können solche Brücken bauen. Ich wüsste kaum eine bewegendere Hymne auf das Aufwachen in diese leuchtend-liebevolle Präsenz als das Gedicht „Samadhi" von Paramhansa Yogananda[12]:

Des Lichtes und der Schatten Schleier sind entwichen,
Der Sorgen dunkle Wolken aufgehellt.
Der flüchtigen Freude Morgenrot vergangen,

Der Sinne Täuschung ausgelöscht.
Gesundheit, Krankheit, Liebe, Hass,
Tod, Leben – trügerische Schatten,
Der Gegensätze Schauplatz füllen sie nicht mehr.
Des Lachens Wogen, des Gespöttes traurig schwerste Flut
Im Meer der Seligkeit verschwanden sie.
Der Maya Stürme schweigen,
Berührt vom Zauberstab der Innenschau.
Das Weltall, längst vergessener Traum, im Unterbewussten lauert,
Bereit, mein neuerwachtes göttliches Erinnern zu erfüllen.
Des Kosmos Schatten treffen mich nicht mehr.
Doch ohne mich versinkt ihr Sein.
Das Meer bedarf der Wogen nicht,
Sie aber immerdar des Meeres.
Traum, Wachen, tiefer Schlaf des Turiya,
Vergangenes, Zukunft, Gegenwart sind wesenlos für mich.
Doch ich bin gegenwärtig, alldurchdringend, überall.
Planeten, Sternenwelten, Erde,
Des jüngsten Tags vulkanisches Erleben,
Der Schöpfung schmelzendes Erglühen,
Der Röntgenstrahlen kühle Stille, Elektronen Feuer,
Der Menschen Denken einst und immer,
Ein jedes Gras, die Menschheit, ich,
Der kleinste Teil des Weltenstaubs,
Begierde, Ärger, Gutes, Böses, Heil und Lust,
Sie alle hab' ich eingezogen und verwandelt
Im weiten Meer des eigenen Bluts und Seins.
Der Freude Gluten, neu entfacht im innersten Betracht,
Die tränenreichen Augen blendend,
Aufbrechen sie in Flammen der Glückseligkeit.
Und meine Tränen, meine Haltung,
Mein ganzes Sein ist aufgelöst.
Du bist nun Ich, und Ich bin Du,

Eins ist der Wissende, das Wissen, das Gewusste.
Geheimes Schauern, Friede ohne Ende,
Unsterblichkeit – Samadhi, Seligkeit,
Nie zu erhoffendes Entzücken.
Kein unbewusster Zustand, kein Betäuben, noch Erlöschen.
Es weiten des Bewusstseins Grenzen sich
Weit über Irdisches hinaus,
Hinein in die Ewigkeit,
n der mein Selbst, des Kosmos Meer
Den Kreis des kleinen Ichs in mir betrachtet.
Nicht Sperling oder Grashalm mir entfallen.
Auf der Gedanken Wellen schwimmt der Raum, dem Eisberg gleich,
Ich fasse in mir alles, was geschaffen;
Versenkung, durch des Guru Gnade,
Die immer tiefer, länger, sehnsuchtsvoller,
Erschloss ein himmlisches Samadhi mir.
Ich hör' bewegtes Murmeln der Atome;
Die dunkle Erde, Berge, Täler werden Flüssigkeit.
Das große Meer wird Nebeldunst.
Und über Nebeln schwebt der Hauch des AUM, der sie zerreißt,
Das Meer erscheint im Glanz der Elektronen,
Bis plötzlich tief der Weltall Trommel klingt,
Und alles grobe Licht zum Strahl der Ewigkeit sich wandelt,
Zur allumfassenden Glückseligkeit.
Aus Freude stamm ich, leb' zur Freude und versinke in Entzücken.
Meer des Bewusstseins, trinke ich der Schöpfung Wogen,
Was fest, was flüssig, Äther, Licht,
Vier Schleier heben sich.
Ich selbst, in allem Ich,
Geh ein im Großen Selbst.
Lebt wohl ihr Schatten menschlichen Erinnerns,
Ihr launisch flatterhaften.
Der Himmel meines Geistes ist nun unbefleckt.

Ob unter, vor, ob über mir.
Ein Strahl bin ich, vereint der Ewigkeit;
- Ein leichtes Flöckchen Lächeln, Ich –
Zum Meer der Seligkeit bin ich geworden.

Ein Übungsweg, der aus dem Ego führt

„Dieses Leben ist wie ein Kerzenlicht im Wind – möge es lang währen, oder kurz. Ohne den festen Griff des Ich zu verstärken, möge ich wirklich das wundervolle Dharma[13] *praktizieren". (Dudjom Rinpoche)*

„Der Test, ob man erfolgreich Dharma praktiziert oder nicht, ist zu prüfen, ob die eigenen Emotionen weniger werden oder nicht." (Jetsünma Tenzin Palmo)

Es ist ein Übungsweg, narzisstische Ego-Prozesse zunehmend, in immer feineren Facetten in uns aufzuspüren, und das, was wir finden, immer mehr aufzulockern. Kürzlich im Retreat kam mir das Bild eines Reset-Knopfes. Übende, die auf verschiedenen buddhistischen, und anderen Wegen mit dem Geist arbeiten, aktivieren immer wieder diesen Knopf, der den Apparat in den Neustart zwingt. Meist in kleinen Mini-Erfahrungen von Loslassen und Befreiung von dem unaufhörlich kommentierenden, analysierenden, kontrollierenden denkenden Geist, in ein tieferes Jetzt hinein, was Gedanken und Stille durchzieht. Dies ist meist von großem Frieden, Klarheit und einem Gefühl von Einfachheit begleitet. Diese Erfahrungen werden dann häufiger und halten sich meist auch länger. Und irgendwann beginnt sich das Verhältnis zu verschieben, zwischen dem sich das Selbst und die Welt zurechtdenkenden Verstand, und dem Gewahrsein einer dahinter liegenden, tieferen Wirklichkeit.

Um Bewusstsein und Wahrnehmung zu erweitern, von Schleiern zu befreien und anderen Ebenen von Wirklichkeit zu begegnen, hat unsere Spezies seit jeher auch zu anderen Mitteln gegriffen als Meditation. Manchmal sind sie auch tief in Kulturen und spirituelle Rituale eingebunden (zum Beispiel Ayahuasa bei den indigenen Völkern in Südamerika, THC in Form ursprünglichen, in religiöse Formen eingebunden Gebrauchs auf Jamaica), oder sie werden von Bewusstseinsforscherinnen eingesetzt, wie unter anderem LSD und Psilocybin in den 70ern im universitären Kontext. Allen voran der Bewusstseinsforscher Timothy Leary, der mit Ram Dass (Dr. Richard Alpert) das Harvard Psilocybin Project gründete und über Erfahrungen berichtete.

Privater, nicht eingebundener Gebrauch kann jedoch zutiefst verwirren und in schreckliche Psychosen führen. In meiner Suchtarbeitszeit und im psychiatrischen Kontext ist mir das immer wieder begegnet. Das Erfahrene kann dann nicht entsprechend eingeordnet und verwertet werden, und es kommt zu einem seelisch-psychischen und biochemischen Kurzschluß. Zum Beispiel berichten Experimentierende immer wieder, dass ihnen neben tieferem Verstehen unserer Existenz und Verbundenheit gespiegelt wird, wo sie sich selbst belügen und destruktiv leben. Dies kann sich auf radikal positive Weise lebensverändernd auswirken, oder wie gesagt ein Schock sein, der bei jemandem mit vielleicht vorab schon instabilem Ich oder brüchigem Selbst möglicherweise anhaltende Psychosenähe nach sich zieht. Ram Dass ging auf die Suche, indem er LSD und Psilocybin nahm. Er erfuhr Erweiterungen in Liebe und All-Eins-Sein, die ihn nicht mehr losließen. Doch er berichtete auch, wie dieses Bewusstsein wieder schwand. Als er seinen hinduistischen Lehrer Neem Karoli Baba in Indien traf, habe er – wie er beschreibt – jemanden getroffen, der „niemals runterkam" und die kosmische Liebe selbst verkörperte[14].

Dann begann die Schulung – auf einem schwierigen, erfüllenden, erweiternden, von dunklen Seelennächten und Verwirrungs-Rückfällen durchzogenen Weg der Kontemplation, Meditation und des beherzten Tuns im sozialen Kontext. Egal in welcher mystischen Weisheitstradition – im Sufismus, hinduistisch-yogischen Wegen, christlicher Mystik, buddhistischen Wegen und so fort – immer geht es um diesen oft wirklich harten Übungsweg, in dem der Geist langsam gewöhnt wird an das Erkennen dessen, was wir wirklich sind. Im tibetischen Buddhismus, meiner Disziplin, reden wir oft von „Nichtmeditation" beim Meditieren, um Verbissenheit und zu viel Verstandesabsicht herauszunehmen. Denn mit diesen Haltungen kommen wir nicht zum Ziel. Es geht einfach darum, durch diverse Formen der Versenkung den Geist „zu gewöhnen", und nichts anderes heißt Meditation übersetzt. Zu gewöhnen an eine andere, weniger beschränkte, egolastige, duale Form, unser Leben und die Erfahrungen mit den Dingen im Außen und Innen wahrzunehmen. Dabei machen wir uns nichts vor oder kreieren uns eine glücklich machende Wunschwelt, sondern wachen einfach auf in etwas Größeres, Weiteres, Freieres, Leuchtenderes, was eben oft den großen Ahaaa-Moment auslöst und sich anfühlen kann, wie heimkommen. Und dort jemanden treffen, den oder die man schon lang vergessen hat.

Ego überwinden heißt auch nicht, frei vom Fühlen schwieriger Emotionen zu sein. Sich für extreme emotionale Zustände zu verurteilen, sie vor sich selbst zu vertuschen oder heiliger aufzutreten als wir nun mal sind, ist wenig hilfreich. Wie Jetsünma Tenzin Palmo[15] sagt, merkt man aber irgendwann, dass die emotionale Innenwelt gelassener wird. Es kann immer noch Super-Auslöser geben, die uns wieder in tiefe Not, Ohnmacht, Angst, Schmerz, Hass etc. werfen. Das ist der Schlamm, auf dem in Asien die unglaublichen Lotosblüten wachsen, und kann auch so verwertet werden. Mitten im Verlustgefühl, in der

Eifersucht oder der Zukunftsangst kann ich Ego verfestigen – oder (ohne die Emotion loswerden zu wollen) mittendrin mich vom Ego befreien: Indem ich kultiviere, aus all den Konzepten und inneren Geschichten über mein momentanes emotionales Unbehagen immer wieder neu auszusteigen, und zu merken, dass eine reine Emotion wirklich nur eine gute Minute Halbwertszeit hat. Wenn ich es schaffe, sie nicht durch eine innere „Story" aufrecht zu erhalten oder weiter zu verdichten, ist es wie eine Alchemie von Befreiung, und sie verpufft. Die wahre Natur von Gedanken und Emotionen zu erkennen, sobald sie entstehen, ist eine hohe Übung im Buddhismus. Vielleicht kommen sie wieder, aber erstmal haben sie sich aufgelöst. Genau dies ist eine tiefe Erfahrung von Wahrheit. Von Sein jenseits von dem, wie wir die Welt, die anderen, uns und unsere Befindlichkeiten einsortieren. Auch jenseits von dem, wie wir es in unserer Kultur, Familie, Beziehungen und anderen prägenden Kontexten gelernt haben. Leider lernen wir es in der Schule nicht, unseren Geisteszuständen, Gedanken und Emotionen liebevoll-befreiend zu begegnen. Wie wichtig wäre dies!

Diese kleinen Aufwachmomente, wenn wir die Substanzlosigkeit von Gedanken und Emotionen erkennen, sind zwar – soweit in Worte zu fassen – Erfahrungen von Leerheit hinter allen Phänomenen, bzw. mitten in diesen. Diese Leerheit ist jedoch nicht kühles Nichts. Sie ist durchzogen von bestimmten Qualitäten. Eine solche ist „Liebe" oder „erwachte Herzqualität". Diese aber ist nichtpersönlich und lässt sich nicht herstellen, nur wiederentdecken.

Ken Wilber, den ich aufgrund seines multidimensionalen Blicks sehr schätze, schlägt einen ganzheitlichen Weg der inneren Befreiung vor: „Clean up! Grow up! Wake up!"[16]. Innerlich aufräumen, sich von Neurosen, ungeheilten Traumata und unbewussten Schatten zu reinigen, ein erwachseneres, reiferes psychisches Ich, und ein Suchen nach Selbstentfaltung (zu dem auch eine soziale Ausrichtung gehört), sowie ein Weg, der personales und transpersonales, spirituelles Erwachen fördert, gehört für Wilber zusammen. Man kann auf den unterschiedlichen Ebenen unterschiedlich weit sein. Tatsächlich gibt es spirituell relativ erwachte Menschen, die beispielsweise große Schwierigkeiten mit dem Alltag einer Liebesbeziehung haben. Sie müssen vielleicht noch innere Arbeit an den ersten beiden Bereichen leisten.

Der analytische Verstand kann nicht verstehen

Jeder Versuch, Egolosigkeit über den Verstand zu *erfahren*, ist zum Scheitern verurteilt. Das ist auch der Unterschied zu den zwei in den ersten Kapiteln behandelten Bereichen: Egoprozesse und Narzissmus-Strukturen können mit dem Verstand analysiert werden – auch wenn es bei der Untersuchung dieser zwei Bereiche vorteilhaft ist, diese in die Erfahrung zu bringen. Zu „schmecken", wie eigene narzisstische Anteile oder narzisstisches Auftreten eines Gegenübers sich anfühlen. Wirklich zu empfinden, wie Ego gerade daran arbeitet, ein ewig fortbestehendes Selbst inmitten der eigenen Person festzuzurren, und hinter diese Illusion zu blicken. Zum Beispiel durch die Konfrontation mit der Vergänglichkeit unseres Körpers (der Tod ist für das Ego ein bedrohliches Artefakt).

Wenn wir Einblick in die absolute Natur bekommen, ist dies vielleicht unter anderem durch den analytischen Verstand vorbereitet worden. Auf dem buddhistischen Weg wird immer wieder auch Textstudium und Kontemplation von Weisheitstexten empfohlen. Dies reicht aber nicht aus. Wir müssen unser Herz in Mitgefühl und bedingungslosem Wohlwollen üben, und unserem Geist aktives und nichtproduziertes Loslassen ermöglichen. Dafür brauchen wir Zeit, Alleinsein, Stille. Für mich sind die Übergangszeiten in ein Einzelretreat jedes Mal schmerzhaft und lehrreich zugleich. Diese Pause vom sonst sehr vollen Alltag mit vielen Menschen und den immer komplexeren Herausforderungen unserer Zeit, beginnt mit Freude und dem Anspruch, sehr schnell in meditative Vertiefungen und Bewusstseinserweiterungen zu finden. Ich mache mir subtilen Druck, bin auch hier versteckt leistungs- und erfolgsorientiert. Das schmerzt jedes Mal, denn die Konfrontation mit meinem noch sehr aufgewühlten, verwirrten, jetzt im Alleinsein noch mehr sich zeigenden Leiden an mir und meinem Geist, bleibt nicht aus. Wenn ich durch diese Strudel durchgeschwommen bin und mein analytischer Verstand schließlich kapituliert, wird es meistens besser.

Buddhistische Lehrer warnen alle vor der zu intellektuellen Herangehensweise an die Natur des Geistes. Sie sprechen von der großen Gefahr, uns und anderen sogar zu schaden, wenn wir nur intellektuell verstehen wollen. Gerade wir Westler wollen alles verstandesmäßig durchdringen. Tibetische Lehrerinnen, die in ihrer Kultur Hingabe, liebevolle Güte und Mitgefühl durch formelle Kontemplation und stetige Alltagsübung als Grundausstattung erfahren, sehen unsere westliche Verstandesbetonung einerseits als Qualität, andererseits aber auch als Hindernis auf dem Befreiungsweg an. Schaden richtet unser Verstandesüberhang zum Beispiel dann an, wenn wir aus der vermeintlich verstandenen absoluten Natur ein Konzept machen, und nihilistisch werden. Weil alles nicht so fest und beständig ist, wie wir denken, und alles aus demselben Urgrund entsteht, könnte es vermeintlich egal sein, wie wir uns unserer Umwelt gegenüber verhalten. Es ist ja alles substanzlos, auch die Reaktionen und Gefühle der anderen. Außerdem können wir mit unserer vermeintlichen verstandesmäßigen Durchdringung arrogant werden – und finden uns erneut in einem uns vergiftenden Geisteszustand wieder. Das sehr berühmte, immer wieder verwendete Bild, man solle „den Geist so weit werden lassen wie der Himmel, im Verhalten aber so fein sein wie Mehlstaub", zielt genau auf diese Problematik ab.

Ego-Abbau ist eine narzisstische Kränkung

Je mehr wir die Substanzlosigkeit unseres festen, konzeptuellen Selbst- und Weltbildes erkennen, desto weniger wichtig werden wir mit dem, was uns gerade stört, ärgert, verfolgt und fehlt. Wir merken, dass wir zwar einzigartige vorübergehende Manifestationen sind, sozusagen unverwechselbare Noten in der kosmischen Symphonie. Aber nicht von Bestand, uns ständig wandelnd, in alles eingewoben, was uns umgibt, verantwortlich für das Ganze, und gemeinsames Menschsein erfahrend. Die anderen sind mindestens so bedeutsam wie wir selbst, und wir haben keine Sonderbehandlung verdient. Andere sind nicht dazu da, sich auf unseren Umlaufbahnen zu bewegen und uns als *VIP's* mit Scheinwerfern zu bestrahlen. Sie haben einfach wie wir auch die Aufgabe und Möglichkeit, in Geist und Herz freier zu werden, und darüber hinaus etwas zum kollektiven Aufwachen beizutragen.

Je narzisstischer strukturiert wir sind, desto schwieriger wird es sein, über unsere Egoprozesse hinauszuwachsen. Wozu – wie buddhistische Lehren so treffend sagen – unser Ego immer wieder beleidigt werden muss, durch andere und uns selbst. Gemäß Ken Wilbers Aufforderung wird es bei hohen Narzissmuswerten oft wichtig sein, einerseits das Selbstsystem stabiler werden zu lassen (dies ist psychologische Schwerstarbeit), und andererseits zu erkennen, wie sehr man ständig andere benutzt, um sich irgendwie aufzuwerten – und das zunehmend sein zu lassen.

Was hilft, ist wirklich zu erkennen, wie wir uns in narzisstischen und Ego-Schleifen immer wieder im Leiden gefangen halten, dabei völlig abhängig von der jeweiligen Wetterlage im Außen sind. Wie narzisstische Höhenflüge nicht von Bestand sind, nicht sein können. Wir arbeiten uns auf im immer neuen Absichern des eigenen Wertes, unserer Wichtigkeit, Bedeutsamkeit und Macht. Wenn uns das gerade mal nicht gelingt, sind wir hoch depressionsanfällig. Mit depressiven Krisen müssen wir unter Umständen auch umgehen, wenn wir uns auf einen echten spirituellen Weg machen. In solchen Fällen ist es hilfreich, damit ehrlich, bewusst und selbstfreundlich umzugehen, möglicherweise auch, uns psychologische Hilfe zu suchen.

Immer wieder begegnen einem auf dem spirituellen Weg auch „Fake-Gurus", also charismatische, teilerwachte spirituelle Lehrerinnen und Lehrer, die einen großen narzisstischen Schatten mit sich schleppen. Ein psychologischer Schatten ist unbewusst, und vielleicht ist solchen Lehrenden dieser tatsächlich überhaupt nicht bewusst. Jack Kornfield schreibt in seinem Buch *Das Tor des Erwachens* über die Erleuchtung, und nennt einige Beispiele für diese Verirrungsform. Das Problem ist, dass starker Narzissmus ein so unglaublicher Motor ist, sich eine Größen- und Machtposition aufzubauen, und diese hat man nun mal als spirituelle Lehrerin oder Lehrer. In dem Fall kann viel Schaden entstehen – für Schülerinnen und Schüler, die dem- oder derjenigen naives Vertrauen schenken, und – wie immer wieder auch betont wird – ganz besonders für sich selbst und das eigene Karma. Besonders bedauerlich finde ich solche Fälle auch deshalb, weil diese das Ansehen ernsthafter spiritueller Wege schädigen, und diese so weniger einladend werden und als Option von vorneherein ausgeschlossen werden. Ken Wilber weist in seinem Werk oft darauf hin, dass sogar in mystischen Erfahrungen Verwechslungen zwischen tatsächlichen, transzendenten und erweiterten Bewusstseinszuständen und solchen sehr frühkindlicher, oder auch vorgeburtlicher ozeanischer Verzückungszustände vorkommen. Er nennt dies Prä-Trans-Verwechslung. Bei den „Prä"-Erfahrungen ist etwas Grandioses dabei, zum Beispiel im Sinne von „ich bin alles", in Form von grenzenloser Selbst-Erweiterung. Bei „Trans"-Erfahrungen dagegen geht es von einem gefestigten Selbst ausgehend um dessen Transzendenz, um eine Erfahrung von „ich bin und bin nicht".

Ego-Abbau heißt nicht Selbstverleugnung

Von Beginn an tief christlich, „gottesfürchtig" geprägt, zudem als Kind aufgewachsen in einem suppressiven System mit viel Zwang, fremde Bedürfnisse zu erfüllen, haderte ich insgeheim lange mit der buddhistischen Betonung des Mitgefühls für andere. Ausgerechnet war ich zudem in buddhistischen Schulen unterwegs, wo andere sogar immer Vorrang in der eigenen Interessenslage bekommen sollten. Dies ist als „Wahrnehmungs- und Herzenstraining" gedacht, welches allzu große Ichbezogenheit aufweichen soll. In meiner Projektionswelt früherer Prägungen fühlte sich dies jedoch falsch an, als sollte ich so weiter machen wie bisher: In die Bedürfniswelt der Menschen um mich herum einzusteigen und mich zu verleugnen. So haben meine Lehrerinnen und Lehrer das aber sicher nicht gemeint!

Durch eine Ausbildung im Unterrichten von achtsamem Selbstmitgefühl (MSC) und den eigenen Prozess, den ich hierbei durchlief, begriff ich immer mehr, dass erst mit einer gesunden und mitfühlenden Haltung mir selbst gegenüber, insbesondere was meine Fehler, Schwächen, Leidensbereiche und Sehnsüchte betrifft, das Herz sich wirklich anderen öffnen kann. Ohne Selbstmitgefühl, radikale Akzeptanz des eigenen Leidens und dessen wirkliches, freundliches Durchfühlen auch auf Körperebene entsteht kein echtes weiches Herz für andere – und kein Mitgefühl.

Ausgerechnet als ich diesen Abschnitt schreibe, auf einer spanischen Insel, bekomme ich einen Videoanruf meines damaligen Partners. Er liegt in einem Klinikbett und teilt mir mit, dass er gerade einen Herzinfarkt überlebt und mehrere Stents eingesetzt bekommen habe. Als wir uns verabschiedet hatten, war er kerngesund – lediglich mitgenommen durch andauernden Stress als Lehrer in Pandemiezeiten und völlig neue Anforderungen nach einem Umzug und Wechsel der Arbeitsstelle. Nach dem ersten Schock zwinge ich mich zu Besonnenheit und entscheide mich gegen Aktionismus. Nicht in das alte Retterinnen- und Selbstverleugnungsmuster springen. Schauen, was wirklich stimmt – für Beide, und was es braucht. Mitfühlend und präsent sein, aber nicht alles kontrollieren wollen. Man muss dazu sagen, das ist der zweite Versuch einer Auszeit, nachdem vor eineinhalb Jahren diejenige geplatzt ist, die ich mir und wir uns – überwiegend meditierend und Pilgerorte besuchend – in Nepal vorgestellt hatten (ich schreibe gleich mehr darüber).

Ego überwinden heißt also nicht, immer mehr du und immer weniger ich. Es heißt, immer mehr in ein gemeinsames Menschsein hineinzuwachsen. Der Weg ist ein gespürter, erfahrener Weg, und kein moralisierender. Er ist eine Herzmassage (hier meine ich tatsächlich das emotionale und spirituelle Herz, nicht das Organ), bis es in der Lage ist, die Dinge zunächst so zu spüren, wie sie sind, innen und außen. Dann – so ist meine Erfahrung (und viele Teilnehmer der Kurse in Mindful Self Compassion – MSC – und Achtsamkeitsmeditation bestätigen das) – braucht man nicht mehr überlegen, was moralisch oder spirituell ist. Durch die Erfahrung der Aufweichung von Ego-Konzepten wird der Zugang frei zu unserem grundlegenden tiefsten Wissen, welche Reaktion genau jetzt stimmt.

Jenseits von Hoffnung und Furcht

Schon sehr früh auf dem buddhistischen Weg hörte ich ständig, dass es wichtig sei, geistig und emotional nicht andauernd zwischen Hoffnung und Furcht herumgeworfen zu werden. Schauen Sie einmal bei sich selber nach:

Sehen Sie, dass unsere Gedankenwelt in Bezug auf die aktuelle und zukünftige Situation ständig hin- und herpendelt? Zwischen etwas wünschen, ersehnen, wollen, dass es so und so läuft, und etwas befürchten und dieses sorgenvoll abwenden wollen?

Ganz neu in Berührung kam ich damit im Himalaya, pilgernd zum heiligen Berg Kailash. Immer wieder unvorhergesehenen Situationen, Beglückungen und Extremerfahrungen ausgesetzt, bemerkte ich auf einmal sehr deutlich und in Mikroeinheiten, dass ich durchgehend etwas fürchtete (dass es nachts im Zelt noch eisiger werden würde, dass die nächste Tagesetappe noch länger als die heutige sein würde, dass mein Körper erneut krank und schwach werden würde, dass ich die Enge mit meinen Mitpilgerinnen und -pilgern nicht aushalten würde, ...). Und etwas hoffte (dass es morgen nicht schneit, dass meine Kondition sich steigern würde, dass der Weg nicht mehr so steil werden würde, dass sich mein Körper an die sauerstoffarme Höhenluft gewöhnen möge, dass wir am Abend wirklich die versprochene und tagelang ersehnte Dusche und ein Bett vorfinden würden, ...). Schnell fing ich an, mit Angst und Furcht zu arbeiten, und versuchte immer wieder neu, nicht in diesen vorweggenommenen Widerstand gegen Unbehagliches zu gehen. Es klappte ganz gut, die emotionale Achterbahnfahrt nahm etwas ab, die ständigen überfordernden Überraschungen auf dieser Reise waren so leichter zu nehmen. Aufhören zu hoffen war viel schwerer für mich. Meine mir Gutes und Erlösendes ausmalenden Gedanken waren zäh und klebrig, ich bekam hier lange keinen Fuß in die Tür. So machte ich das „Hoffnung aufgeben" zu meiner Spezialübung.

Natürlich kann man sich fragen, warum „Hoffnung aufgeben" Sinn machen soll. Auf ein Ziel zuzusteuern, visionieren, manifestieren, „Bestellungen ans Universum versenden", auf eine Besserung des Lebens, der Gesundheit, des ökologisch gebeutelten Planeten, des Klimas usw. zu hoffen, gilt als etwas Gängiges und Sinnvolles in unserer Gesellschaft. Auch ich versuche gelegentlich, etwas zu „manifestieren", und am besten klappt es, wenn ich zum Beispiel eine neue Wohnung oder neue Arbeitsräume brauche. Aber ständig und wahllos „zu hoffen", macht einfach anfällig für Enttäuschungen, Frustrationen, buddhistisch gesprochen für alle Formen von Leiden. Als es mir in der Extremsituation der Pilgerreise zu Fuß im Himalaya sukzessive gelang, Furcht *und* Hoffnung abzubauen, stand mir wesentlich mehr Energie, Gelassenheit und emotionale Stabilität zur Verfügung, und die Fähigkeit über immer neues zu staunen, wuchs an.

Die absolute Natur des Geistes und aller Phänomene ist völlig frei von Hoffnung und Furcht. Sie ist jenseits von Raum im Sinne messbarer linearer Strecken, und von unserer linearen Zeitvorstellung, mit der wir täglich arbeiten und leben. Deshalb hoffen oder fürchten wir nicht mehr irgendetwas bezogen auf eine Zukunft, wenn sie uns begegnet. Wir tauchen ein in ein zeitloses, ewiges Jetzt.

Meditation

Diese tiefe Erfahrung von Wahrheit kann man üben und doch nicht herstellen. Der von mir sehr geschätzte Mystiker Thomas Young sagt, wir könnten uns nur zufallsanfällig machen für die Gnade bahnbrechender Erkenntnisse[17]. Üben können wir durch Meditation. Und durch informelle Praxis, mitten im Leben. Aus meiner Erfahrung müssen wir sie kultivieren und üben, um nicht „im tiefen Ozean von Samsara zu versinken", wie es in einigen tibetischen Praxistexten heißt, diesem Ozean mit all seinen mentalen und emotionalen Verstrickungen und Leidensquellen.

Der meditative Erkenntnisweg ist Kränkung für zu viel Narzissmus und zu viel Ego, und zugleich Medizin. Im nächsten

Kapitel habe ich einige Übungsmöglichkeiten zusammengestellt. Sollten Sie Ihr Mindset und Ihr Herz wirklich auf einem Übungsweg von diesen Mechanismen befreien wollen, empfehle ich, sich auf die Suche nach einer qualifizierten, authentischen Lehrerin oder einem Lehrer und einer Gemeinschaft von Übenden zu machen. Auf der Webseite der Deutschen Buddhistischen Union (DBU) finden Sie zum Beispiel die meisten, in Deutschland vertretenen Möglichkeiten und Veranstaltungen.

Wie meditieren wir? Während in Neo-Achtsamkeitsschulungen, im Yoga und im Coachingbereich oft die Motivation ist, sich zu entstressen und mehr innere Ruhe zu finden, geht es auf traditionellen buddhistischen Wegen um eine weiter gefasste Motivation. Wir machen uns klar, dass wir keine abgetrennten Wesen mit einem isolierten Geist sind, und erwecken zuallererst die Motivation, durch die Meditation uns selbst und Allem zu dienen. Das ist nicht größenwahnsinnig, sondern ein Versuch, dem, was wir da tun, eine Richtung jenseits von Egomotiven zu geben. Unseren Geist auszurichten zum Wohl aller Wesen. Unser Leben samt aller Freuden, die wieder losgelassen werden müssen, und aller Widrigkeiten als Schule zu sehen. Ken McLeod drückt das so aus: „Bist du Materialistin im Gewand einer Übenden? Darauf läuft alles hinaus. Übst du um dein Leben zu verbessern, oder nutzt du dein Leben, um zu üben?"[18] Wenn wir Weisheit entstehen lassen, etwa durch die Shamatha Vipassana Meditation, kultivieren wir den einen Flügel des Adlers, der die absolute Natur symbolisiert. Wenn wir unser Herz weiten und beispielsweise liebevolle Güte- oder Mitgefühlspraktiken anwenden, stärken wir den anderen Flügel. Sie gehören beide zusammen, und lassen sich letztendlich nicht voneinander trennen. Wenn wir im Bewusstsein unserer Interdependenz gute Wünsche entstehen lassen, um einen Segen für Kranke, Sterbende oder Verstorbene bitten, oder traditionellerweise am Schluss das, was die Meditation hervorgebracht hat, allen Wesen widmen, gilt: Kein Geber – keine Nehmerin – kein Gegebenes. Und schon sind wir wieder bei der wahren Natur, dem Urgrund allen Seins.

Jenseits formeller Meditation können wir üben, uns immer feiner unseren Ego-Mustern zuzuwenden, und sie immer schneller zu erkennen. Wie Dilgo Yangsi Khyentse Rinpoche auf einem Seminar sagte: „Bemerke es, anerkenne es, und dann lass es sein!" Dafür müssen wir zwischendurch immer wieder kurz innehalten – nicht das, was in unserer Kultur des Perfektionierens, Konsumierens und Leistungsstrebens üblich ist.

Nochmal zurückkommend auf unsere Gruppen-Pilgerreise zum Kailash: Durch die Höhe, in der wir uns befanden, die intensive Praxis und die Ausrichtung, auch im Kollektiv, fiel mir nach einiger Zeit wie Schuppen von den Augen, wie sehr ich projiziere. Wie sehr wir das alle tun. Ohne Unterlass, ständig. „It is all your mind" ist ein bekannter spiritueller Slogan. Dabei kann sich alles, was um uns geschieht, und etwas mit uns macht, in großer Geschwindigkeit verändern, in ganz neuem Licht erscheinen, sich plötzlich anders anfühlen. Ohne Projektion, ohne laufende Egoverstrickungen, als Buddha in der Welt sein ist einfach SEIN, genau mit dem, was gerade ist. Schlotternd in der Kälte. Geblendet vom gleißenden Sonnenlicht. Genervt von den Attitüden der anderen. Mir darüber aber keine ausführliche Geschichte darüber erzählend, durch Eindrücke und Phänomene hindurchblickend, bedeutet es, mit der Welt und allem als Erscheinung umzugehen. Und dennoch zu versuchen, ein wohlwollendes, offenes Herz zu kultivieren.

Immer wieder sterben

Eine innerhalb einer formellen Meditation, oder als Aufweckgedanke im Alltag nutzbarer Fokus ist der Tod. Uns mit unserer Sterblichkeit als dieses Ich in diesem Körper befassen, und loslassen üben, bringt uns der absoluten Wahrheit oder Buddha-Natur oft sehr nahe. Der Dalai Lama sagt immer wieder sinngemäß: Meditation heißt, sterben zu üben; viele Meditationsmeisterinnen und -meister betonen, dass wir nicht erst sterben, wenn wir tatsächlich den Körper verlassen, das Herz stehen bleibt und keine Gehirnströme mehr messbar sind, sondern vom ersten Augenblick unseres Lebens an. Wann dieser ist, darüber könnte man eine weitere philosophische Diskussion führen. Wir können uns dies aktiv und mutig auf kontemplative Weise zunutze machen, statt der Wahrheit unserer Endlichkeit zu entfliehen, weil uns – aufgrund unserer Ego-Prozesse – unser eigener Tod so sehr schreckt (und natürlich auch der unserer Liebsten, die zum Teil zu unserem Identitätsgefühl als eine Art erweitertes Ego gehören).

Unsere kollektive Flucht vor der Beschäftigung mit dem Tod wurde - wie bereits an verschiedenen Stellen angesprochen - in der weltweiten Coronakrise sehr deutlich. Es fing an mit einem leisen Unbehagen, als im Februar 2020 die ersten Nachrichten und Schlagzeilen auftauchten. Aber, Gott sei Dank, der Virus trieb in China sein Unwesen, weit genug weg um sich in Sicherheit zu wiegen; zudem sind uns die Chinesen ohnehin irgendwie fremd, so dass uns das emotional nicht übermäßig betreffen musste. Dann wurde der Iran, Südkorea, und schließlich Italien heimgesucht – das Thema kam näher, konnte jedoch immer noch jenseits unserer Landesgrenzen mitverfolgt werden. Mit den Menschen in Italien war allerdings schon mehr Mitgefühl spürbar; wenn uns andere nah und ähnlich sind, fällt uns Menschen Mitgefühl eben nun mal leichter. Dann kam Spanien – Österreich – und auch in Deutschland begann das Virus sich auszubreiten. Es entstand ein Kampf um Grundgüter (hierzulande insbesondere um Toilettenpapier): Gerade in den weiter geöffneten Supermärkten und Drogeriemärkten manifestierte sich eine vorher eher latent vorhandene Illoyalität. Surreale Ängste entflammten, zu verhungern, sich nicht mehr den Hintern abputzen zu können und – eben zu sterben. Todesangst steht sehr häufig hinter anderen menschlichen Ängsten. Das Virus war neuartig, in weiten Teilen unberechenbar, und wurde durch restriktive Langzeitmaßnahmen zu kontrollieren versucht, sowie von den Medien in schon lang nicht mehr dagewesenen Angstszenarien ausgeschlachtet. „Infektions- und Sterberaten niedrig halten" und „Leben retten", allerdings nur mehr in Bezug auf Covid, bestimmte tatsächlich fast zwei Jahre lang das öffentliche und politische Geschehen! In dieser Zeit blieb entweder aufgrund des eigenen jeweiligen existenziellen Kampfes kein Raum für Auseinandersetzung mit der Grundbedrohung, das eigene Überleben oder das der Liebsten betreffend, oder es fand aus einem anderen Grund nicht statt: Weil wir in unserer Kultur keine gesunde, offene Sterbekultur lernen und pflegen, und weil das Thema von politischer und medizinischer Seite her so auch nicht gehandelt wurde. Bei allem Respekt vor den an der Erkrankung Verstorbenen – irgendwann hatte ich den Eindruck, dass es weniger denn je um das Wie des Sterbens ging (etwa in Würde und in Begleitung lieber Menschen), sondern nur noch um dessen generelle Verhinderung im Leben: Egal, wie alt Menschen waren und woran sie sonst sterben würden. Tote – so entstand der Eindruck – waren medizinische Artefakte; eigentlich durfte es gar nicht sein, dass irgendjemand gerade starb. Früher war mir dies schon öfter bei Menschen mit Krebs im Endstadium aufgefallen. „Wir haben sie oder ihn verloren", hieß es dann, nach einer noch auf dem Sterbebett angeordneten Chemotherapie. Bei all den natürlich nötigen Bemühungen um Mittel gegen dieses ernst zu nehmende Virus – der Umgang damit war eine nun vollkommen sichtbar gewordene Potenzierung der Verleugnung des Todes, die in unserer Gesellschaft stattfindet.

Dass wir in unserem Leben unseren wartenden Tod meist vollständig ausklammern, bis wir aufgrund unseres Alters, einer schweren Erkrankung oder lebensbedrohlicher Ereignisse gezwungen sind, uns damit zu befassen, ist irgendwie verrückt. Wir klammern einen wichtigen, als tiefe Wahrheit zu unserem Leben gehörenden Aspekt vollkommen aus und verleugnen ihn. Dabei könnten wir ihn so sehr nutzen – sowohl für unser „growing up", als auch unser „waking up", um nochmal mit Ken Wilber zu gehen.

Wie ist der Zusammenhang mit Egoprozessen, die so viel Verwirrung und Leiden hervorrufen können? Wir wollen nicht sterben – nicht an Corona, auch an nichts anderem. Wir wollen leben, sehr alt werden, dabei jung bleiben und frisch aussehen, ein wohlhabendes, erfolgreiches Leben in Sicherheit führen, in dem wir uns möglichst durchgängig glücklich und geliebt fühlen. Mit unserem narzisstischen Einschlag wollen wir das heute mehr denn je. Wenn wir einen bestimmten Standard erreicht haben, egal in welchem Bereich, wollen wir, dass dieser auf immer so bleibt. Leider funktioniert unser Leben so nicht, und wenn wir uns tiefer und tiefer in Komfort- und Dauersicherheitszonen einrichten, werden unsere Egoprozesse immer fester, unflexibler, und wir damit immer vulnerabler. Dies merken wir jedoch erst, wenn eine persönliche, familiäre, nationale oder globale Krise erfolgt.

Es gibt Kulturen, in denen der Tod recht offen gehandhabt wird. Das hat zur Folge, dass er natürlicher mit einbezogen bleibt und zum Leben dazugehört. Dies ermöglicht es uns mit Krisen und Veränderungen wesentlich geschmeidiger umzugehen. Besonders beeindruckt hat mich eine Beschreibung des indischen spirituellen Lehrers Sadhguru in seinem Buch *Death*. Er beschreibt, wie er bereits als 7-jähriger Junge sehr neugierig Leichenverbrennungsstätten besucht hat, stundenlang dabeisaß, wie die Körper in den Flammen zerfielen. Er erzählt, er habe immer wieder Köpfe, die bei der Verbrennung oft abfielen und davonrollten, genommen, und wieder den Flammen übergeben, als die Angehörigen schon längst gegangen seien. Dies habe ihn tief geprägt und dazu gebracht, sich bereits früh mit existenziellen Themen und dem Mysterium von Leben und Tod zu beschäftigen.

In Indien und Nepal gibt es öffentliche Verbrennungsstätten, in denen Leichen verbrannt werden. Angehörige sehen dabei zu. Zum Schluss wird die Asche in den Fluss gekehrt, der sie davonträgt. Es ist möglich, einer solchen Verbrennung mit respektvollem Abstand, und möglicherweise einer kleinen finanziellen Gabe für das viele benötigte Feuerholz, welches manchmal die Finanzen der Familien sprengt, beizuwohnen. Ich durfte dies mehrmals tun, und habe – bei allem schmerzhaften und erschreckenden daran – diese Bilder seither in mir. Nicht als Entsetzen, sondern als hoch effektiven, aufrüttelnden Aufwecker für Meditationen und das Leben generell. Genauso wie das Bild der Himmelsbestattungsstätte vor dem Berg Kailash, über der die Geier kreisten und auf ihr Mahl warteten.

Tod und Erlaubnis

Immer wenn etwas endet oder jemand stirbt, fällt mir das berühmte Herzsutra ein. Es ist durchzogen von Ausführungen zum Werden und Sterben, und dessen Transzendenz. Der zu Buddhas Zeiten lebende Avalokiteshvara[19] gab diese Belehrung nach seiner eigenen Erleuchtung an seinen Gefährten Sariputra weiter. Er fordert ihn auf: Geh! Geh! Geh hinüber! Geh ganz hinüber! Wach auf! Im Original: *Om gate gate paragate parasamgate bodhi svaha.* Im Text, der dieses Mantra einfasst, heißt es kryptisch:

Form ist Leerheit, Leerheit ist Form, Form ist nichts anderes als Leerheit, Leerheit ist nichts anderes als Form. Das Gleiche gilt für Empfindung, Wahrnehmung, Wollen und unterscheidendes Denken. (…); kein Alter, kein Tod, kein Ende von Alter und Tod; kein Leiden, keine Entstehung von Leiden, keine Aufhebung von Leiden, kein Weg, kein Erkennen, kein Erlangen[20].

Auch wenn das über den Verstand nicht wirklich verstehbar ist, können wir uns diesem transzendenten Wissen, von dem Avalokiteshvara spricht, annähern. Zum Beispiel, indem wir dieses Entstehen und Vergehen *in* unserem Leben, und letztendlich auch *unseres Lebens*, erlauben:

Meditation der Erlaubnis („let it be")

Nehmen Sie sich 5-10 Minuten für ein kleines, weitendes Spiel mit Ihrem Ego. Suchen Sie sich dafür einen Platz, wo Sie möglichst ungestört sind – zumindest von außen. Die inneren Störungen sind das Spielmaterial. Sie können im Liegen, Sitzen oder Stehen verweilen, und stellen sich am besten einen Wecker für den Zeitraum. Nehmen Sie ein paar tiefe Atemzüge und kommen dabei wirklich an Ihrem Platz und im Körper an. Wenn Sie jetzt immer wieder neu einfach Ihre Erfahrungen im Hier und Jetzt (Körperempfindungen – Gefühle – Denken) wahrnehmen, geben Sie allem immer wieder die Erlaubnis, zu sein. So zu sein. Wenn Spannungen im Körper auftauchen, wehrt sich vielleicht etwas in Ihnen gegen diese Selbst-Erfahrung – und Sie lassen die Spannung sein. Wenn unbehagliche Gefühle, oder auch schöne, die sich nicht festhalten lassen, auftauchen, erlauben Sie ihnen, zu sein (ohne weiter darüber nachzudenken). Wenn Sie Ablenkungen erliegen (und das wird so sein), bemerken und erlauben Sie, dass das geschieht. Wenn Sie in einer inneren Story landen über das alles hier, oder etwas aus ihrem Leben, lassen Sie es geschehen. Und wieder gehen. Das tut es ganz von selbst, wenn wir es sein lassen. Erlauben Sie, dass Ihr Geist, Ihr Gefühl, Ihr Körper ein Eigenleben hat. Weiten Sie Ihr Gewahrsein als einen Raum, in dem stattfindet, was stattfindet; dieser Raum ist letztlich grenzenlos und voller Annahme. Gehen Sie aus der Steuerung. Lassen Sie alles geschehen – und gehen. Lassen Sie Ihr Leben sein, wie es ist, für den Moment. Bemerken Sie dieses ständige Gebären, Geboren werden, und Vergehen, Sterben von Erfahrungen. Bemerken Sie die immer wiederkehrende Tendenz, etwas festzuhalten, abzuwehren oder dumpf zu werden. Die Tendenz, zu kontrollieren was geschieht – im Außen, im Innen. Vielleicht gibt es störende Geräusche – erlauben. Die Kontrolltendenz ist ein Egoprozess. Erlauben Sie auch Ihr Ego. Erlauben Sie sich zu ticken wie jeder Mensch. Erlauben Sie das Loslassen. Und den Raum, der alles durchzieht. Bewegung und Stille. Erlauben Sie Beides. Vielleicht erfahren Sie durch diese Erlaubnis-Praxis, dass ein deutlicherer, tiefer werdender, tatsächlich grenzenloser Raum spürbar wird. Leer und voll, still und sprudelnd. Vielleicht fühlt es sich auch so an, der Ewigkeit etwas näher zu kommen. Erlauben Sie, wenn es sich so anfühlt, und auch wenn es eher Kampf bleibt und eng. „Ja – auch das". Immer wieder. Lockern Sie Kontrolle. Entspannen Sie sich in alles, was geschieht.

Die Geschichte einer indischen Ego Kapitulation

In buddhistischen Schulen wird manchmal gesprochen von „gekocht werden". Im Kochtopf bestimmter unbehaglicher Situationen des Lebens. Ich stelle mir dabei ein Gemüse vor, zum Beispiel Schwarzwurzeln, außen voller Dreck, der erstmal abgewaschen werden muss, dann eine harte Schale mit Furchen, in denen immer noch der Dreck hängt, während die weiße Wurzel schon zum Vorschein kommt. Entfernt man diese, bleibt eine vollständig weiße Wurzel, hart und sperrig, und sie muss nochmal gewaschen werden. Weichgekocht schmeckt sie herrlich und zart und steckt zudem voller gesundheitsfördernder Stoffe.

Dies ist für mich ein gutes Bild für einen oft langwierigen Ego-Lockerungsprozess. Einen solchen können wir bewusst suchen und kultivieren; manchmal wirft uns das Leben einfach in den Kochtopf, und wenn das Wasser abgegossen wurde, zeigt sich, was dabei herausgekommen ist. Dies wiederum hat viel mit uns selbst zu tun, und wie wir solche Zeiten verwerten – statt nur in Widerstand zu gehen, und froh zu sein, wenn alles wieder vorbei und beim Alten ist.

Selbst kommt mir hier zum einen sofort wieder unsere Pilgerwanderung von Nepal nach Tibet und dann um den heiligen Berg Kailash in den Sinn. In diese war eine Vielzahl unvorhergesehener Mühen und Grenzerfahrungen eingebaut, die ich jedoch – wie alle aus unserer Gruppe – von vorneherein bewusst auf mich genommen hatte. Anders verhielt es sich zwei Jahre später, als ich zusammen mit meinem damaligen Partner auf eigene Faust eine fünfwöchige Pilgerreise nach Nepal startete, die unter dem Titel „Klöster und heilige Orte besuchen, 10 Tage individuelles Schweigeretreat (beide für sich), zur Ruhe kommen, und die damaligen Pilgererfahrungen nochmals tiefer integrieren. Das Spannende und zunächst auch Schockierende daran war, dass alles anders kam als geplant, da wir fassungslose Zeitzeugen der täglichen weltweiten Ausbreitung von Covid-19 wurden, und der menschlichen Reaktionen darauf. Im Rückblick kann ich sagen, es wurde eine sehr verkürzte 12 tägige Reise an einen ganz anderen Ort als wir gedacht hatten, und dann wurde es eine mehrmonatige innere Reise. Eine innere Pilgerreise. In der es darum ging, aus Widerstand, Frust und Enttäuschung in eine Grundakzeptanz hineinzuwachsen („lass es gesche-

hen"), um die Früchte dennoch zu ernten, nur auf ganz andere Weise, als unsere Konzepte ausgesehen hatten.

Ein halbes Jahr vorher hatten wir ein Retreat mit Dilgo Yangsi Khyentse Rinpoche besucht, in dem er – beim Ego, einem seiner Lieblingsthemen angekommen – dem Wortlaut nach lachend sagte: „Wenn du an deinem Ego arbeiten willst, geh nach Indien! Dort wird es Dir auf einem goldenen Teller serviert werden!" Ich kicherte in mich hinein, mich erinnernd an meine vergangenen Indientrips, die wirklich eine meine Konzepte zutiefst verstörende Wirkung gehabt hatten, weil irgendwann alles völlig verrückt und chaotisch verlief, auch wenn ich es noch so gut geplant hatte. Nichts ahnend, dass meine bald anstehende Reise nach Nepal der größte Indien-Ego-Schock werden sollte, den ich je erlebt hatte:

Nach langer, arbeitsintensiver Zeit begann der langersehnte Trip in einem relativ ausgebrannten Zustand. Sie führte zunächst nach Goa – zum Familienbesuch und zur Erholung, und sollte nach sechs Tagen nach Nepal fortgesetzt werden. Wir wollten dann Orte der Ruhe, Stille, Natur, Versenkung und spirituellen Inspiration finden, und besonders ich wollte ein deutliches Kontrastprogramm zu meinem sonstigen, oft recht vollgestopften beruflichen Alltag finden.

Es beginnt in Doha, wo wir einen Zwischenstopp haben. Auf dem Bildschirm mit den Abflügen werden plötzlich alle Weiterflüge nach Indien als gecancelt angezeigt – nur unserer nicht. Wir hatten bereits vor der Reise die näherkommende Corona-Epidemie mitverfolgt. Dass nun auch der arabische und asiatische Teil der Welt (jenseits der abgesperrten Epizentren China, Südkorea, Iran, Italien) infiltriert wurde, schockt uns. Erleichtert in Goa gelandet, drücken uns verhüllte Gestalten unangekündigt Fieberthermometer aufs dritte Auge, und wir müssen viele Herkunfts- und Gesundheitsfragen beantworten. Draußen, auf der Suche nach dem über eine moderne Taxi-App vorab georderten Fahrzeug, noch schnell zum Geld-Wechseln. Das dicke Bündel Rupien fällt mir aus der Hand und verteilt sich am Flughafenboden, inmitten dem allgemeinen Ambiente aus Hektik und Kampf um lukrative, ahnungslos ankommende Fremde aus aller Welt. Ich sammle alles mit frisch desinfizierten Händen auf, wundere mich, dass die gierige Meute durcheinanderschreiender Männer nicht darüber hergefallen ist. Das Taxi hält nach einer guten Stunde nachts um halb vier auf einem verlassenen, staubigen Platz an. Links käuende Kühe, rechts eine Menge knurrender Hunde. Das sei die Zieladresse. Aussteigen, bitte. Ein Missverständnis, wie wir feststellen. Das App-Taxi kann nur über eine neue Online-Buchung weiterfahren. Es klappt nicht. Über eine Stunde Diskussion mit dem Fahrer, den wir einfach nur mit Geld bezahlen wollen, der das aber nicht darf. Schließlich setzt er sich in Bewegung, für einen horrenden Preis, den wir dankbar abdrücken. Glücklich zum Strand nahe unserer Hütte. Dort bellt uns eine bedrohliche Meute Hunde weg. Komaschlaf. Bevor wir wirklich Fuß fassen können, wird mein Begleiter krank und fiebrig. Erkältungssymptome, könnte aber auch Corona sein. Das Smartphone, was ich eigentlich nur als Fotoapparat mitnehmen wollte, ist seither im Dauereinsatz. Medienfasten adé. Nachrichten aus Deutschland und aller Welt werden gecheckt, die aktuelle Entwicklung bezüglich Visa in Indien und Nepal im Auge behalten. Nepal-Visa gibt es nur noch mit Gesundheitszeugnis. Wenn wir zum Arzt gehen, droht uns Quarantäne. In Indien – keine gute Vorstellung. Nach einigen Tagen suchen wir eine Klinik auf. Diese verweist an eine Spezialklinik. Wir warten Stunden in der Hitze unter an vielerlei Krankheiten leidenden Einheimischen. Dann verweist man uns an eine noch speziellere Klinik, noch weiter weg. Nicht machbar. Nachts geht unser Flug nach Delhi, dort müssen wir wohl weitersehen, und unseren Kathmandu-Anschluss sausen lassen. Nachts Ankunft in einer indischen Luxuswelt – ich hatte einfach kurzerhand das nächste Hotel zur nepalesischen Botschaft gebucht. In dieser Geldwelt-Rundum-Umsorgung, fast erschlagend. Nächtliche Fahrt durch die schlafende Stadt, die tags fast nie die Sonne sieht, weil der Smog so dicht ist. Eine Spezialklinik mit brandneuem Corona-Screening-Center! Es ist gespenstisch, überall liegen draußen Schlafende-vermutlich Angehörige kranker Klinikinsassen. Eine vermummte Gestalt befragt uns umfangreich zu Herkunft und Symptomen. Wir erzählen unsere Geschichte samt Vorlauf und Inkubationszeit, und bekommen ein ausführliches Gesundheitszeugnis ausgestellt. Überglücklich fahren wir zurück ins Hotel und müssen noch einige übernächtigte Stunden überbrücken, bis die Botschaft öffnet. Wir bestellen je zwei Cappuccinos – nichtsahnend – und bezahlen erschreckt opulente 24 Euro dafür. Bewaffnet mit unserem Papier warten wir hoffend und erschöpft, bis wir hineindürfen. Doch wir werden nicht hereingelassen, ein Botschaftsmitarbeiter kommt heraus und sagt nur immer wieder: „NO!" Wir diskutieren noch ein wenig, da die Internetseite andere Auskünfte gegeben hat, aber es ist klar: Kein Zutritt mehr nach Nepal für „Foreigners", ab dem heutigen Tag. Bedröppelt gehen wir zurück und fallen erst einmal in tiefen Schlaf. Was nun? In Indien könne man bleiben, wenn man schon eingereist sei, heißt es. Zu Hause ist alles unsicher, wirkt panisch aus der Ferne. Ich will nicht, dass die erst begonnene Reise so endet. Mein Herz schmerzt nach dem Botschafts-Nein, mein Partner will nach Hause. Ich recherchiere bereits nach Alternativen im indischen Himalaya. Konflikt. Aus dem 28. Stock unseres Zimmers blicke ich auf einen indischen Bahnhof, Züge kommen und gehen, Menschen springen im Fahren auf und ab, sitzen auf den Dächern und hängen aus Türen. Schreckstarre, am liebsten nicht mehr raus müssen in dieses stinkende hupende Chaos hyperaktiven Menschseins. Wir tun es doch, und landen in einem Thali-Restaurant, wo uns in unserem maroden Zustand erstmal ein göttliches, selbstgemachtes Sweetie überreicht wird. Es folgt eine Vielzahl an unglaublichen Variationen auf verschiedenste Weise gewürzter, köstlicher vegetarische Gerichte, bis wir fast platzen und militant stoppen. Plötzlich im Götter-Bereich, denke ich mir. Auch darauf waren wir nicht vorbereitet. Morgens ein anderer Götterbereich, auf den wir uns tatsächlich bereits am Abend gefreut hatten: Ein nie gesehenes Frühstücks-Schlaraffenland. Überfordert lande ich erstmal bei Papaya und einem kleinen Bircher Müsli. Als ich losziehe, um wirklich zuzugreifen, sind alle vorher betrachteten, durch Starköche zubereitete Speisen weggeräumt. Pünktlich zum Ende der Frühstückszeit, auf die Sekunde genau. Wir bemerken bereits eine radikalere Akzeptanz, die sich inzwischen eingestellt hat: „Typisch – das passt genau zu allem anderen!". Frei werden von Hoffnung und Furcht scheint angesagt zu sein. Einfach immer wieder neu schauen was kommt, und mit allem – umgehen, sein. Keine Konzepte, keine Erwartungen. Ja, wir sind auf einer Pilgerreise.

Wir wollen weg, eine weitere Nacht im Luxushotel überfordert zudem unseren Geldbeutel. Ich habe die Idee, in die tibetische Exil-Siedlung zu fahren. Dort erwartet uns tatsächlich eine ganz andersartige, tibetische Welt unaufgeregter, freundlicher Menschen. Sogar die Hunde wirken hier entspannt und friedlich. Nun erstmal den Kopf frei kriegen, und dann weitere Pläne schmieden. Per Zufall landen wir in einem Guesthouse mit nettem Café am Yamuna River, einer tibetischen Heil- und Massagepraxis, und – zu meiner Begeisterung – einem großen Regal voller literarischer Juwelen der tibetisch- buddhistischen Praxislinien. Es sollte so sein. Ab morgen fängt der wahre Urlaub an. Hier können wir endlich zur Ruhe kommen! Sein, lesen, ausgedehnt frühstücken, tibetisch shoppen gehen! Und dann sehen, wie wir weitermachen. Am Morgen schicke ich meinen meinen Partner schonmal vor, ich werde noch etwas Yoga machen und Wäsche waschen. Nach ein paar Minuten kommt er wieder und sagt, das Café sei „closed". Man sage ihm nicht wirklich warum. Zusammen suchen wir nach einem anderen der vielen, gestern bereits registrierten Lokale. Langsam schwant uns, dass hier nichts offen hat – wirklich nichts. Alles ist wieder anders als zuvor. Hunde warten jaulend auf Futter. Das Dorf ist wie ausgestorben. Die wenigen Menschen, die uns begegnen, sehen uns an wie Geister, und die herumsitzenden, Mantren rezitierenden Mönche erheben ihre Stimme, sobald sie uns sehen. Wie um Dämonen abzuwehren. Wir wissen nicht was los ist, keiner spricht plötzlich mehr mit uns. Auch Touristen sind keine mehr zu sehen. Wir haben kaum Internet und können uns nur in Fetzen informieren. Ich mutmaße, dass anscheinend über Nacht Märkte geschlossen und Ausgangssperren verhängt wurden. Kurz davor habe ich tatsächlich überlegt, ob wir vielleicht gestorben sind und jetzt als Geister umherirren, so gespenstisch ist alles. Ich habe viel gele-

sen über den Prozess des Sterbens, der im tibetischen Buddhismus umfangreich erklärt wird. Ich bin auch in Meditationen selbst in eine Erfahrung des Sterbens gegangen, und alles, was ich dort erfahren habe, ähnelt dem, was hier gerade geschieht: Verwirrung, verzweifelt Kontakt herstellen wollen, und die Menschen sehen durch dich hindurch! Erneut packen wir unser Hab und Gut zusammen, und legen das Geld für die Nacht auf den Tresen. Wir entscheiden, die deutsche Botschaft aufzusuchen. Zwischen zwei Taxifahrern entbrennt ein aggressiver Streit um uns, es gibt aber keinen dritten. In einem Verzweiflungsakt heuern wir für die Fahrt durch den Moloch Delhi ein Tuktuk an und erleben eineinhalb Stunden hautnah Reizüberflutung durch Hupen, Abgase, Bedrängnis durch Bettler, Verkäufer, Prostituierte und werden von allen anderen Verkehrsteilnehmerinnen neugierig angestarrt. Vor der deutschen Botschaft wartet bereits eine kleine Traube von Landesgenossen. Sie wirken entmutigt und erzählen uns, dass man nicht hineindarf – wegen Corona. Mehrere versuchen verzweifelt, über die Hotline Kontakt zu jemandem jenseits des Gitters zu bekommen. Uns wird lediglich mitgeteilt, wir sollen uns online auf eine Liste des Auswärtigen Amtes eintragen, und zusehen, dass wir nach Moskau oder Istanbul fliegen können. Diese Restflüge kosten inzwischen um die 3000 Euro. Die Webseite mit dem Formular ist tagelang überlastet, man kann sich nicht eintragen. Bei jedem Konsulatskontakt werden wir wieder darauf hingewiesen, dass wir es weiter probieren sollen, während sich die Lage atmosphärisch deutlich zuspitzt. Plötzlich ist klar: Himalaya ade, wir müssen hier raus! Ich erreiche mein Münchner Reisebüro und flehe den Mitarbeiter an, uns noch einen Rückflug zu besorgen, bevor der Flughafen in 3 Tagen geschlossen wird. Wir finden ein annehmbares Guesthouse im zwielichtigen Bahnhofsviertel – wir haben Glück, denn vor der Botschaft erzählte man uns, dass fast keine Unterkünfte mehr Touristinnen aufnehmen würden, man auch nach Verpflegung suchen müsse. Corona ist auch hier angekommen – und plötzlich schlägt uns Feindseligkeit, Ignoranz, Angst und Gängelung entgegen. Unsere Einstellung ist inzwischen: Nichts ist sicher – sobald wir ein bisschen Boden haben und anfangen uns festzuhalten, oder gar zu freuen, wird er entzogen. Das pas-

siert uns seit vielen Tagen toujours. Im Restaurant werden wir von einem Polizisten fotografiert, dann vom Betreiber höflich hinausgebeten. Plötzlich Bewirtungsverbot, wir wussten nichts davon. Am nächsten Tag müssen wir auf dem Zimmer bleiben, bekommen ein ungenießbares Frühstück serviert. Dann die lang ersehnte Mail: Grünes Licht für einen Flug nach München in 2 Tagen. Vielleicht sei er in diesem Chaos überbucht, man wünsche uns aber viel Glück. Zum Flughafen dürfen wir noch fahren, verbringen dort 16 Stunden in einer Besucherlounge mit vielen bangenden Menschen. Die Sitzbank, auf der wir uns niedergelassen haben, wird uns nach einer Stunde von Polizisten ohne Erklärung unter dem Po weggezogen. Wir grinsen nur noch. Der Bereich, in dem die Toiletten liegen, wird abgesperrt und man wird teilweise willkürlich abgewiesen. Ich habe starken Durchfall entwickelt und mache mir mehrmals fast in die Hose. Sehr existenziell und körperlich jetzt, denke ich. Im Grunde ist da inzwischen tatsächlich eine Akzeptanz für alles was geschieht, ohne dabei dumpf und taub geworden zu sein. Einfach schauen, was kommt, und damit umgehen. Eine Art Überlebensmodus, aber vielleicht auch Öffnung zu etwas, was im oft kontrollierbaren Alltag normalerweise fehlt, und mit Konzepten und Erwartungen nichts mehr zu tun hat.

Wir fliegen nach Deutschland. Auch hier ist alles anders, und die Reise geht weiter. „Gut, dann schreibe ich das Buch weiter und gehe in Meditationsklausur." Weder meditieren noch schreiben funktioniert zunächst, der Kopf dröhnt, der Rücken schmerzt, der Körper will schlafen, jede Konfrontation mit der Außenwelt ist zu viel. Wieder loslassen. Nicht sorgen um die Zukunft, sehen was kommt. Trauer, um die verlorene Reise, die nicht stattgefundenen Begegnungen mit heiligen Orten und tief durchtränkter Spiritualität. Diese Gefühle sein lassen. Auch sie sind unbeständig – deren Wandel erfahren. Dann entsteht wieder genügend Boden für die Meditationspraxis. Ich sitze, und in meinem Inneren läuft unerwartet und ganz von selbst ein Film ab, von den unendlich berührenden Klöstern und den Tempelmalereien in Alchi (Ladakh), Tsapharang (Tibet), dem Milarepa-Kloster am Berg Kailash, und dem Kailash selbst, und der mich tief *im Herzen treffenden Guru Rinpoche-Figur im Shechen-Kloster in Kathmandu. Alles ist da.*

Dieses in der Zeit im indischen Kochtopf deutlich gewachsene Sein mit dem was ist, erwartungsfreier, gespannt, wie es morgen ist, und neugierig, wie ich damit umgehen werde. Und Leiden erschaffende Muster früh erkennen, sein lassen: Ich nenne das seither das große „Delhi-Loslassen". Solche Erfahrungen können im besten Fall zu mehr Hingabe ans Leben führen.

Es lebt sich gelassener, zufriedener und entspannter damit. Manchmal wird die buddhistische Ausrichtung auf die Lockerung und Überwindung von Ego-Prozessen dafür kritisiert, einen unkritischen Fatalismus zu bewirken, in dem Menschen bereit sind, zu viel mit sich machen zu lassen. Diese Ansicht teile ich nicht. Buddhistische Lehrerinnen und Lehrer können recht deutlich und klar werden, wenn es um Unrecht oder Ignoranz geht. Und die Handlungen, die aus einem weiten, gezähmten, nichtanhaftenden Geist entspringen, werden weniger destruktiv, vielleicht sogar effektiver sein als Handlungen aus Affekt und Verstrickung in Egomotive und -konzepte.

5. FREIER WERDEN, ERFÜLLTER UND VERBUNDENER LEBEN

Sind Wege zur Auflockerung von Narzissmus und von Ego dieselben?

Wenn wir anfangen, an unserem Narzissmus oder unserem Ego zu arbeiten, beginnen wir meistens mit derselben Ausgangslage: Wir erkennen, dass wir ein Problem haben, und merken, dass die größte Quelle wiederholter Leidenszustände in uns selbst liegt.

Ein wünschenswertes, psychologisches, stabiles Selbst sagt: „Ich bin". Die wahre Natur des Geistes sagt: „Ich bin nicht". Ersteres lässt sich aufbauen, allerdings unter innerer Schwerstarbeit. Zweitere lässt sich nicht herstellen, deren Erkenntnis aber sukzessive vorbereiten. Dies erfordert ebenfalls viel Disziplin und Loslassen zugleich. Beides schließt sich nicht aus, beides ist in Kombination wichtig.

Ego sagt: „Ich existiere dauerhaft, unabhängig von anderen, ich bin mein Fixstern und suche Stabilität und Konstanz". Das kann sowohl in einem sich selbst überhöhenden, aber auch in einem Schuld-, Opfer-, Minderwertigkeits-Ego stattfinden. Narziss sagt: „Ich bin besonders, wichtig, großartig, mir steht Bewunderung und besondere Behandlung zu". Wege zur Ego-Auflockerung müssen dauerhaft angelegte Konzepte und Identitäten in uns auflockern, und den ewigen Wandel ins Spiel bringen. Wege zur Narzissmusreduktion müssen das falsche Größenselbst erkennen und uns entsprechende Schritte des Verzichts vornehmen lassen. Gleichzeitig müssen sie aber helfen, ein wahres Selbst, einen stabileren Selbstwert, und ein echtes Selbsterleben zu finden. Zum Beispiel kann dazu gehören, anzufangen, innere Leere und Selbstzweifel erstmals ehrlich wahrzunehmen und auszuhalten. Und zu üben, Frustrationen wahrzunehmen und auf übermäßige Anerkennung und allzu viel Streben zu verzichten. Bei alledem gilt es in der Narzissmustherapie, extreme, beschämende Gefühle wie z. B. Angst zunehmend tolerieren und halten zu lernen, ohne dabei die Ich-Funktionen und das Selbstgefühl zu verlieren, oder diese erneut durch eine manipulative Fake-Fassade zu übertünchen. Bezogenheit, Nähe, Gegenseitigkeit, Gleichwertigkeit sind weitere Bereiche, die Narzissten scheuen, und auf die sie sich sukzessive einlassen müssen, bei aller Verwundbarkeit, die dies mit sich bringt.

Was beiden Wegen gemeinsam ist: Sie müssen das gemeinsame Menschsein bewusst machen, in jeder Situation, Sekunde, in jedem schwierigen Gefühlszustand.

Während die westliche Psychologie und Psychotherapie individuelle pathogene narzisstische Strukturen meistens auch in Zusammenhang mit der frühen Lebensgeschichte und den darin gemachten Beziehungserfahrungen bringt, ist die Überwindung von Egoprozessen in den östlichen Traditionen auf alle Menschen und ihren Grundmotor des Ego bezogen. Es geht nicht um etwas individuelles, sondern ein globales Grundmuster. Dabei suchen Lehrerinnen natürlich individuell passende ‚Medizin‘, die oft bitter schmeckt. Eine grundlegende Konfrontation mit destruktivem Narzissmus z. B. in der Psychotherapie, oder wenn von Kolleginnen oder Partnern der Vorwurf kommt, ein Narzisst zu sein, schmeckt ebenfalls nicht besonders gut, da dies meist kränkend ist. Interessanterweise sind mir in meinen verschiedenen psychotherapeutischen Arbeitsfeldern jedoch auch immer wieder Männer und Frauen begegnet, die zunächst oder dauerhaft von der Diagnose „Narzissmus" eher geschmeichelt schienen, oder sich irgendwie damit schmückten. Ich führe dies auf die narzisstische Struktur zurück, alles was zu einem gehört, für die eigene Größe und Selbstdarstellung zu nutzen, auch öfter Dinge, die anderen hoch peinlich wären oder als Baustelle eingeordnet würden (ich kann nicht umhin, hier auf den letzten amerikanischen Präsidenten zu verweisen).

In der kognitiven Verhaltenstherapie, die neben psychodynamischen Theorien eigene Behandlungsansätze für pathologischen Narzissmus entwickelt hat, ähneln die Methoden stellenweise denen buddhistischer Ego-Abbau-Praktiken: In beiden geht es auch um die Beschäftigung mit anderen fühlenden Wesen um uns herum, statt nur mit uns selbst. Im Buddhistischen geht es fast durchwegs um die Kultivierung von Mitgefühl, in den verhaltenstherapeutischen Methoden zu Narzissmus ähnlich um die Erweiterung von Empathiefähigkeit. Richtig schweren Narzisstinnen wird dies jedoch eher über „kognitive Brücken" in der Einfühlung vermittelt, weil es bei sehr schwer Betroffenen tatsächlich nicht so leicht ist, echtes gefühltes Mitgefühl über Einfühlung mittels der Spiegelneuronen zu erlangen. In der Regel dauert dieser Weg extrem lange, und wird von den in Kritikfähigkeit und Frustrationstoleranz defizitär ausgestatteten Betroffenen meist nicht durchgehalten.

Auf jeden Fall kann man – beispielsweise mit Blick auf indische und tibetische Mahasiddhas und erleuchtete Meister, die immer hart praktizierende und durch sehr schwierige Übungen gehende Yogis und Yoginis waren – sagen, dass der Weg der Transzendenz der eigenen Egoprozesse, der zum Aufwachen von Herz und Geist in unsere eigentliche Natur führt, keine Wellnessveranstaltung ist, sondern zwischendurch sehr wild und unkomfortabel. Auf sehr unterschiedliche, ganz individuell zugeschnittene Weise.

Es lohnt sich – für uns und alles, was uns umgibt

Wir leben in dieser speziellen Zeit, wo wir mit neuartigen gesundheitlichen Bedrohungen, Gefahren der Biotechnologie, einer fortschreitenden, uns alle bedrohenden Klimakatastrophe, einem aufgeblähten, auf Konsum und Verschuldung basierenden und vom Kollaps bedrohten Wirtschaftssystem, den neben den positiven Aspekten der Digitalisierung riesigen Schatten- und Gefahrenseiten derselben, einer neuartigen, globalen Macht- und Geld-Umverteilung mit machthungrigen und gierigen Nationen, Machthabern, Wirtschaftskartellen, und territorialen sowie ideologischen Brandherden zu tun haben. In letzter Konsequenz geht es jetzt um unser Überleben in einem noch längerfristig hinreichend intakten Lebensraum. Auf jeden Fall geht darum, gut zu leben, statt statt unsere Lebensqualität immer schlechter zu machen.

In den Lockdowns haben wir alle gemerkt, wie sehr wir Kontakt, Wärme und Verbindung brauchen. Zudem sind wir angewiesen auf Wahres, Schönes und Gutes und darauf, diese Werte zu feiern, etwa durch Kunst und Kultur. Wir sind mehr denn je gefragt, Weisheit und Herzensgüte – die 2 Aspekte der buddhistischen transzendenten Weisheit – zu kultivieren. Es geht um mehr als unmittelbare, kleine Vergnügungen, Konsumeinheiten, und ein Kreisen um „mich und mein Wohl" als Dauerprogramm. Gehen wir es an! Setzen wir den narzisstischen und Ego-Strömungen unserer Zeit etwas entgegen! Für uns selbst, unser Umfeld, und auch für die Generationen, die hoffentlich noch nach uns kommen.

Buddhistische Übungswege bringen ein Leben mit weniger Ego-Anhaftung so auf einen Nenner:
„Begehe keine nicht tugendhaften Handlungen,

*kultiviere alle vortrefflichen Tugenden,
bezähme deinen eigenen Geist vollkommen,
dies ist die Lehre des Buddha."*⁽¹⁾

Übungen: Narzissmus auflockern

Bewusstmachung und Erkenntnis:

Gerade wenn Sie sich in Konfliktsituationen befinden, wenn Sie wütend, vorwurfsvoll, verletzt, gekränkt sind oder Ihnen nach Rache nehmen ist: Halten Sie inne. Lassen Sie das Geschehene revue passieren, und machen Sie sich das Kernmoment, die Kernaussagen oder die zentrale Verletzung klar, die durch jemand im Außen oder in Ihrem Inneren eine starke emotionale Reaktion ausgelöst hat. Stoppen Sie die ent- oder aufwertenden inneren Geschichten oder den inneren Dialog, und wenden Sie sich als Fokus Ihren Körperempfindungen und der damit verknüpften, emotionalen Reaktion zu. Lassen Sie diese Empfindungen in Ihnen sein – tobend, beengend, hitzig, eisig, Ihnen den Atem raubend oder anders. Bemerken Sie, dass vielleicht etwas ins Wackeln gekommen ist in Ihnen, vielleicht ist da auch Angst, sich oder den eigenen Selbstwert zu verlieren. Dies alles wahrzunehmen, kann bereits mehr Halt entstehen lassen, und Sie müssen nicht so sehr in innere und äußere Manöver gehen. Und dann gehen Sie bewusst in eine Neubewertung – nicht des Geschehenen und der Umstände dazu, sondern Ihres momentanen Zustandes. Jenseits von richtig und falsch: Wollen Sie so sein? So reaktiv? So abgeschnitten, nicht wirklich bezogen auf die (vielleicht ganz andere) Erlebniswelt Ihres Gegenübers, so zornig – vielleicht auch manipulativ-rachsüchtig-hart-empört-arrogant-konkurrierend? Was ist der Preis? Falls Sie die vorletzte Frage mit nein beantwortet haben, gestehen Sie sich nochmals entschlossen und deutlich ein: So will ich nicht sein! Nach welchen Werten und Tugenden wollen Sie, will ihr tiefstes, bestes Selbst leben? Gibt es einen Gewinn im inneren Verzicht auf Kränkungsreaktion und Rache, so schwer dies fällt? Einen Gewinn des sich Beziehens auf die andersartigen anderen, und von Einfühlung in deren Erleben? Zur Not stoppen Sie Ihre narzisstische Reaktivität nach außen zunächst gemäß Shantidevas Empfehlung: „Wenn dein Geist dich zu Gefühlen drängt von wutentbranntem Hass oder von Gier, dann handle nicht! Sei ruhig, rede nicht! Verharre unbedingt, als wärest du aus Holz."[2]

Sich in Schwierigkeiten ohne Publikum halten üben:

Shantideva gab noch weitere Empfehlungen: „Besteht dein Denken nur aus bösem Spott, ist voller Stolz, Anmaßung und Arroganz, wenn du versteckte Fehler von anderen entlarven willst, alte Zwistigkeiten ausgräbst oder hinterhältig bist, wenn du nur auf Komplimente aus bist, jemanden kritisieren und schlechtmachen willst, schroffe Worte sagst, weil du nur Streit suchst, dann solltest du verharren, als wärest du aus Holz."[3] Wenn Sie in Bedrängnis kommen, weil Sie sich nicht gesehen oder verkannt fühlen, etwas Kränkendes oder Verletzendes erlebt haben, kritisiert worden sind, Ihnen etwas Ungerechtes widerfahren ist, halten Sie wieder inne, und bemerken, wie emotional Ihre innere Reaktion gerade ist. Damit sind Sie nicht falsch! Erlauben Sie, dass dieses Unwetter in Ihnen tobt. Bemerken Sie, wie sich Ihr konzeptioneller Geist Geschichten über Sie und die anderen erzählt, die stark wertend, vielleicht sogar schwarz-weiß-denkend sind. Bemerken Sie, wie Ihr Geist beim Nachdenken versucht, Sie irgendwie größer und besonderer zu machen, die anderen dagegen ins Unrecht zu setzen, und sie kleiner und weniger mächtig werden zu lassen. Identifizieren Sie Fantasien und tatsächliche Manöver-Planungen, um wieder besser dazustehen, es allen zu zeigen, oder subtil oder offen Rache zu üben. Oder eher die Konstrukte, die sich Ihr Geist bildet, um wieder mehr Lob und Anerkennung zu bekommen. Bemerken Sie, wie abhängig oder verstrickt Sie gerade in Bezug auf ihr Umfeld sind. Nehmen Sie den umgekehrten Weg, gehen Sie in Beziehung zu sich selbst – zur ganzen Palette ihrer schwierigen Gefühle. Inmitten all dieser sind Sie ganz in Ordnung. Fühlen sie das. Verzichten Sie auf co-narzisstisches Publikum, auf Anerkennung, Wiedergutmachung und Ähnliches. Erlauben sie dem Leben so zu sein, wie es gerade ist. Lassen Sie all die Wellen der Empörung, Wut, Verletzung etc. sich in Ihrem System beruhigen. Wertschätzen Sie sich selbst, ohne gerade besonders sein zu müssen.

Arbeiten mit der inneren Leere und Identitätsverlust:

Wenn Sie anfangen mehr inne zu halten, und sich Ihren ganz wahren Kernempfindungen und Gefühlen zu stellen, wenn Sie auf unangenehme Weise auftauchen, statt diese durch ein narzisstisches Manöver im Innen oder Außen abzuwehren, können Sie sich darin trainieren, sich mit all dem selbst (aus-) zu halten. Wichtig zu praktizieren ist dies mit den Narzissmustypischen Kerngefühlen Verunsicherung, Scham und Leere, aber auch mit heißer und kalter Wut oder Hass, Neid und Eifersucht, Rachegelüsten etc.. Das zentrale Gefühl zu benennen, zähmt es bereits etwas: Name it and tame it! Durch das Benennen schalten Sie andere, vorteilhafte Gehirnregionen wieder an, die durch die heftige Gefühlsspannung deaktiviert wurden. Neben der folgenden Übung „Ja, ich will geliebt werden" gibt es die Möglichkeit, dieses Halten der stellenweise unerträglich scheinenden emotionalen Zustände durch eine symbolische Geste herzustellen: Ballen Sie eine Hand zur Faust, und packen

Sie in diese Anspannung der Muskeln all die emotionale Spannung, die gerade in Ihnen ist. Halten Sie diese Spannung aus und schnüren Sie sich dabei nicht von Ihrer Atmung ab. Nehmen Sie die Not wahr, die inmitten dieser Spannung sitzt, die die Faust symbolisiert. Dann bringen Sie Ihre andere Hand dazu, die feste Faust auf eine stimmige Weise zu ummanteln. Weich, freundlich, Halt gebend, vielleicht auch mit einer gewissen Bestimmtheit und Festigkeit. Die Hand kann die Faust berühren, oder etwas in Abstand bleiben – Sie spüren, wie Sie es brauchen. Halten Sie diese Geste etwas. Schauen Sie diesem Geschehen nicht nur mit den Augen zu, wie einem Theaterstück, sondern lassen sie Ihr Inneres in Resonanz gehen. Spüren Sie im Körper, besonders im Herzbereich, wie diese Geste Halt gebender Zuwendung ankommt und berührt – obwohl sie so simpel ist. Diese Arbeit mit der Halt gebenden Geste lernte ich bei David Treleaven, der viele Techniken zum Thema traumasensitive Achtsamkeit vermittelt und ein Buch darüber geschrieben hat.

„Ja, ich will geliebt werden!":

Ein Kerngefühl, was durch die narzisstische Abwehr stark kontrolliert wird, ist Scham. Scham ist ein in unserer Gesellschaft omnipräsentes, und dennoch verkanntes, sehr schwieriges und schlecht regulierbares Gefühl. Scham sagt (oder lässt einen ohne Worte fühlen): „Mit mir stimmt etwas ganz und gar nicht. Ich bin nicht richtig und liebenswert, so wie ich bin." Sie steckt sehr oft hinter narzisstischem Gebaren. Es ist wichtig, ihr wirklich zu begegnen, wenn sie auftritt. Körperlich lässt sie Sie vielleicht erröten, schwitzen, sich schwindelig fühlen, macht, dass Sie sich zusammenkauern, kleiner und kleiner werden und vielleicht sogar im Boden versinken wollen. Auch hier ist das Benennen („ja, ich schäme mich", „ich versinke gerade in Scham", „in mir fühlt sich etwas falsch und fehlerhaft") der ausschlaggebende Einstieg. Erst dann bekommen Sie auch zu greifen, was als Medizin funktioniert (als echte Medizin in Beziehung zu Ihrem Leiden, nicht als falsche, wie etwa Erhöhung des Selbst und Entwertung der anderen). Die Medizin besteht in der tiefen, ehrlichen Anerkennung des *Wunsches*, geliebt zu werden, wie wir sind. Sie müssen sich noch nicht einmal gleich diese Liebe geben oder im Außen holen. Sie erkennen sich als Mensch, der – wie alle Menschen, und ohne dass daran irgendetwas falsch wäre – den tiefen Wunsch nach bedingungsloser Liebe in sich trägt. Ruhen Sie in dieser Erkenntnis, diesem Eingeständnis, und achten Sie darauf, was in Ihrem Inneren mit Ihren Schamgefühlen geschieht. Diese kleine Übung ist dem MSC-Programm nach Neff & Germer frei entnommen[4], welches fokussiert mit Scham arbeitet.

Auf Bespiegelung des falschen Selbst verzichten:

Beobachten Sie sich, wann Sie sich über ein früh gelerntes falsches Selbst aufwerten. Müssen Sie ständig besonders viel oder Perfektes leisten? Statussymbole zur Schau stellen? Irgendwie auffallen, durch Styling, Body-Shaping? Wenn Sie sich weniger narzisstischer Mechanismen bedienen wollen, geht es zunehmend mehr um ihr wahres, manchmal auch unbehagliches, verwundbares und nicht mehr so besonderes Selbst. Gehen Sie auf die Suche nach Ihrem wahren Sein. Schlüpfen Sie weniger in Rollen, über die Sie Aufmerksamkeit, Bewunderung, Macht und ähnliches erzielen. Und wenn Sie irgendwo besonders gut, attraktiv oder erfolgreich sind, suchen Sie weniger nach Scheinwerfern im Außen, die Sie dafür bestrahlen. Setzen Sie Ihre Qualitäten nicht mehr so stark ein, um gesehen, anerkannt zu werden oder das soziale Geschehen zu manipulieren. Sie dürfen sich in Ihrem wahren Selbst auch mal klein und durchschnittlich fühlen. Und können sich vielleicht an Ihren Leistungen und Qualitäten einfach im Inneren freuen, wenn Sie ihnen begegnen, für den Moment. Beziehen Sie auch hier die Vergänglichkeit dieser Erfahrungen mit ein. Dieses gut und bedeutsam sein muss nicht bleiben, es darf schwanken.

Du kannst nichts mitnehmen:

Dies ist der Name eines genialen Liedes („nix mitnehma") des bayerischen Kabarettisten und Liedermachers Georg Ringsgwandl. Er führt darin alles Mögliche auf, was einem vielleicht wichtig ist, wie Macht, beruflichen Status, Erfolge, Besitz, Statussymbole, Größenideen. Vergegenwärtigen Sie sich das, was mehr Grandiosität erzeugt, als Sie manchmal tief innen vielleicht fühlen, was Sie aufwertet, anderen zeigen soll, wie gut und bemerkenswert sie sind. Dann begeben Sie sich in Ihrer Phantasie ans Ende Ihres Lebens. Lassen Sie die Wahrheit auf sich wirken, dann alles loslassen zu müssen, was Sie angehäuft, und womit Sie sich geschmückt haben („Des derfst ned mitnehma!"). Was für Gefühle begegnen Ihnen in dieser Reflexion? Ist möglicherweise sogar etwas Befreiendes dabei? Eine konfrontative und heilsame Übung, die man wieder und wieder machen kann.

Schattenarbeit:

Ähnlich wie bei der Übung zur Scham, gehen Sie Ihren Schattenaspekten auf den Grund. Demjenigen, was Sie nicht sein wollen – aber auch sind. Der Schatten ist so etwas wie ein großer Container im Unbewussten, der all das beinhaltet, was an Untiefen, Abgründen, Hässlichkeiten in uns schlummert. Irgendwann haben wir diese echten, aber gefährlichen Aspekte unseres wahren Selbst vielleicht tief verdrängt. So sind sie nicht integriert, können aber hervorbrechen, wenn bestimmte Situationen oder Menschen erinnernd oder auslösend in unser Leben kommen. Niemand ist nur gut, tugendhaft, genial und so weiter. Schlummert in Ihrem Container ein hässlicher Tyrann? Eine kastrierende Eisprinzessin? Ein verwahrloster, stinkender Typ, der sich selbst aufgegeben hat? Ein unersättlicher Hungergeist, der aus purer Gier besteht und nie genug kriegen kann? Ein kleines, zerfallendes Nichts? Wenn Sie diesen Schattenanteilen begegnen, und diese erst einmal radikal akzeptieren, integrieren und entschärfen Sie sie auch. Auch das darf es in Ihnen geben. Sie müssen es ja nicht ausagieren (die Gefahr, dass Sie dies irgendwann unbewusst tun, wird dabei sogar geringer) – nur auch „diesem Gorilla" begegnen, wenn Sie in den Spiegel schauen (um ein Bild von Pema Chödrön zu verwenden), und aushalten, dass es ihn – Stand jetzt – auf diese Weise in Ihnen gibt.

Auf Manipulation und Benutzen verzichten:

Prüfen Sie Ihre Beziehungen, die selbst gewählten und die nicht freiwillig eingegangenen. Wie viel Kontrolle, wie viele offene oder versteckte, manipulative Machtspielchen, wie viel einseitiges oder gegenseitiges Benutzen zu narzisstischen Zwecken finden Sie darin? All diese Mechanismen sind fern von echter Bezogenheit und Beziehungsfähigkeit. Bemerken Sie Ihre Unsicherheit und Angst, und was sich sonst noch in Ihnen meldet, wenn Sie solche Manöver stellenweise einfach sein lassen, und dadurch experimentell aus Steuerung und Kontrolle gehen? Lernen Sie dadurch auch die Motive besser kennen, die Sie so handeln lassen. Erweitern Sie Ihren inneren Toleranzraum für Angst und Kontrollverzicht, manchmal auch -verlust. Sie sind kein kleines Kind mehr, was fürchten muss zu sterben, wenn es in einem narzisstischen oder vernachlässigenden System nicht über Anpassung und falsche Selbstanteile mitfunktioniert. Sie sterben nicht. Manchmal ist es schwer, auszuhalten. Und möglicherweise begegnen Ihnen neue Aspekte trotzdem stattfindender Liebe, Sympathie oder Gegenseitigkeit. Vielleicht entstehen diese Erfahrungen manchmal auch gerade deshalb, weil Sie Ihre narzisstischen Strukturen lockern.

Nicht mehr entwerten, verachten, polarisieren:

Beobachten Sie, wann Sie Impulse verspüren, anderen gegenüber verachtende, entwertende, dämonisierende Gedankenketten zu produzieren, und wann Sie diesen in Ihrem Verhalten folgen. Studieren Sie, wann genau diese Tendenzen auftauchen, welche Funktion sie haben (das können Sie herausfinden, wenn Sie versuchen darauf zu verzichten), und wie sie sich in Ihnen anfühlen – auch körperlich. Meistens fühlen sich diese Modi nicht wirklich gut an. Und dennoch verstehen wir besser, was sich wahrscheinlich noch schlechter anfühlen würde, wenn wir uns in solchen Situationen etwa nicht mehr durch unsere Verachtungsenergie schützen, denn das tun wir. Auch hier führt der Weg der Veränderung wieder über die radikale Akzeptanz: „Ja, gerade bin ich in meinem Verachtungsmodus". „Ja, gerade verteufle, entwerte, polarisiere ich mal wieder". „Ich nehme diesen Teil in mir, der das gerade tut, an." Und dann: „Wer wäre ich ohne diese Tendenzen?"

Empathie und die Gleichwertigkeit der anderen:

Gestehen Sie sich ein, dass Sie durchgehend, oder in bestimmten Umständen, von anderen abgeschnitten sind. Das kann auch „geliebte" Bezugspersonen wie Partnerin, Kinder, andere

Familienmitglieder, Freunde oder Tiere betreffen. Wie viel Mitgefühl bringen Sie auf, wenn es jemandem schlecht geht, und wie viel geht es dabei wirklich um den Schmerz und das Bedürfnis des Gegenübers, nicht um Ihre Helferrolle? Wie empathiefähig sind Sie, wenn dies gerade keinen Vorteil für Sie bringt? Wenn andere gerade etwas wollen, was sich von Ihren Anliegen und Bedürfnissen unterscheidet? Wie sehr können Sie sich mitfreuen, wenn jemand anderem gerade etwas Gutes gelingt oder widerfährt, Ihnen aber nicht? Können sie sich in die Bedürfnisse, Ängste, Verletzungen und Verletzbarkeiten anderer einfühlen, wenn Sie mit ihnen gerade in einem handfesten Konflikt oder Machtkampf stecken? Wie sehr können Sie sich in die Haltung „gemeinsamen Mensch-Seins" mit dessen Kämpfen, Freuden, Nöten, Stärken, Schwächen begeben? Und zulassen, dass das Grundrecht auf Entfaltung und Glück allen auf gleiche Weise zusteht?

Wenn Ihnen Empathie und Gleichwertigkeit grundsätzlich oder stellenweise schwerfallen, ist es unglaublich hilfreich, immer mal wieder die „Konkurrier-Brille" abzusetzen und zur „Brille gemeinsamen Mensch-Seins" zu greifen.

Darüber hinaus üben Sie sich in kognitiver Beschäftigung mit möglichen andersartigen Motiven, Werten, Gefühlen und Bedürfnissen Ihres Gegenübers, die sich vielleicht von Ihren unterscheiden. Erfragen Sie diese auch aktiv. Lassen sie sich nicht mehr dadurch kleiner werden oder bedroht sein, dass andere anders denken, wollen und fühlen. Versuchen Sie zu akzeptieren, dass dies so ist.

Die noch schwierigere Übung als diese kognitive, ist die emotionale Übung von Mitgefühl, die meist als eine Herzweitung erlebt wird. Wie gesagt, sehr akzentuiert narzisstische Menschen haben hier meist große Schwierigkeiten und müssen auch über die kognitive Brücke gehen. Aber bei geringerem oder partiellem Narzissmus, sowie kulturellen und subkulturellen narzistischen Tendenzen, wo bestimmte andere ausgeblendet, kleingemacht oder benutzt werden, können solche Herzweitungs-Übungen gut greifen und viel verändern. Wir strahlen mit der Zeit mehr Wärme und Offenheit aus, und werden dann zwar weniger bewundert, aber unsere Umgebung fühlt sich in unserer Gesellschaft wohl und ist einfach gern mit uns zusammen. Die unter „Ego auflockern" beschriebenen Übungen von Metta und Tonglen sind solche uralten buddhistischen Herzweitungsübungen, die uns bedingungslos liebender und mitfühlender werden lassen können, und dabei sogar dauerhaft das Gehirn verändern können[5].

Das Sonnenblumenfeld:

Angelehnt an eine imaginative Kontemplation von Jeanine Canty lade ich Sie ein, die Augen zu schließen und sich in die Perspektive einer Sonnenblume zu begeben, die in voller Kraft steht und sich gen Himmel reckt. Fühlen Sie die strahlende Lebendigkeit und Schönheit, die Ihnen innewohnt. Das Wunder Ihrer zellulären Struktur. Ihr Vibrieren und Leuchten. Genießen Sie dieses Lebensgefühl eine Weile.

Und dann blicken Sie sich im Geiste um: Sie entdecken, dass Sie umgeben sind von einem riesigen Sonnenblumenfeld. Es ist ein gemeinsames Leuchten. Jede Blüte strahlt darin auf ganz individuelle Weise. Der Glanz der anderen schmälert den Ihren nicht. Und umgekehrt. Lassen Sie dieses Bild für kraftvolle Koexistenz und Ko-Kreation auf sich wirken.

Übungen: Ego auflockern

Hier gibt es Praktiken auf zwei Ebenen: Der relativen und der absoluten Ebene. Wenn Sie sich ein Kreuz vorstellen, ist die vertikale Linie die relative („aufwachen üben inmitten der Welt") und die horizontale die absolute („aufwachen üben mit Blick auf Transzendenz"). Man könnte auch sagen, Übungen, die vor allem das Herzchakra und die Chakren darunter betreffen, sind weitgehend relative Praxis, und solche, die im Stirn- und Kronenchakra ankommen, größtenteils absolut. Ich habe die Auswahl an Übungen zur Lockerung von Egoprozessen zum besseren Verständnis in diese 2 Kategorien unterteilt.

Im ersten Kapitel wurde reflektiert, dass wir alle – und übrigens auch die Tiere – dieselbe Luft atmen und aus einer ersten gemeinsamen Urzelle stammen. Vergegenwärtigen Sie sich dies wirklich, und beobachten Sie, ob das ein wenig Entspannung bringt. Zum Beispiel, weil es verbindet, und die eigene Egozentrik auf wohltuende Weise reduziert. Oder ob Widerstand auftaucht – spätestens dann, wenn Sie an jemanden denken, mit dem oder der Sie nur ungern dieselbe Luft atmen, und auch nicht über die Urzelle verwandt sein wollen. Ich kann Ihnen versichern, ich bin vor solchen inneren Kontraktionen selbst auch nicht gefeit! Bleiben Sie auch in dieser Übung inmitten der Antipathie präsent, im Körper oder in Verstandesbewegungen. Verurteilen Sie sich selbst nicht dafür, wenn so etwas auftritt. Üben sie, Ihrem Widerstand gegen die Realität beizuwohnen, ihn zu beobachten. Möglicherweise wird durch dieses akzeptierende Bezeugen die Akzeptanz der Realität des gemeinsamen Menschseins mit ALLEN schon ein wenig plausibler, und Ihr Toleranzraum wird etwas weiter.

Weisheit (vertikal) kann sich manchmal kühl und ohne Mitgefühl zeigen, Mitgefühl (horizontal) kann blind und ohne Weisheit ausagiert werden. Die beiden Ebenen müssen zusammen tanzen wie ein eingespieltes Tangopaar, oder bilden die zwei Flügel des Adlers der inneren Befreiung. Die „Lösung" der horizontalen Ebene ist, unser gemeinsames Menschsein als Spezies (wieder) zu entdecken, und immer mehr durch die Brille von Gemeinsamkeit und Interdependenz diesen Tanz des Lebens und des Todes zu tanzen, die Tiere, die Erde, unsere Ahnen, sogar formloses Leben und mögliches Leben jenseits der Erde und unseres Sonnensystems mit einbezogen. Diejenige der vertikalen Achse ist, die Relativität und letztendliche Substanzlosigkeit unseres Hierseins und Erfahrens zu erkennen. Und sich dem anzunähern, was weder geboren wird noch vergeht.

Relativ

Erlaubnis-Praxis:

Schließen Sie die Augen und nehmen drei tiefe Atemzüge. Nehmen Sie Ihr inneres Wetter wahr, genauso wie es gerade ist. Wie fühlen Sie Ihren Körper – Ihre Emotionen – und wie tickt Ihre Gedankenwelt gerade? (Pause). Lassen Sie alle Kontrolle los, egal was in Ihrem Gefühl und Geist auftaucht. *Lass das Leben sein wie es ist.* Machen Sie eine Weile die „Ja-Kontemplation": Zu allem, was Sie in sich wahrnehmen, sagen Sie „Ja". Immer wieder. Und wichtig: Beobachten Sie, was das macht (in der Regel bringt es Entspannung hinein, so sein zu dürfen, wie man nun gerade ist, auch wenn man es sich anders wünschen würde).

Bemerken Sie die Stille zwischen den Bewegungen Ihres Geistes oder Ihrer Gefühle. Wie ist es, alle Empfindungen, Gefühle, Impulse, Gedanken erst einmal als momentane Eindrücke zu bejahen? Ohne Zensur? Bemerken Sie, was das in Ihnen bewirkt – nur als Erfahrung im Jetzt. Nicht dass Sie alles gut finden sollen, was Ihnen widerfährt oder auf der Welt geschieht. Bemerken Sie, wie Raum und Offenheit entstehen. Wenn Widerstand kommt, bejahen Sie auch den Widerstand. Lassen Sie es geschehen. Lassen Sie Kontrolle los.

Meditation zu Metta – bedingungslosem Wohlwollen:

Die US-amerikanische Zen-Lehrerin Angel Kyodo Williams sagte einmal: „Liebe hat nichts damit zu damit tun, was wir mögen." Lassen Sie sich diesen Satz eine Weile auf der Zunge zergehen. Lassen Sie ihn in Ihr Herz, ohne ihn intellektuell zu zerlegen. (Pause)

Alle Menschen, alle Wesen – ob sie uns sympathisch, unsympathisch oder egal sind, haben ein Grundrecht auf Glücklichsein. Reflektieren Sie, wie das Verhältnis dieser drei Kategorien in Ihrem Leben aussieht. Bemerken Sie, dass Sie diese Einteilung offen oder subtil vornehmen, wie wir alle.

Wählen Sie zu Übungszwecken drei Wesen aus, eines aus der „mag ich"-Abteilung, jemand Entfernteren aus der „egal"-Abteilung, und Jemanden aus der „lehne ich ab"-Ecke. Schließen Sie die Augen, und setzen im Geiste die Person (oder auch ein geliebtes Tier) links neben sich. Lassen Sie sich eine Weile spüren, wie Sie diese Nähe genießen und wie Sie sich fühlen. (Pause). Dann setzen Sie die Ihnen unsympathische Person rechts neben sich dazu. Bemerken Sie, was sich innerlich regt, und lassen Sie sich einfach reagieren, wie Sie reagieren.

Schließlich lassen Sie vor sich das neutrale Wesen Platz nehmen. Nehmen Sie auch hier wahr, was dabei in Ihnen aufsteigt, oder vielleicht eben nicht aufsteigt. Bemerken Sie, auf welche Weise Ihnen dieses Wesen „nicht am Herzen liegt".

Zu Ihrer Linken hin spüren Sie wahrscheinlich Wohlbehagen oder den Drang näher zu rücken – nach rechts vermutlich Enge und den Wunsch nach Distanz. Und nach vorne dieses „egal". Erforschen Sie jetzt kleine Bewegungen jenseits Ihrer Reaktionsmuster. Wie ist es, nach links eine kleine innere Freilass-Bewegung zu machen?

Und nach rechts ein klein wenig Öffnung und Wohlwollen zu versuchen, wenn das geht, einfach, weil diese Person auch ein Grundrecht auf Wohlergehen, Glück, Sicherheit, Gesundheit, Freiheit hat wie wir alle, und wie wir in Irrungen und Wirrungen steckt? Bemerken Sie auch, wenn Widerstand kommt – und nehmen Sie sich auch mit diesem an. (Pause). Zuletzt wenden Sie sich dem Wesen vor Ihnen zu, und versuchen ein klein wenig mehr Interesse an dessen Wohlergehen zu entwickeln. Auch Ihr Gegenüber hat dieses uns allen gemeinsame grundlegende Recht auf Glück.

Kehren Sie zurück zu ihrem Herzraum, und spüren Sie, was darin gerade geschieht. Mit bedingungsloser Akzeptanz aller Regungen und Gefühle, so wie Sie gerade hier und jetzt sind. Gehen Sie im Geiste Ihren Freundeskreis durch, und, falls Sie Liebe, Güte oder Wohlwollen im Herz spüren, lassen Sie es zu diesen Bezugspersonen strömen. Stellen Sie sich die Wesen vor, wie sie diese wohlwollende Energie empfangen. (Pause). Gehen Sie dann zu Ihrer Familie, und versuchen Sie dasselbe. Schließen Sie dabei die schwierigen Familienmitglieder mit ein. (Pause). Dann üben Sie mit Ihrer unmittelbaren Nachbarschaft (Pause). Erweitern Sie Ihre ausstrahlende Herzenergie auf den Raum von einem Kilometer um Sie herum (Pause). Dann nehmen Sie Ihren Ort oder Ihre Stadt. Dann Ihr Bundesland – Ihr Land – Ihren Kontinent. Werden Sie weiter (ohne sich selbst zu verlieren), bis Sie einmal die Erde umschließen mit dem Herzenswunsch, dass alle Zugang zu den Wurzeln von Glücklichsein bekommen, und in Herz und Geist frei sein mögen. Nehmen Sie persönliche Wünsche für Andere mit hinein (keine opportunistischen oder selbstbezogenen). Nehmen Sie auch die Erde dazu („möge unsere Erde heilen"), mit ihrer Flora und Fauna. (Pause). Und schließen Sie sich selbst mit ein.

Versuchen Sie diese Herzensübung frei sein zu lassen von Gutmenschentum und Ideen, dadurch ein toller Mensch zu sein, sonst dient sie erneut als narzisstische oder Ego-verfestigende Übung. Lassen Sie sie experimentell sein, und versuchen Sie dabei nicht, heiliger oder weiter zu sein, als Sie sind.

Metta – oder liebende-Güte-Meditation ist eine sehr gängige Kernpraxis im Buddhismus, und wenn Sie damit herzerweiternd arbeiten wollen, finden Sie dazu im Internet (z. B. auf Youtube, in Meditations-Apps wie Insight Timer, Dharma Seed) zahlreiche Anleitungen dazu.

Vergebungs-Meditation:

Schließen Sie die Augen und nehmen Sie einige tiefe, lang gezogene Atemzüge. Reflektieren Sie Ihre vergangenen und aktuellen Beziehungen. Welche kleineren und größeren Enttäuschungen oder Verletzungen fallen Ihnen dabei ein, die Ihnen widerfahren sind und die Sie noch mit sich herumtragen, also noch nicht vergeben haben? Vergebung heißt dabei nicht: Ich heiße gut, was passiert ist, oder lasse zu, dass mir ähnliches nochmal geschieht. Vergebung kann auch einfach Befriedung im Herzen genannt werden. Es spielt erst einmal keine Rolle, ob Sie damit auch in die Interaktion zu dem Menschen gehen, um die oder den es geht. Diese Übung passiert ausschließlich in

Ihrem Inneren. Wählen Sie dann eine Person aus, der Sie noch nicht vergeben haben, wo Sie sich dies aber wünschen, um mehr inneren Frieden zu finden. Fangen Sie dabei nicht mit einer traumatisierenden Beziehung an, wenn die Vergebungspraxis neu für Sie ist. (Pause)
Es folgen nun 5 Schritte, die einen inneren Befriedungsprozess anstoßen. Möglicherweise müssen Sie diese auch mehrmals durchgehen, damit sich etwas tut.

1. Um wen geht es? Was ist passiert? Was wurde gesagt? Wie ist Unrecht geschehen, und was hat es mit Ihnen gemacht? Nehmen Sie sich Zeit zu rekapitulieren und Kontakt zur Gefühlsebene herzustellen, im Körper. Nehmen Sie wahr, was jetzt und hier im Körper passiert, wenn Sie sich das herholen, was Sie noch nicht loslassen konnten.

2. Bleiben Sie jetzt bei Ihren verletzten Gefühlen: Ist da vor allem Schmerz? Ohnmacht? Wut? Trauer? Eifersucht? Beschämung? Rachsucht? Oder heißt es anders? Wenn Sie herauskristallisiert haben, um welche zentralen Gefühle es bei der Geschichte geht, erkennen Sie sie an. Zum Beispiel: „Ja, es hat mir Schaden zugefügt". „Ja, es fühlt sich immer noch an wie eine offene Wunde". „Ja, ich würde mich am liebsten rächen" usw.. Vertiefen Sie dabei nicht die damalige Erfahrung im Sinne einer Opfermentalität. Aber signalisieren Sie sich, dass Ihre Jetzt-Gefühle zählen, die Sie wahrnehmen, wenn Sie berühren, was geschehen ist. Nehmen Sie sich für dieses Bezeugen und geschehen-Lassen eine Weile Zeit. Halten Sie dabei engen Kontakt zu den ausgelösten Körperempfindungen, und halten Sie sich (aus), mit viel warmer, freundlicher Präsenz. Geben Sie sich Mitgefühl für das, was Sie erlitten haben. Vielleicht tut auch eine tröstende oder beruhigende Berührung an der Stelle gut, die schmerzt.

3. Wenn Sie jetzt bereit sind, einen Schritt zu machen, und wenn es nur eine Mini-Bewegung in Richtung Befriedung und Vergebung ist, kontemplieren Sie die Kräfte und Umstände der damaligen Situation, die mit zum Geschehenen beigetragen haben: Was hat im Hintergrund oder Untergrund mitgespielt, dass sich die Person so verhielt, wie sie es tat? Belastende Umstände – Stress – Geldsorgen – kulturelle Faktoren – Auswirkungen einer traumatischen Kindheit – .... . All diese Faktoren setzen das Geschehene in einen neuen Bezugsrahmen, der für die Vergebung wichtig sein kann. Es geht dabei nicht um Verleugnung oder Verniedlichung von Schmerz. Gestehen Sie sich ein, dass es in unser aller Natur liegt, Fehler zu machen. (Pause)

4. Wenn Sie sich bereit fühlen, beginnen Sie jetzt damit, der Person einen kleinen Vergebungsschritt anzubieten. Hören oder spüren Sie in sich hinein, wie sich das anfühlt. Lassen Sie wieder alles zu, was geschieht – und übergehen Sie sich nicht. Sie können auch Worte denken oder sagen, wie: „Möge ich damit *beginnen*, dir zu vergeben, was du bewusst oder unbewusst getan hast, und womit du mir Schaden zugefügt hast." Spüren Sie, ob etwas ein wenig weicher, entspannter oder weiter wird in Ihnen. Wenn das Gegenteil geschieht, begegnen Sie Widerständen, und das ist vollkommen in Ordnung. Meistens sind sie vorübergehend und werden weniger, wenn sie auf Akzeptanz stoßen. Finden Sie Ihre persönliche Form von Befriedung oder Loslassen. Sie müssen dafür die Handlung nicht gutheißen, unter der Sie gelitten haben.

5. Wenn es wichtig ist, geloben Sie sich, dafür zu sorgen, nicht noch einmal in eine ähnliche Situation zu geraten – soweit es in ihrer Macht steht. Überlegen Sie, was dafür wichtig ist.

Für diese Meditation empfehle ich, sich ca. 20 Minuten Zeit zu nehmen. Es gibt auch viele Angebote von Vergebungsmeditationen im Netz. Manchmal ist es auch wichtig, sich selbst zu vergeben, wenn Sie das Gefühl haben, sich selbst oder jemand anderem Schaden zugefügt zu haben. Sie können die 5 Schritte entsprechend abwandeln und für sich selbst praktizieren.

Dankbarkeits-Meditation:

In guten Zeiten, in denen Ihr Leben von Erfolg gekrönt ist und wenige Hindernisse auftauchen, ist es relativ leicht, wertzuschätzen, was wir gerade haben. Leider neigt unser Geist dazu, dies in solchen Zeiten viel zu wenig zu tun. In schwierigen Zeiten fällt Dankbarkeit noch schwerer. Dabei wirkt sie gerade dann nachgewiesenermaßen antidepressiv und aufhellend, und hat die Kraft, uns aus unseren Ego-Kontraktionen herauszuholen, die alles noch schlimmer machen.

Halten Sie abends vor dem Einschlafen oder morgens, bevor Sie in Ihren Tag gehen, kurz inne, und suchen bewusst nach drei bis zehn Umständen, Dingen, Erfahrungen, Beziehungen, für die Sie dankbar sein können. Sehr hilfreich, weil oft sonst gar nicht bemerkt, sind dabei gerade kleine Dinge. Hier finden Sie immer etwas! Lassen Sie diese Wertschätzung wieder etwas in Ihrem Körper und Ihrem Gefühlserleben auslösen. Genießen Sie, was diese gezielte Ausrichtung Ihrer Aufmerksamkeit auf die positiven Dinge bewirkt.

Die Neurobiologie betont immer wieder, wie solche gezielten Wahrnehmungslenkungen wirken, und wie wichtig viele Wiederholungen sind, um entsprechende neue, hilfreiche Nervenverbindungen im Gehirn zu knüpfen (mindestens 30 Tage und über hundert Wiederholungen solcher Übungen werden oft als Richtwert genannt).

Relativ und absolut

Es ist nicht deine Emotion, die dich gerade aufwühlt:

Denken Sie an etwas aus dem Jetzt oder der letzten Zeit, was Ihnen Unbehagen bereitet und starke Emotionen in Ihnen auslöst. Laden Sie eine Emotion, mit der Sie kämpfen, ein, indem Sie an eine konkrete, auslösende Situation denken. Was passiert in Ihrem Körper? Wie atmen Sie jetzt? Schlägt das Herz schneller, wird Ihnen übel, verkrampft sich eine Stelle im Bauch, Brustkorb oder woanders? Ziehen Sie den Kopf ein? Wird Ihnen heiß? Wie genau heißt die Emotion? Und wie denkt es dann in Ihnen? Nehmen Sie dies wahr wie jemand, der/die das wertfrei untersucht und beobachtet, was geschieht?

Bemerken Sie, wie sich das, was Sie spüren, irgendwie als Ihr Eigentum anfühlt. Nur Sie fühlen so, kein anderer. Wie Sie sich in einer Blase befinden mit Ihrem Unbehagen, isoliert von der Rest-Welt. Das ist Ego. Wir reagieren alle so.

Dann lassen Sie folgende Sätze auf sich wirken, ohne dass Sie aus der Emotion aussteigen: „Es ist nicht *meine* Emotion. Sie *gehört* mir nicht." Vielleicht ist das zunächst irritierend. Bedenken Sie aber, dass unsere Spezies, Ihre Ahninnen und Zeitgenossen alle ihre Leben zwischen Hoffnung und Furcht ausfechten, oder dies einmal getan haben, und dass wir alle fühlen. Dass diese Gefühle zum Menschsein gehören, und uns verbinden. Dass es eine Eigenheit unserer Menschenfamilie ist, auch immer wieder an unseren Emotionen zu leiden, und – wie Pema Chödrön sagt – an ihrem Haken hängen.

Was macht es mit Ihnen, sich gewahr zu werden, dass Ihnen Ihre vorübergehenden Emotionen *nicht gehören*?

Die 6 transzendenten Handlungen als Weg aus dem Ego:

Diese 6 praktischen, alltagsbezogenen Empfehlungen begegnen allen irgendwann, wenn sie oder er sich auf den buddhistischen Übungsweg gemacht hat. Sie entstammen dem sogenannten Bodhisattva-Vorsatz: Der Idee, so zu leben, dass man nicht nur das eigene Glück und Wohlergehen anstrebt, sondern die anderen dabei sehr stark im Blick hat, oft sogar vor sich selbst stellt. Hier müssen wir Westlerinnen und Westler aufpassen, dass wir dies aus den richtigen Motiven tun. Diese sind nicht Selbstverleugnung und Ausleben von Wertlosigkeitsgefühlen! Wir versuchen dabei, gezielt gegen diese Muster zu handeln, und uns erweiternde Erfahrungen zu ermöglichen. Leichter und weniger konzeptuell werden die transzendenten Handlungen (Sanskrit: Paramitas), wenn wir schon zu erkennen beginnen, dass es die an früherer Stelle beschriebene Interdependenz von Allem und Allen gibt. Wir können sie in unserem täglichen Leben üben. Der Clou dabei ist: Wir tun das, um unser Herz und unseren Geist zu schulen – nicht um ein besserer Mensch zu sein, oder diese Handlungsweisen wieder narzisstisch für uns zu verwerten! Es geht im Einzelnen um:

1. Großzügigkeit: Materieller und immaterieller Art. Spenden, schenken, da sein, helfen, teilhaben lassen, auch wenn es über die eigene Komfortzone hinaus geht, aber ohne sich selbst zu übernehmen.
2. Geduld: Insbesondere eigene destruktiv-aggressive Reaktionen auf das, was uns an anderen nicht passt, bemerken und auslenken in Richtung inneren Friedens inmitten von Situationen, die uns triggern. Akzeptieren, dass andere nicht alle dasselbe Tempo haben, unbewusst sind, sich auch in verschiedenen Phasen befinden können. Das lässt sich zum Beispiel wunderbar an der Supermarktkasse, im Straßenverkehr oder in allen Situationen üben, wo etwas knapp

ist oder nicht alle gleichzeitig drankommen können (Toilettenpapier, Lebensmittel oder die Impfreihenfolge bei zu wenig Impfstoff zum Beispiel: Angst schmälert Geduld noch einmal beträchtlich).
3. Disziplin: Betrifft ebenfalls destruktive Aggression und Feindseligkeit, auch wenn dieses Wort gerade bei Deutschen erstmal etwas anderes vermuten lässt. Hier ist gemeint, unsere aggressiven Impulse nicht in Feindseligkeit und Destruktivität auszuagieren. Dies zu tun, vergiftet uns selbst mehr als die anderen. Daher üben wir die Praxis des Verzichts auf Gewalt uns selbst und anderen gegenüber, in Gedanken, Worten und Taten. Hier sei noch einmal auf Shantideva hingewiesen, der rät, immer dann, wenn wir Schaden anrichten könnten oder wollen, zu verharren, „als seien wir aus Holz". Einmal nicht losbrüllen, wenn wir dazu neigen. Im Auto uns nicht zu Beschimpfungen hinreißen lassen. Rachephantasien begrenzen, zum Beispiel indem wir dem darunter liegenden Schmerz begegnen. Jede und Jeder hat hier ihre und seine Spezialgebiete.
4. Freudvolle Bemühung: Mutig dranbleiben. Den wahrscheinlich irgendwann auftretenden Kräften von Faulheit und Trägheit aktiv etwas entgegensetzen. Hier hilft sehr, uns zu erinnern, warum wir dieses Geistes- und Herzenstraining machen. Und dass unsere Lebenszeit begrenzt ist. Eine Art des spirituellen „Chaka!". Aber auch hier wieder, diese Power nicht zu mobilisieren, um für unsere Wahrnehmung und in den Augen anderer immer toller und erleuchteter zu werden, sondern weil wir dieses Leben nutzen wollen, um wacher und liebender zu werden, bevor es zu spät ist.
5. Meditation: Sie ist das unverzichtbare Werkzeug. Wir brauchen eine Praxisform, um unser Gehirn neu zu verdrahten

und unser Herz zu weiten. Regelmäßig (möglichst täglich), besser öfter kurz als selten lang, und optimalerweise mit gelegentlichen Zeiten des Intensivtrainings in Einzel- oder Gruppenklausuren, fern von Alltag und Ablenkungen.
6. Weisheit: Das ist sozusagen die Frucht der 5 vorangehenden Paramitas. Sie transzendiert unsere weltlichen Belange und Verstrickungen, lässt uns die Illusion von Dauer und isoliertem Egozentrismus erkennen, und ist nicht kühl-intellektuell, sondern immer verbunden mit einem liebenden Herzen. Berühmte buddhistische Gestalten wie der Dalai Lama oder Dipa Ma sind hierfür sehr greifbare Beispiele.

Werkzeuge des Friedens:

In unserer Zeit, in der wir eine neue Kommunikationskultur jenseits von Egozentrik, Narzissmus und Spaltung brauchen, entstehen auch neue Methoden hierzu. Scilla Elworthy hat zum Beispiel in „Tools for Peace" aus ihrer fundierten Erfahrung im Disput mit Entscheidern in Aufrüstung und Kriegen sieben wesentliche Punkte zusammengetragen, die es zu beachten gilt:
1. Erweitere Deine Perspektive – lege extreme, negative Emotionen zur Seite – vorübergehend. Dies ist der wichtigste der 7 Punkte: Die Basis für alles andere ist, nach innen zu blicken, und dort eine beruhigte, klare und offene Grundhaltung zu erwecken. Auch Elworthy empfiehlt hier Meditation zur inneren, ehrlichen Reflexion und Beruhigung der emotionalen Verwirrung.
2. Sprich von Person zu Person.
3. Hör *wirklich* zu.
4. Gib den Gefühlen im Raum eine Stimme.

5. Arbeite zusammen daran, gemeinsamen Boden zu identifizieren (z. B. identische Anliegen).
6. Zeige Respekt.
7. Hole Dir innere und äußere Unterstützung.

Absolut

Kleine Tode üben:

Suchen Sie sich einen ruhigen Ort, lassen Sie sich nieder, und schließen sie die Augen. Nehmen Sie wahr, wie die Atemzüge nährend und Verbrauchtes entsorgend durch den Körper streichen. Ganz von selbst tun Sie das, schon ihr ganzes Leben lang. Irgendwann werden Sie das letzte Mal ausatmen. Genießen Sie jeden einzelnen und einzigartigen Atemzug, dieses wellenartige Kommen und Gehen.

Stellen Sie sich jetzt vor, dass Ihr altes Selbst bei jedem Ausatemzug stirbt. Wieder und wieder.

Was bleibt? Wer bist Du? Wer ist „Petra Biehler", „Rudi Müller", „Francesca Binelli", „Ayshen Gülcan"… ? Fangen Sie nicht an, darüber nachzudenken. Kehren Sie lieber wieder zurück zu „bei diesem Ausatemzug stirbt mein altes Selbst". Lassen Sie eine tiefe Kontemplation entstehen, auch wenn sie möglicherweise verwirrend, beängstigend, irritierend ist und Widerstand auslöst. Vielleicht begegnen Ihnen auch Momente, wo es einfach wohltut, das alte, miefige Selbst gehen zu lassen, ohne gleich per Verstand eine neue Identität zu erschaffen.

Den Himmel betrachten:

Setzen oder legen Sie sich unter den freien Himmel. Auch wenn Sie sich jetzt dem unbegrenzten Raum zuwenden, den Sie wahrscheinlich genauso wie ich als Kind als blauen Streifen ganz oben auf Ihre Bilder gemalt haben, und den Sie als „Himmel" wahrnehmen, spüren Sie zunächst noch einmal den festen Halt, der von der Erde kommt. Lassen Sie sich von dieser tragen und unterstützen.

Wenn Sie sich jetzt mit weichem Blick (ohne etwas zu fixieren) den Himmel betrachten lassen, lassen Sie auch Ihr Herz in diesen blicken (es weiß meistens, wie das geht). Wenn „der Himmel wolkenlos ist", lassen Sie sich diese Leere, das Blau, die Weite betrachten, ohne sich darüber Gedanken zu machen. Wenn es Wolken gibt, lassen Sie Ihren weichen Blick mitbekommen, wie sie sich bewegen, formieren, verändern. Experimentieren Sie nach und nach damit, der Himmel zu „werden", ohne „davonzufliegen". Ein gewisser Kontakt zur Erde und zum Körper sollte vorhanden bleiben, und kann durch die vorübergehende Rückkehr zur Atmung wieder hergestellt werden. Himmel und Mensch – diese Grenze darf verschwimmen. Werden Sie sich gewahr, dass der Himmel niemals nach den Wolken (dem Mond, der Sonne, den Wetterphänomenen) greift. Er bleibt – auch wenn sich seine Farbe verändert – als grenzenloser Raum kontinuierlich da. Gänzlich unbeeinflusst von den Phänomenen, die sich da „in ihm" abspielen. Lassen Sie sich auf gute Weise leer und weit werden, ohne dass es etwas zu tun gäbe. Vielleicht stellt Ihr Geist ganz von selbst eine Parallele zu den Phänomenen in Ihrem Inneren (Gedanken-Gefühle-Körperempfindungen) her, oder zu diesem Kommen und Gehen aller Dinge unseres Lebens, wenn wir sie näher betrachten.

Zen-Koans:

Im Zen-Buddhismus werden Koans genutzt – kurze, mysteriöse Verse, die Aufweckpotenzial haben. Sie werden oft wochenlang kontempliert, nicht verstanden, und – puff – plötzlich weitet sich der Geist, und ein Zustand tiefen Verstehens der absoluten Wirklichkeit entsteht. Ein Koan, welches ich sehr mag, ist: *Wer warst du, bevor deine Eltern geboren wurden?*. Die Kunst ist, hier nicht zu intellektualisieren, sondern vielleicht auf positive Weise zu erschrecken, und im Nichtwissen zu verharren – bis sich eventuell eine tiefere Ebene in Ihnen meldet, die weiß und immer wusste. Kauen Sie diesen Satz eine Weile in Ihrem System. Vielleicht können Sie noch nicht einmal in Worte fassen, was dieses Wissen Ihnen vermittelt – auch wenn Zen-Schülerinnen und -Schüler nach einer Zeit der Arbeit mit so einem Koan ihre Erkenntnisse der Lehrerin oder dem Lehrer in Worten mitteilen sollen.

Meditation auf Kernunterweisungen:

Tibetische Lehrerinnen und Lehrer arbeiten gerne mit solchen knackigen kurzen Anweisungen, mit denen in der Meditation der gefangene Geist bearbeitet wird. Eine solche stammt von dem tibetischen Heiligen Jigme Lingpa. Wenn Sie mit dieser meditieren wollen (das heißt einfach zu schauen, was in ihrem Geist passiert, wenn Sie diese Unterweisung in sich wirken lassen), legen Sie sich diese am besten in schriftlicher Form vor sich, und lesen sie sich zu Beginn der Meditation – falls Sie abschweifen auch zwischendrin – langsam durch. Dann versuchen Sie das zu praktizieren, was in dem Text steht, ohne dass es zu viel Tun wird. Die Kernunterweisung lautet:

Lass alle Gedanken über Vergangenheit, Gegenwart und Zukunft ohne Unterstützung sein, und, dich in eine zügellose Offenheit hineinentspannend, richte dein Gewahrsein direkt auf Bewegung und Stille.[4]

Die eigenen Dämonen nähren:

Generell zielen die Praktiken, die im tibetischen Buddhismus gelehrt werden, insbesondere im Mahamudra oder Dzogchen, recht machtvoll und gezielt auf die Durchdringung der illusionären Natur unserer Egoprozesse ab. Eine besonders wilde und unkonventionelle Form dies zu tun ist die sogenannte Chöd-Praxis, die von der Yogini Machig Lapdrön stammt. Sie hat im 11. Jahrhundert in Tibet die höchste Erleuchtung erlangt und sich mit ihrem Körper – so heißt es – nach ihrem Tod in Regenbogenlicht aufgelöst. In der Chöd-Praxis üben wir, unser Haupt-Anhaftungsobjekt, nämlich unseren Körper, loszulassen. Ich reiße das hier nur kurz an – erstens, weil diese Heilige ein herausragendes Beispiel von Erleuchtung und Transzendenz darstellt, und weil ich auf meinem Weg einen besonderen Bezug zu dieser weisen, freien, auf gute Weise verrückten Yogini gewonnen habe. Eine moderne Form von Chöd (übersetzt „durchtrennen") ist das „Dämonen nähren" der US-amerikanischen buddhistischen Lehrerin Tsültrim Allione. Ich kann diese Methode als Psychologin und als buddhistisch Praktizierende sehr empfehlen. Sie kann sehr hilfreich sein, mit schwierigen Emotionen, Mustern und Umständen in unserem Leben zu arbeiten und sich aus diesen zu befreien. Wir spüren „den Dämon" auf, was nichts anderes ist als eine imaginative Symbolisierung des Themas, der Emotion oder Verstrickung, und gehen in Dialog mit ihr oder ihm. Durch gezielte Fragen durchbrechen wir dabei die Ebene unserer Konzepte (was uns „der Dämon" antut, wer Schuld hat etc.), und ergründen das, was er oder sie wirklich braucht, um nicht mehr böse, gemein, kleinmachend, retraumatisierend, süchtig etc. zu sein. Weiter fragen wir, was geschehen werde, wenn dieses tiefe Bedürfnis jetzt erfüllt werde. Diese „befreite Essenz" lassen wir ihr oder ihm dann zukommen. In der Regel verwandelt sich „der Dämon" dabei, und eine teilweise oder vollständige Befreiung des Themas tritt auf Erfahrungsebene ein.

Für alle hier vorgestellten, nur kurz angerissen praktischen Möglichkeiten, mit Egoprozessen und Narzissmus zu arbeiten, braucht es höchstwahrscheinlich psychologische und/oder spirituelle Begleitung. Es ist ein riesiger Unterschied, dies allein zu versuchen, oder jemanden dabei zu haben, der oder die ermutigt, bezeugt, konfrontiert, und eine Weile den Entwicklungsraum mithält.

6. N, E und B

Zum Ende dieses Buches möchte ich ein fiktives Gespräch anfügen, um die behandelten theoretischen Aspekte und die Unterschiede zwischen Narzissmus, Ego und Buddha-Natur der vorhergehenden Kapitel zu verdeutlichen. Stellen wir uns drei Charaktere vor, **N**iko, **E**laine und **B**erenike. Sie treffen sich in einer Breakout-Gruppe auf einer Tagung zum Thema „Globale Welt am Scheidepunkt: Menschheit zwischen Bewusstseinsevolution und Selbstvernichtung". Das Gespräch wird moderiert von **S**iegmund. Er wird sich dabei in achtsamer, nicht-polarisierender, sokratischer Gesprächsführung versuchen. Niko ist ein attraktiver, modisch-leger gekleideter Enddreißiger mit charismatischer Ausstrahlung. Elaine müsste etwas Mitte 40 sein, sie wirkt gepflegt, mit eher unscheinbarem Äußeren, und zunächst etwas verschlossen in die Runde blickend. Berenike müsste um die 60 sein; ihr auffälligstes Merkmal sind ihre markanten Augen, die sowohl Wärme ausstrahlen, als auch dazu einladen, sich in ihrer kosmischen Tiefe zu verlieren. Bevor der Austausch formell beginnt, hält Niko die Konversation am Laufen, mittels witziger Kommentare zum Setting und vorweggenommenen weiteren Geschehen in dieser kleinen Gruppe Unbekannter.

> *S: Willkommen in dieser kleinen Runde! Ich bin neugierig auf euch und unsere gemeinsame Reise durch die nächsten 60 Minuten. Als erstes würde ich euch bitten, kurz etwas dazu zu sagen, wer ihr seid und warum ihr hier seid – wer möchte beginnen?*

N: Kann ich sehr gerne machen. Mein Name ist Niko, ich bin 38, derzeit happy Single, lebe in meiner Münchner Traumwohnung und leite ein mittlerweile sehr erfolgreiches Startup-Unternehmen im Bereich Biotechnologie. Ich gehe immer mal wieder auf sowas wie hier, wegen guter Kontakte, die sich dabei gelegentlich ergeben. Und na ja, ich interessiere mich schon auch für die Zukunft der Welt, Potenzialentfaltung und auch so Sachen wie intelligente ökonomische und ökologische Systeme. Ich weiß nicht, wie es euch geht, aber wenn es nach mir ginge, wären wir da politisch und gesellschaftlich ganz woanders, als wir das aktuell sind. Man muss verhindern, dass die Naivlinge, Schlafschafe, und Ignoranten weiter einen Fehler nach dem anderen machen und alles gegen die Wand fahren! Aber jetzt bin ich still – wer macht weiter?

E: Ich bin Elaine. Also, so bedeutende Dinge habe ich nicht zu berichten aus meinem Leben wie du, Niko. Ich komme einigermaßen über die Runden mit meinen zwei halbwüchsigen Kindern. Ich darf nicht klagen. Wir leben in einem Kölner Vorort in der Eigentumswohnung, die mir nach meiner Scheidung vor ein paar Jahren glücklicherweise geblieben ist. Von Beruf bin ich Pharmareferentin. Weshalb ich hier bin: Meine Firma hat mich hierhergeschickt. Es wird ja gerade immer wichtiger, mitreden zu können und eine Meinung zu haben zu den diversen Umständen unserer Zeit. Auch die von mir betreute Ärzteschaft steht unter Druck und möchte sich darüber immer wieder austauschen. Persönlich macht mir diese Häufung von Krisen schon ganz schön Angst, und ich hätte langsam gern mal wieder mehr Überblick und Stabilität. Vielleicht finde ich ja ein bisschen hier auf der Tagung.

B: Ja, und ich bin Berenike. Ich freue mich auf unseren Austausch und bin gespannt, wo wir landen. Ich bin mit 62 mit Abstand die Älteste unter euch.... Vor 4 Jahren bin ich in ein mehrgeneratives Wohnprojekt bei Freiburg gezogen, was mich herausfordert und beglückt zugleich. Anfang 40 hat sich mein Leben auf den Kopf gestellt – mein

Mann, mit dem ich noch gar nicht lange verheiratet war, starb plötzlich und unerwartet an Krebs. Kurz darauf wurde bei mir ein inoperabler Hirntumor festgestellt, der seitdem unter Beobachtung steht und mein Leben jederzeit beenden kann. Mein treuer Gefährte... der mich wahrscheinlich auch hierhergeführt hat. Ich interessiere mich so sehr für das, worüber wir hier tagen, die Krisen rütteln gerade mal wieder an uns Menschen und fordern uns zum Bewusstseinssprung auf... beruflich supervidiere ich Teams und Organisationen, und habe mich in letzter Zeit auf die Arbeit mit entstehenden Projekten gemeinschaftlichen Wohnens spezialisiert.

S: *Danke euch! Ich bin Siegmund und habe hier ja die Aufgabe, mich in achtsamer, sokratischer Gesprächsführung zu üben und mich persönlich rauszuhalten. Ich habe diese Rolle bewusst gewählt, weil ich in meiner Welt und überall einen riesigen Bedarf an alternativen Formen des Disputs sehe, damit wir als Menschen ko-kreative und konstruktive Lösungen für unsere Miseren finden können. Gehen wir doch gleich ans Eingemachte: Berenike, deine Worte haben mich beeindruckt! Kannst du etwas aus deiner Sicht zu unserem ersten Thema, dem Sinn des Lebens sagen?*

B *(lächelnd):* *Vielleicht gibt es den gar nicht? (Pause)*

N: *Also, das möchte ich so nicht stehen lassen. Natürlich gibt es einen Sinn.*

S: *Niko, was gibt dir Sinn im Leben?*

N: *Sowas wie es zu was bringen, weiterkommen, was bewegen.*

S: *Kannst du mehr dazu sagen? Hast du ein Beispiel?*

N: Ich finde es nicht verkehrt, stolz auf das zu sein, was man erreicht hat. Ich kann von mir sagen, dass ich mir meinen beruflichen Weg bis zu meinem jetzigen Erfolg hart erkämpft habe und es nicht leicht dabei hatte. Meine Eltern haben mich in keiner Weise unterstützt – im Gegenteil, sie haben mir noch Steine in den Weg gelegt. Mein Vater hätte gern gesehen, wenn ich erfolglos geblieben wäre, ein kleiner Angestellter, der nicht wollte, dass sein Sohn ihn eines Tages überragt. Aber den Gefallen habe ich ihm nicht getan…

S: Du findest also, es gibt dem Leben Sinn, etwas auf die Beine zu stellen und erfolgreich zu sein – und besonders viel Sinn entsteht, wenn dies gegen Widerstände und Missgunst geschieht?

N: Ja, durchaus. Man sollte sein Licht nicht unter den Scheffel stellen. Wenn einem alles auf dem Silbertablett serviert wird, ist es zu einfach. Man bleibt dann eher mittelmäßig oder kriegt gar nichts auf die Reihe. Natürlich will ich noch weiter hinaus – eines Tages werde ich mir ein monatliches Spitzeneinkommen auszahlen können, ohne noch so viel dafür tun zu müssen wie im Moment noch. Das steht fest. Ich werde die Autos fahren, die ich will, Urlaub machen mit allem Komfort. Arbeitsplätze generieren macht auch Sinn, bringt Sinn für andere. Klar gibt es immer mehr Neider, je heller man strahlt, je höher man kommt. Mich schert es aber nicht, was die anderen über mich denken. Ich tue keinem weh. By the way – unsere Produkte im Bereich des Biohacking sind für sehr viele Menschen enorm hilfreich, verbessern ihr Leben, sie sind auch hochwertiger als das, was sonst auf diesem Markt unterwegs ist.

B: Und die Liebe?

N: Leider habe ich die Richtige noch nicht gefunden. Aber hier bin ich optimistisch – ich habe ja was zu bieten. Sicher, das würde den Sinn des Lebens noch steigern, um mal zum Thema zurückzukommen.

Jemanden bzw. eine Gefährtin zu haben, die an einen glaubt und mich 100%ig unterstützt, in allen Belangen. Natürlich muss man sich mit ihr auch zeigen können.

S: *Elaine, was meinst du dazu?*

E *(deren Gesichtsausdruck sich zunehmend verdunkelt hat): Also, ich finde, du trägst ganz schön dick auf, Niko! Außerdem verfehlst du meiner Meinung nach gerade das Thema. Mein Sinn des Lebens ist einfach, ein gutes, sicheres und gesundes Leben zu haben. Ich bin da ganz bescheiden. Berenike, deine Zweifel verstehe ich auch nicht. Man muss einfach an einen Sinn glauben.*

B: *Wenn ich euch beide so reden höre, kommt bei mir die Frage auf, ob ihr auch den Tod mit einkalkuliert? Der könnte doch auch ein guter Ratgeber sein, auf der Suche nach dem Sinn des Lebens...*

S: *Ein neuer Aspekt, Berenike. Kannst du noch mehr dazu sagen?*

N *(ergreift stattdessen das Wort): Also, das ist mir jetzt wirklich zu depressiv. Der Tod, der Tod. Wir wissen alle, dass wir irgendwann sterben müssen. Aber damit will ich mich doch jetzt nicht beschäftigen. Umso mehr geht es doch um ein erfolgreiches Leben!*

S: *Elaine?*

E: *Ich gehe regelmäßig zu Vorsorgeuntersuchungen und versuche ein vernünftiges, sicheres Leben zu leben. Man kann das Risiko zu sterben doch geringhalten. Außerdem glaube ich an ein Leben nach dem Tod. Aber ich stimme Niko hier zu: Warum müssen wir jetzt über den Tod reden, wenn es um den Sinn des Lebens geht?*

B (mit feuchten Augen): Niko und Elaine, ich kann euch gut verstehen. Der Tod macht Angst – auch ich bin nicht ganz frei davon. Wir müssen alles aufgeben – unser geliebtes Ich, unseren Körper, das was wir besitzen, unsere Bindungen… no escape.

S: Was bedeutet für dich der Tod für den Sinn des Lebens, Berenike?

B: Wer stirbt denn?, so fragen buddhistische Lehrerinnen und Lehrer immer wieder… – Wer wird beerdigt? Eine Leiche die verwest und zurück geht in den ewigen Kreislauf der Natur… sind diese körperlichen Überreste denn noch die oder der, der gestorben ist oder gelebt hat, ob ruhm- und erfolgreich, sicher und gesund oder anders? Ich kann nicht wirklich in Worte fassen, was da hinter einer lebenden oder sterbenden Identität steckt – manchmal erfahre ich es, jenseits von Worten. Das fühlt sich dann an wie tiefes, Äonen altes Wissen – nicht mein Wissen, eher ein Teilhaben daran. Aber solche Fragen wie „wer lebt?" „wer ist erfolgreich?" „wer ist krank?" „wer besitzt Dinge wie zum Beispiel ein Haus?" „wer stirbt?" führen für mich zu beidem: Leben mehr verstehen, den Tod mehr verstehen – und helfen, vielleicht auch auf einen Sinn hinter dem Ganzen zu stoßen. Den über den Verstand zu finden, funktioniert meiner Erfahrung nach schlecht. Da ist etwas tiefer Liegendes in uns, was immer schon da war und weiß – da müssen wir irgendwie ran…

S (während N mit leicht spöttischem Blick aus dem Fenster schaut, und E verwirrt ins Leere starrt): Berenike, ich greife nochmal den Einwand deiner beiden Gesprächspartner auf: Wenn wir mal etwas von der Perspektive unserer Endlichkeit abrücken – ist es nicht vor allem wichtig, eine gute, sinnvolle Zeit zu haben, solange wir noch am Leben sind?

B: Klar kann man versuchen, auf Erden eine gute Zeit zu haben. Ein zweiter, wichtiger Aspekt eines sinnvollen Lebens ist – so sagen viele *weise Wesen – in irgendeiner Art dem Großen und Ganzen zu dienen. Das Problem mit der guten Zeit habe ich ja selber erfahren: Ich wähnte mich zusammen mit meinem Liebsten in trockenen Tüchern und ging von einer langen, glücklichen Zukunft aus. Aber das Leben machte uns dabei einen Strich durch die Rechnung und – schwupps – waren wir wo, wo wir überhaupt nicht sein wollen, aus der Sicherheitszone herauskatapultiert. Und mussten damit umgehen. Wir Vier sind, denke ich, vor allem hier, weil gerade im Großen und Kleinen unsere Sicherheitszonen zusammenbrechen, und wir uns fragen, was jetzt? Im besten Fall daraus lernen und daran wachsen, wodurch dann böse Überraschungen wieder Sinn ergeben... seht ihr das anders?*

S: *Berenike, zum Beispiel im Buddhismus heißt es, der tiefste Sinn des Lebens liegt darin, unseren dort als sehr wertvoll angesehenen Körper und das Leben als Mensch auf dieser Erde nicht zu verschwenden. Es zu nutzen für innere Arbeit, Wachstum von Herz und Geist, das, was wir nicht halten können und auch nicht dauerhaft sind, zu transzendieren, und mit einem immer milderen, weisen Herzen uns selbst, anderen und der Welt zu begegnen. Daran zu arbeiten, immer weniger Schaden und Destruktion in die Welt zu bringen. Geht das in die Richtung, die du vertrittst? Und was sagt ihr dazu, Niko und Elaine?*

B: *Ja, das klingt für mich stimmig und so erlebe ich es auch, seit ich mich spirituell auf den Weg gemacht habe. Realistischerweise werden wir in unbewussten Zuständen immer noch destruktiv denken und handeln – aber wir können die Absicht haben, es immer weniger zu tun. Sinn in einer dauerhaft Glück bringenden Liebe zu finden, in Ruhm, Besitz und Erfolg, in irgendetwas Äußerem was „mich glücklich machen soll", sogar in einem Beruf, der einen erfüllt, oder in Kindern, kann meinem Erleben nach nur vorübergehend sein, und wird immer wieder gestört. Weil es ein irdischer, von dieser Welt abhängiger Sinn ist. Daran ist nichts falsch, und wir suchen uns alle unsere irdischen Sinn-*

Nischen. Aber der große, tiefe Sinn ist ein anderer, auf einer anderen Ebene und führt über Geburt und Tod, Werden und Vergehen hinaus. ... – Jetzt habe ich doch was geantwortet zum Sinn des Lebens (lächelnd, während N und E konsterniert und etwas versteinert blicken).

S: Elaine, was bewegt dich gerade?

E: schweigt und wirkt etwas konfus – als sie ansetzt, zu sprechen, fällt ihr N ins Wort: „Also seid mir nicht böse, aber dieses religiös angehauchte Geschwafel führt uns hier doch wirklich nicht weiter. Ich habe mir diese Kleingruppen-Auseinandersetzung wirklich anders vorgestellt. (Und in arrogant-belustigtem Ton zu B): Leute wie du betreiben Weltflucht und sollten sich nicht so aufblasen mit ihren Pseudowahrheiten. Es ist eben nicht jedermanns Sache, aus dem Leben was richtig Geiles zu machen und sich was zu erschaffen. Durch harte Arbeit, wohlgemerkt.

S: Ist es so bei dir, Niko? Ist dein Leben immer geil und sinnvoll? Stimmst du der Aussage zu: „Ich kriege immer was ich will, und erlebe keine Enttäuschungen?"

N (errötend): Ja, ich kriege immer was ich will. Wenn etwas nicht klappt, zum Beispiel mal ein Projekt in die Hosen geht oder es mit einer Beziehung nichts mehr ist, liegt das ehrlicherweise meistens nicht an mir, sondern an menschlicher Fehlbarkeit. Es sind ja auch andere an dem Spiel beteiligt.

S: Elaine, Niko kam dir vorhin zuvor, als du gerade etwas sagen wolltest – mich würde wirklich interessieren, wo du gerade stehst?

E: Puh, ich muss zugeben, ich bin gerade etwas verwirrt und versuche, wieder klar zu werden. Eigentlich habe ich klare Ansichten und Prin-

zipien, mit denen ich ganz gut fahre. Die sind mir durch Berenikes Fragen, wie „wer stirbt" und so weiter, kurzfristig abhanden gekommen. Die lassen einen doch nicht mehr Sinnhaftigkeit entdecken, sondern nehmen einem den guten Sinn, nach dem man lebt... und dann? (und zu B gewandt): Wie kann man so leben? So alles infrage stellend? Ich habe eigentlich keine Lust, mir ständig Ängste reinzuziehen und irgendwelche Unsicherheiten und Vergänglichkeiten zu spüren. Ich lebe lieber im Jetzt und habe die Dinge im Griff. Schließlich habe ich ja Kinder – wie ich das sehe, bin ich die einzige hier im Raum mit Kindern – für die ich sorgen muss. Und ich muss schon sagen, das gibt mir viel Sinn. Meine Kinder sind mein größter Schatz.

S *(tief einatmend): Ich muss mal kurz aus meiner sokratischen Rolle raus. Ärgern die dich nicht manchmal auch? Du bist nicht allein mit Kindern hier, Elaine. Ich bin Vater einer kleinen Tochter, die mir viel Freude bringt... – zwischendurch bin ich aber durchaus auch mal angestrengt oder genervt, manchmal am Hadern.*

E: *Natürlich sind meine Kinder auch manchmal anstrengend. Aber es sind die besten Kinder der Welt. Wir drei – und die Welt ist in Ordnung. Am schönsten ist es im Urlaub, da gibt es wenig Stress, ich habe sie ganz für mich – ihr wisst, ich bin geschieden, das ist manchmal auch nicht ganz so einfach – und wir können alles um uns herum vergessen. Wieso sollte ich da über Vergänglichkeit meditieren? Man hat was man hat – und ich hoffe, dass bei uns und in unserem Land alles in gesicherten Bahnen weiterläuft. Gott sei Dank lebe ich auf diesem Fleck Erde, auch wenn die Zeiten immer unsicherer geworden sind, auch in Europa. Ich hoffe, das normalisiert sich einfach wieder. Es müssten andere Leute an die Macht.*

B *(ruhig): Elaine, wo sind da eigentlich die anderen? Bewegst du dich nicht ein bisschen in einer Blase und blendest die aus, denen es nicht so gut geht – zum Beispiel auch Kinder in Hunger- oder Kriegsgebieten?*

E: Also, für mich kommen schon meine und unsere familiären Angelegenheiten zuerst. Man kann sich doch nicht um alle und alles kümmern. Man muss doch ausblenden, wieviel Elend es auf der Welt gibt, sonst hält man das alles doch nicht aus. Aber ich bin übrigens kein Unmensch. Ich spende auch manchmal für Greenpeace. An Weihnachten auch für Kinder in Afrika oder woanders.

N: Ja, das ist wichtig! Ich spende auch, oft großzügig, da wo es das gerade am meisten braucht (glücklicherweise kann man das steuerlich absetzen). Das sollte selbstverständlich sein, wenn man so gut aufgestellt ist.

S: Berenike, du erwähntest vorhin das, wonach wir uns wohl am allermeisten sehnen, und was Philosophinnen und Psychologen oft als Haupt-Antriebsfeder und -Sehnsucht sehen: Die Liebe. Kommen wir mal auf die Liebe zu sprechen, die wir ja unbedingt auch diskutieren sollten. Elaine, Niko, Berenike, was haltet ihr von der Liebe, und welche Rolle spielt sie in eurem Leben?

N: Meine Liebste, sofern es sie gerade gibt, bereichert mein Leben mit Sinn, wie schon erwähnt, darüber hinaus mit allem Möglichen anderen. In einer schönen Liebesgeschichte fühle ich mich irgendwie immer noch ganzer und vollständiger. Sie gibt mir Energie. So soll es sein, deshalb mag ich es nicht, wenn es zu anstrengend wird. Das wird es zum Beispiel, wenn meine Partnerin plötzlich unzufrieden, kritisch oder fordernd wird. Das ist immer ein schlechtes Zeichen. Ich habe eigentlich immer versucht, einer Frau etwas zu bieten – aber irgendwann wurden sie alle auf diese eigenartige Weise unzufrieden... nein – na ja – manchmal lief mir auch eine faszinierende andere über den Weg, die viel mehr zu mir passte. Einmal hat mich eine wahnsinnig attraktive Partnerin verlassen, das war doch schmerzhaft, und ich glaube bis heute, sie hat einen Fehler gemacht. Sonst habe immer ich mich verabschiedet.

S: Was bedeutet das alles für dich, Niko?

N: Nun – ich glaube, wir sind uns einig, dass die Liebe das schönste und schmerzhafteste zugleich sein kann. Schon immer, seit es Menschen gibt. In großen Krisen trägt sie uns entweder durch, oder zerbricht daran. Ich war mal kurz bei einem Therapeuten, wegen so einer Geschichte – ehrlich gesagt hat das null gebracht. Ich war damals kurzzeitig depri, weil ich eine Ex, die eigentlich immer noch an mir hing, plötzlich mit ihrem Neuen und Babybäuchlein auf der Straße getroffen habe. Ich bin damit mal kurz nicht fertig geworden und habe mich selber nicht verstanden. Der Therapeut meinte, ich hätte eine Liebeswunde in mir, weil mich mein Vater von Klein auf kleingemacht, und meine Mutter mich vergöttert hat. Er versuchte mir immer wieder reinzudrücken, dass ich deshalb ständig auf der Suche sei, dabei zu anfällig für Kränkungen und Enttäuschungen. Kurz gesagt, wollte er mir ständig die Schuld für meine Beziehungsquerelen in die Schuhe schieben – er hat überhaupt nicht gesehen, wie die Dinge wirklich waren und war nicht wirklich kompetent.

S: Elaine, was ist Liebe für dich?

E: Ich finde auch: Die Liebe ist eine wunderbare Bereicherung für das Leben. Leider findet man den Deckel zum Topf aber extrem selten, es ist eine echte Glückssache, da hast du wirklich Recht, Niko. Aber ein bisschen sollte deine Partnerin vielleicht auch vorkommen? Ich finde, die Liebe sollte Beide glücklich machen. Ich bin Anhängerin des Topf-Deckel-Prinzips. Wenn es passt, passt es. Möglichst für immer-irgendwie träume ich schon noch von der großen Liebe. Ich bin auch bereit, meinen Teil zu machen an Beziehungsarbeit. Ehrlich gesagt habe ich immer die ganze Beziehungsarbeit gemacht, und mein Mann hat sich darauf ausgeruht. Das ist ungerecht.

N: *Elfriede – äh – Elaine, du kannst sicher sein, dass die Frau an meiner Seite durchaus vorkommt. Meistens bezahle ich die Rechnungen und mache es uns schön und komfortabel.*

S: *Nochmal zu dir, Elaine: Du gehst also davon aus, dass es dauerhaft zwischen zwei Menschen passen wird, wenn man endlich jemanden mit der passenden Chemie gefunden hat – auch wenn es ohne Beziehungsarbeit nicht gehen wird. Und du, Niko, siehst in deiner Partnerin zu einem großen Teil die Aufgabe, dich glücklich zu machen… – was, wenn ihr falsch liegt? Und welche Konsequenzen hat diese Wahrnehmung?*

E: *Nun, das sind Erfahrungswerte. Und überall, wo ich Liebesbeziehungen beobachte, ist es einfach so.*

N: *Zu was soll die Liebe denn sonst da sein???*

S: *Berenike, wie stehst du zur Liebe – die ja viel mehr betrifft als nur Paarbeziehungen, die hier jetzt gerade im Fokus stehen?*

B: *Ich würde zu euer beider Ideen noch folgenden Blickwinkel hinzufügen: Kann eine wirklich intime Liebesbeziehung (das heißt sie ist wahrhaftig und liebevoll zugleich, was ja sehr schwer ist) nicht auch eine Schule des Erwachens werden? Nicht, weil die bessere Hälfte so matcht in dem, was er oder sie ist und tut. Sondern weil man in dem Fall die aufkommenden Unstimmigkeiten und Konflikte richtig nutzt. Wir könnten alles nehmen, was ist, und als Brennstoff verwerten für die Arbeit mit dem eigenen verstrickten, in Konzepten gefangenen Geist, das halte ich für ein gutes Rezept. Neugierig sein auf sich selbst, wie man mit Widrigkeiten umgeht – wie man tickt. Und tief untersuchen – immer wieder – was daran wahr ist, und was Flucht vor den eigenen Schatten und Abgründen, oder erlerntes Programm.*

E: Klingt ganz schön anstrengend...

Frau B: ...aber es lohnt sich! (N schüttelt den Kopf)

S: Liebe Runde, es zeigt sich, dass hier zu unseren 3 Themen Sinn-Tod-Liebe sehr unterschiedliche Standpunkte vorliegen, und zunächst mal kein Konsens herstellbar ist; mit einem Blick auf die Uhr würde ich euch jetzt bitten, auf einige Begriffe, die wir unbedingt noch abhandeln sollten, jeweils ein knapp gehaltenes Statement abzugeben, ohne in die Diskussion zu gehen. Was steht denn da noch auf meinem Zettel... – Geld! Niko, du sprachst schon darüber, welche Bedeutung hat es für dich?

N: ...ist sehr wichtig, verleiht Macht und Handlungsspielräume, wer das Geld hat, hat die Macht. Will ich nicht drauf verzichten!

S: Elaine?

E: ...ist in der Tat wichtig, aber es gibt noch wichtigeres, zum Beispiel Gesundheit, Sicherheit und persönliches Glück. Geld ist leider nicht sehr gerecht verteilt. Ich fühle mich irgendwie in all diesen Dingen benachteiligt, zum Beispiel weiß ich, dass mein Exmann die Scheidungsrichterin bezirzt hat. Nicht Jedem fliegen die guten Dinge im Leben einfach zu – Manchen aber schon. Woran das liegt ... schlechtes Karma? Was meinst du, Berenike?

B: Ja, Wohlstand gehört anders verteilt. Geld könnte viel Gutes tun, gehört nicht unbeaufsichtigt in die Hände gieriger Kartelle, Gewinne und Geldmengen können nicht immer weiter anwachsen – mir gefällt die Degrowth-Bewegung. Aber ist es nicht wichtig, immer mal wieder über alles Materielle hinauszusehen? Wir kamen nackt und wir gehen nackt – ohne Besitz, den müssen wir auch wieder abgeben, wenn wir gehen. Geld macht vermutlich weder glücklich noch frei in Herzen und Seelen (äußerlich vielleicht schon).

S: Krisen?

N *(sichtlich entnervt von den vorherigen Ausführungen und kurz angebunden): Krisen sind Aufforderungen, sich einfach noch mehr anzustrengen.*

B: *Für mich sind sie notwendiger Teil des Lebens, Wachstums- und Reifungschancen – wenn wir sie ergreifen!*

E: *Und für mich etwas, was ich gern nicht mehr erleben möchte. Weder persönlich noch gesellschaftlich noch politisch noch global. Wann werden die Menschen endlich vernünftig?*

S: Dankeschön! Mitgefühl?

N: *…ist was für Loser! Hui – habe ich euch jetzt schockiert? Ich habe euch Drei schon durchschaut… – Nein, so ein Arsch bin ich auch wieder nicht, aber ein bisschen was ist schon dran. Da wird man ja nicht mehr fertig, wenn man da mal anfängt. Und mit mir hat ja auch Keiner Mitgefühl… (sich gespielt die Augen reibend)*

E: *…ist schon wichtig. Aber nicht mit Jedem. Kann total ausgenutzt werden…!*

B: *…Das ist mit das wichtigste Thema im Buddhismus, generell in allen Religionen und spirituellen Wegen. Wir sind nicht allein und interdependenter, als wir wahrnehmen.*

S: Und last but not least: Die Erde?

E: *(merklich ausatmend):* Unsere Lebensbasis – hoch bedroht – wir brauchen sie! Aber es gibt so viele Idioten, die sie gerade zerstören. Und wir können nichts dagegen machen...

B: ... voller Wunder. Unser Zuhause. Lasst uns auch an die kommenden Generationen denken, nicht nur an uns selbst, die wir schon fast Schnee von gestern sind *(lächelnd)*. Seit ich weiß, dass eines Tages die Sonne auf jeden Fall verglühen wird, was Leben auf dieser Erde unmöglich machen wird, hat sich mein Blick hier nochmal verändert.

N: Also, ich male da nicht so schwarz. Und wenn die Erde kaputt geht, dann sind sie selbst schuld, die Menschen. Genießt sie doch, solange sie noch da ist, und habt so viel Spaß wie möglich!

S: Elaine, Berenike, Niko, ich bedanke mich für eure Kooperation, und würde euch gern alle Drei um so etwas wie ein Lieblingszitat bitten, was euch begleitet auf eurer Art, durchs Leben zu gehen. Berenike – fällt dir eins ein?

B: Ich habe zwei: „In der Zeit wirklicher Not erweisen sich viele Dinge so nutzlos wie ein Hirschgeweih" und „Diese angesehene Stellung ist wie in Satin eingewickelter Hundekot – möge ich sie erlangen, oder nicht", von Dudjom Rinpoche.

N: „Ich kam, sah und siegte", von Julius Cäsar.

E: „Thank you for leaving us alone but giving us enough attention to boost our egos – danke, dass Sie uns in Ruhe lassen, uns aber genügend Aufmerksamkeit schenken, um unser Ego zu stärken", von Mick Jagger.

S: Ihr seid super! Dann beenden wir jetzt unseren Austausch, und sehen uns nach der Pause gleich im Plenum wieder...

Liebe Leserinnen und Leser, mit wem der Drei können Sie sich am meisten identifizieren? Und mit wem am wenigsten?

Es geht hier natürlich um eine Veranschaulichung der verschiedenen Wahrnehmungs- und Verhaltensebenen. Wir werden diese drei charakterlichen Prototypen nur selten in Reinform finden. Man kann eine starke Tendenz zu Ego-Konstrukten haben (wie E), zu narzisstischem Erleben und Verhalten (wie N), oder eine nur mehr wenig in Dualitäten gefangene, transzendente und integrale Selbst- und Weltsicht (wie B). Vielleicht sind N und E in Bedrängnis und Verunsicherung besonders rigide bezüglich ihrer Neigungen, und in ruhigeren, entspannteren, glücklicheren Phasen dagegen weiter und innerlich freier. Vielleicht gerät auch B nochmals in narzisstische oder Ego-Formen des Erlebens und Verhaltens, etwa wenn sie etwas stark erschüttert.

Wir alle tragen N, E und auch B in uns. Echtes Eingestehen, wenn – etwa in Bedrängnis – Narzissmus und Ego in uns mitspielen, ist unbedingt wichtig. Wir werden nur weiser und freier, wenn wir auch um diese verengteren Anteile wissen, und uns damit ins Herz schließen. Wir können B auch nicht kopieren. Es wäre fatal, zu beginnen, besonders weise zu kommunizieren, wenn wir das gar nicht meinen, oder uns damit schmücken wollen. Darum kann es nicht gehen und dadurch schaden wir uns selbst – wie wir an vielen Stellen dieses Buches gesehen haben. B ist hier eine mitfühlend-engagierte, wortreichere Variante. Möglicherweise würde jemand anderes in diesem Bewusstsein im Diskurs auch einfach schweigen – oder mit kryptischen Fragen antworten, wie dies Zen-Meisterinnen und Meister oft tun.

7. Epilog: Warum es dieses Buch nicht braucht

Kurz vor Beendigung unseres Delhi-Corona-Abenteuers fand ich mich in einem Gästebereich des New Delhi Flughafens wieder, auf einer harten Plastikbank, zusammengepfercht mit vielen anderen gestrandeten Indien-Touris. Da noch 16 Stunden bis zum unter Vorbehalt angekündigten Flug nach München vor uns lagen, das WLAN nicht funktionierte, und nicht wirklich Möglichkeiten zur Zerstreuung bestanden, nahm ich mir die ausgedruckten ersten 30 Seiten dieses Buch-Manuskripts zum Korrekturlesen zur Hand. Vielleicht soll es so sein, dachte ich mir. Statt in Nepal zu meditieren, soll ich das Buch weiterschreiben. Wann würde ich sonst wieder dazu kommen?

Ich fing an zu lesen – und fand alles schlecht, was ich las. Ich fand viel – Ego. Nach all den Tagen voller Entlarvung von Illusionen und Auflösung von immer neuen Hoffnungen, wie Seifenblasen einfach eine nach der anderen zerfallend, zerfiel nun – in meinem Geist – auch diese. Ich teilte meinem damaligen Partner mit, dass ich plötzlich das Gefühl habe, dass es dieses Buch gar nicht brauche. Und dass das, was ich bisher geschrieben habe, einfach nicht gut sei. Das war sehr hart zu fühlen, und ganz jenseits von geschmeidigem Loslassen. Aber es war heilsam. Mein Geist hatte versucht, sofort etwas aus der ganzen Nepal-Auszeit-Pleite zu ziehen und zu machen (wie er das all die letzten Tage auch schon gemacht hatte). Keinen Sinn in alledem, was passierte zu sehen – im Jetzt – und einfach nur die Bedrängnis und den Schmerz zu spüren, war so schwer auszuhalten. Mein Partner meinte, ja, vielleicht brauche es das Buch nicht, vielleicht hätte ich Recht (statt mich zu ermutigen, was in dem Moment sehr weise von ihm war). Und vielleicht sei das, was gerade passiere, ein wichtiger Schritt im Prozess. Also ließ ich auch das Buch los.

Zu Hause angekommen, war der Geist eine Zeitlang dumpf, der Körper gebeutelt, das innere emotionale Wetter von trüb über stürmisch bis winterkalt.

Dann kam der Impuls, weiterzuschreiben. Es geschah auf ganz neue Weise, bis zuletzt ganz ohne Bilder und Konzepte vom Buch, was ich eines Tages in meinen Händen halten würde. Kein Kopfkino mehr darüber, ob ich es schaffen würde, die Zeit dafür zu finden, was ich schreiben und nicht schreiben solle. Manchmal bemerkte ich, dass das Schreiben der Kapitel und das plötzliche Umsetzen selbst entstehender Inspirationen in einer Art Schreib-Meditation einfach ein Turbo-Motor für meinen eigenen Ego-Aufweichungsprozess war. Und dass diese Auseinandersetzung mit dem uralten Dharma und den großen Lehrerinnen und Lehrern, sowie den aktuellen Strömungen in der Gesellschaft und mir darin, eine jetzt stimmige, meine Meditationsreise geworden war. Sie war ein Lernprozess und beeinflusste und befruchtete meine Arbeit und mein Leben. Es durfte ein Buch daraus werden, und es durfte im Sande verlaufen. Es ging um etwas anderes. Auch zum Beispiel darum, wie ernst ich mich selbst nehmen konnte, wenn ich über die 4 Gedanken, die 8 weltlichen Belange, Meditation als Möglichkeit von Wachstum und Ent-Strickung, und alles andere kontemplierte und schrieb.

Möge dieses Buch inspirieren, aufwecken, rütteln, auf positive Weise verwirren, Weisheit und Mitgefühl erwecken und viele von Ihnen, liebe Leserinnen und Leser zur Meditation und Rück-Verbindung ermutigen: Mit Ihrem wahren Selbst, Ihrer Buddha-Natur und der darin wohnenden, unzerstörbaren inneren Gesundheit, der Menschheitsfamilie, der Erde, die uns trägt und nährt, und allem was lebt und fühlt.

ANMERKUNGEN:

Kapitel 1:

(1) „Samyutta Nikaya" 15-5 (Palikanon.com/kappa).

(2) Zitate von Padmasambhava nach Orgyen Lingpa, in der Aufzeichnung der spirituellen Biographie von Padmasambhava. Aus: Enrico Kosmus: „Yamantaka – siegreich über Verfall" auf https://enricokosmus.com/2016/02/01/yamantaka-siegreich-ueber-verfall/, 1.2.2016.

(3) Ted Perry, sinngemäß, in seiner Version der Rede von Chief Seattle über Mensch und Erde, http://www-formal.stanford.edu/jmc/progress/fake2.html.

(4) Aus einem vom tibetischen Lehrer Chögyam Trungpa kreierten Sadhana bzw. Übungstext („Sadhana of Mahamudra").

(5) Das ‚wahre Selbst' ist ursprünglich ein Begriff des Psychoanalytikers und Kinderpsychotherapeuten Donald Winnicott: „Unter dem wahren Selbst versteht er die individuelle, konstitutionell gegebene Anlage des Kindes, durch deren Entfaltung eine personale psych. Realität und ein personales Körperschema erworben werden können. Das wahre Selbst stellt die Quelle der Authentizität dar. Zur Entwicklung eines falschen Selbst kommt es, wenn die Anpassung der Mutter an die Bedürfnisse des Säuglings nicht gut genug war. Die Errichtung des falschen Selbst hat die Funktion, das wahre Selbst zu schützen und zu verbergen." (aus Dorsch, Lexikon der Psychologie, Hrsg. M. A.Wirtz, Hogrefe 2017).

(6) zum Beispiel Ph D Jean M. Twenge: "The Narcissism Epidemic", Atria 2010, und "Generation Me", Atria 2014, sowie Cohrs & Oer: "Generation Selfie", Riva 2016.

(7) siehe zum Beispiel: www.klaus-grawe-institut.ch/blog/narzisstisch-narzisstischer-am-narzisstischsten: 7,7% Männer und 4,8% Frauen mit narzisstischer Persönlichkeitsstörung ergaben sich in einer amerikanischen Untersuchung. In anderen Untersuchungen ergaben sich geringere Häufigkeiten: www.link.springer.com: „Narzisstische Per-

sönlichkeitsstörung", 22.11.13: 1,2% betroffene Männer, 0,7 % betroffene Frauen.
(8) ein Begriff von Sarah Diefenbach in „Digitale Depression", mvg 2016
(9) Paul Watzlawick: „Wirklichkeit und Wahrheit": Mediadesign-Interview vom 29.9.1997,
https://www.youtube.com/watch?v=5X2Gj6gIF-E.
(10) Rupert Sheldrake: „Das schöpferische Universum", S. 19 ff, Ullstein 2009
(11) Joe Dispenza: „Schöpfer der Wirklichkeit – der Mensch und sein Gehirn – Wunderwerk der Evolution", S. 17 ff, Koha 2010.
(12) Franz Ruppert: in Ruppert & Banzhaf: "Mein Körper, mein Trauma, mein Ich": Kapitel über das Herz, S. 143 ff. Kösel 2017.
(13) z. B. Ken Wilber: „Integral Psychology", S. 87 ff, Shambhala 2000.

Kapitel 2:

(1) Padmasambhava, in Jigme Lingpa: "Steps to the Great Perfection", übersetzt von Cortland Dahl, Snow Lion 2018.
(2) vgl. Sigmund Freuds Modell der 3 Instanzen Es, Ich und Über-Ich.
(3) in „Progressive Stages on Meditation on Emptiness", Khenpo Tsültrim Gyamtso 1986 , CreateSpace Independent Publishing Platform 2016.
(4) siehe Ruppert & Banzhaf: "Mein Körper, mein Trauma, mein Ich": S. 143 ff., Kösel 2017.
(5) i.S. eines Größenselbst.
(6) Chögyam Trungpa, einer der ersten Lehrer, die aus Tibet flohen und anfingen, im Westen zu lehren, sowie wichtiger Pionier in der Schulung in buddhistischer bzw. kontemplativer Psychologie.
(7) siehe z. B. in John Welwood: „Psychotherapie & Buddhismus – der Weg persönlicher und spiritueller Transformation", Arbor 2010.
(8) H.E. Khandro Rinpoche, 2012 auf einer Veranstaltung des Shambhala-Zentrums in Berkeley: https://www.youtube.com/watch?v=uG56rAwI7_8&t=1784s.
(9) Der Dzogchen-Meister Jigme Lingpa (1729-98) verfasste wegbereitende Texte, darunter „Steps to the Great Perfection", wo er diesen Rat gibt. In Cortland Dahl: „Steps to the Great Perfection, Snow Lion" 2018.

Kapitel 3:

(1) Georg Milzner in „Wir sind überall, nur nicht bei uns selbst", Beltz 2017.
(2) Hans Joachim Maaz: Die narzisstische Gesellschaft", dtv 2014.
(3) Raphael Bonelli in einem Youtube-Vortrag zum Thema „Narzisstische Gesellschaft", in dem er sich auf Christopher Lasch: „The Culture of Narcissism" beruft: https://www.youtube.com/watch?v=3IBkmv6_94g.
(4) Jeanine M. Canty in einem Dharma-Vortrag "Ecological Narcissism: Acknowledging Egocentricity and Reawakening our Ecological Self", gehosted von Tara Mandala, Colorado am 5.2.22.
(5) Jean Twenge & Keith Campbell: "The Narcissism Epidemic", S. 6, 30-34, Atria 2010.
(6) Journal Psychology of Aesthetics, Creativity and the Arts vom 21.3.2011.
(7) Jean Twenge & Keith Campbell: "The Narcissism Epidemic", S. 253/264, Atria 2010.
(8) Journal of Personality and Social Psychology, 2002, 83/2, S. 340-354
(9) Hans-Joachim Maaz: „Die narzisstische Gesellschaft", S. 179, dtv 2014.
(10) siehe www.therapie.de, https://www.therapie.de/psyche/info/index/diagnose/persoenlichkeitsstoerungen/narzisstisch/.
(11) siehe z.B Heinz Kohut: „Narzissmus", Suhrkamp 1976.
(12) Stefan Röpke: „Pathologischer Narzissmus". Seminarunterlagen und persönliche Mitschrift (Stillachhaus-Symposium München, 2019).
(13) siehe Erich Fromm: „Anatomie der menschlichen Destruktivität", dt. Herausgabe rororo, 1977.
(14) siehe www.galileo.tv: Dalai Lama Zitate.
(15) siehe Heinz Kohut: „Narzissmus", Suhrkamp 1976.
(16) siehe Hans Joachim Maaz: „Die narzisstische Gesellschaft", S. 30 ff, dtv 2014.
(17) im Sinne der integralen Theorie z. B. Ken Wilbers und der Entwicklungs- und Evolutionstheorie der Spiral Dynamics nach Clare Graves und darauffolgenden Vertretern.
(18) W. Kölling: „Narzissmus in der Wandlung", S. 95, Phänomen Verlag 2019.

(19) siehe Bärbel Wardetzki: „Weiblicher Narzissmus", Kösel 2007.
(20) siehe Matthias Glaubrecht: „Das Ende der Evolution", Bertelsmann 2019.
(21) z. B. Bertram Schefold in der Frankfurter Allgemeinen Zeitung (faz.net): „Geht uns mal wieder die Arbeit aus?" vom 13.09.2017, Artikel von Bollmann/Kloepfer: https://www.faz.net/aktuell/karriere-hochschule/buero-co/digitalisierung-geht-uns-mal-wieder-die-arbeit-aus-15191369-p2.html.
(22) siehe Tsang Nyön Heruka: Herr der Yogis. Das Leben von Jetsün Milarepa (übersetzt von Thomas Roth), Sequoyah 2006, S. 105
(23) Dolpo Tulku Rinpoche: Online Studienkurs zu Jigme Lingpa: „Treasury of Precious Qualities", Januar 2022.

Kapitel 4:

(1) Kuntuzangpo ist der tibetische Begriff für Samantabhadra in Sanskrit, und meint den Ur-Buddha, eine Symbolisierung von ursprünglicher Realisation der wahren Natur. Er wird traditionell blau dargestellt, in Vereinigung mit seiner Gefährtin Samantabhadri, die weiß erscheint.
(2) Dudjom Rinpoche galt als erleuchteter Meister; er lebte Ende des 2. Jahrtausends. Im Buch „Die Klausur auf dem Berge" gibt er kompakte und klare Anweisungen für Schülerinnen und Schüler, die sich in das im tibetischen Buddhismus übliche 3-Jahres-Retreat verabschieden. Es enthält deutliche Hinweise über die Natur des Geistes, wie sie schrittweise geschaut werden kann, und wie nicht. In Dudjom Rinpoche: „Die Klausur auf dem Berge", Wandel edition khordong 2016.
(3) Jack Kornfield, Psychologe, ehem. Mönch und buddhistischer Lehrer und Mit-Gründer des kalifornischen Zentrums Spirit Rock, in „Wahre Freiheit", S. 89, O.W.Barth 2018.
(4) Vimalamitra war ein indischer Mönch und Dzogchen-Meister im 8. Jahrhundert. Er gilt als einer der größten Meister dieser Linie und war einer der 8 Lehrer Padmasambhavas. Das für eine fortgeschrittene Meditationsstufe verwendete Bild vom Haus, in dem es für die suchenden Gedanken nichts zu holen gibt, wird z. B. in „Die Klausur auf dem Berge" von Dudjom Rinpoche auf S. 30 erwähnt, Wandel edition khordong 2016.

(5) Siehe z. B. www.greenlane.com: „10 Atom-Fakten, die Sie möglicherweise nicht kennen."https://www.greelane.com/wissenschaft-technologie-mathematik/page/116/.

(6) Dem Artikel „Die Seele existiert auch nach dem Tod" von Rolf Fröböse, veröffentlicht am 25.4.2008 in der Welt Online, entnommen, https://www.welt.de/wissenschaft/article1938328/Die-Seele-existiert-auch-nach-dem-Tod.html.

(7) Siehe z. B. Karl Brunnhölzl: „Das Herzinfarkt-Sutra: Ein neuer Kommentar zum Herz-Sutra". Kapitel „Leerheit bedeutet Loslassen: Leerheit, abhängiges entstehen und Quantenphysik", edition steinrich, 2014.

(8) TU Braunschweig: Magazin Campus: magazin.tu-braunschweig.de: „Am Anfang war LUCA – Wie ist das Leben auf der Erde entstanden?" Von Prof. Rüdiger Cerff und Prof. Dr. William F. Martin, 15.11.2016.

(9) Rick Hanson: „Das Gehirn eines Buddha", S. 146/147, Arbor 2010.

(10) Nagarjuna war ein buddhistischer Heiliger und einer der wichtigsten buddhistischen Philosophen aus Indien. Er lebte im 2./3. Jahrhundert nach Christus.

(11) Aus den „Vorbereitenden Übungen des Pema Nyinghtik Zyklus" (Shechen Publications, 1st Edition 2010), der von dem tibetischen Meister Dilgo Khyentse Rinpoche als Schatztext gefunden wurde; eigene Übersetzung aus dem Englischen.

(12) Paramhansa Yogananda: ‚Samadhi', in: „Autobiografie eines Yogi", S. 186-188, Hans-Nietsch Verlag OHG, 2006.

(13) Dharma ist nicht mit einem einzelnen Begriff übersetzbar. Es handelt sich um eine Art spirituelles „Grundgesetz", das Wort wird im Buddhismus, Hinduismus, Jainismus, Sikkhismus und anderen fernöstlichen Religionen verwendet. Manche Lehrerinnen und Lehrer übersetzen den Begriff mit „Wahrheit" (Beispiel: Die nicht aufhaltbare Vergänglichkeit von allem irdischen). Er kommt dem „Logos" der Antike und dem christlichen „Nomos" (Gesetz) nahe.

(14) „Becoming Nobody": Dokumentarfilm mit und über Ram Dass (Dr. Richard Alpert), Polyband/WVG 2020.

(15) Jetsünma Tenzin Palmo: Engländerin, buddhistische Nonne, die als junge Frau (Diane Perry) nach Nordindien ging, dort auf ihren Lehrer Khamtrul Rinpoche traf, und sich für 12 Jahre in einer Höhle im

Himalaya in Meditationsklausur begab. Sie gründete später ein Nonnenkloster in Nordindien und lehrt in aller Welt. Zitat aus: „A Cave in the Snow", Bloomsbury Publishing 2009.

(16) Ken Wilber: „Clean Up! Grow Up! Wake Up!" Interview von futurethinkers.org, auf: https://www.youtube.com/watch?v=2mROP49BeJc

(17) Thomas Young in der Conference „Sieben Herzen", Hirschegg 2021.

(18) Ken Mc Leod in Buddhismus Aktuell, 04/2020.

(19) Avalokiteshvara ist der Bodhisattva (ein Wesen, welches sich ganz dem Werk für das Wohl Anderer verschrieben hat, über mehrere Leben hinweg) des Mitgefühls.

(20) aus dem Herzsutra/Sutra des transzendenten Wissens, z. B. in „Herz der Weisheit" von Geshe Kelsang Gyatso, Tharpa 1996.

Kapitel 5:

(1) aus dem „Parchangma Chöd" von Do Khyentse Yeshe Dorje, Übersetzung und Publikation von Tara Mandala. In ähnlicher Form aber überall in buddhistischen Schriften und Unterweisungen zu finden. Die buddhistische Kernaussage!

(2) Shantidevas „Bodhicaryavatara", Strophe 5.48; Dechen Foundation 2020.

(3) Shantidevas „Bodhicaryavatara", Strophe 5.49, 5.50; Dechen Foundation 2020.

(4) Das 8-Wochen-Programm in „Mindful Self Compassion" (MSC), dt. „Achtsames Selbstmitgefühl" geht zurück auf Kristin Neff und Chris Germer.

(5) siehe zum Beispiel Rick Hanson: „Das Gehirn eines Buddha", Arbor 2010.

(6) nach Cortland Dahl: „Steps to the Great Perfection", frei interpretiert von Prof. Anne C. Klein, in mündlicher Unterweisung und eigener Übersetzung aus dem Englischen; Snow Lion 2018.

QUELLEN:

Dudjom Rinpoche: Die Klausur auf dem Berge, Wandel Edition Khordong, 2016
Jack Kornfield: Wahre Freiheit, O.W. Barth 2018
Jack Kornfield: Das Tor des Erwachens, Allegria 2004
Georg Milzner: Wir sind überall, nur nicht bei uns, Beltz 2017
Hans-Joachim Maaz: Die narzisstische Gesellschaft, dtv 2014
Khenpo Tsültrim Gyamtso Rinpoche: Progressive Stages of Meditation on Emptiness, CreateSpace Independent Publishing Platform 2016
Amy Schmidt: Dipa Ma – Furchtlose Tochter des Buddha, Arbor 2004
Shechen Rabjam Rinpoche: Die große Medizin, Manjugosha Edition 2015
Jean Twenge & Keith Campbell: The Narcissism Epidemic, Atria Books 2010
Jean Twenge: Generation Me, Atria Books 2014
Sarah Diefenbach: Digitale Depression, mvg Verlag 2016
Stefan Röpke: Pathologischer Narzissmus. Seminarunterlagen und persönl. Mitschrift (Stillachhaus-Symposium München, 2019)
Heinz Kohut: Narzissmus, Suhrkamp 1976
Heinz Kohut: Die Heilung des Selbst, Suhrkamp 1981
Erich Fromm: Die Kraft der Liebe, mit Rainer Funk, Diogenes 2005
Erich Fromm: Haben und Sein, dtv 1998
Prof. Raphael Bonelli: Beiträge auf Youtube zum Thema Narzissmus:
https://www.youtube.com/watch?v=kw7l1ws2LL8,
https://www.youtube.com/watch?v=3IBkmv6_94g,
https://www.youtube.com/watch?v=8XXD7UE1faU
Tsang Nyön Heruka: Herr der Yogis. Das Leben von Jetsün Milarepa (übersetzt von Thomas Roth), Sequoyah 2006
Rick Hanson & Richard Mendius: Das Gehirn eines Buddha, Arbor 2010
Jeremy Hayward: Liebe, Wissenschaft und die Wiederverzauberung der Welt – Briefe an Vanessa, Arbor 2011

Rolf Froböse: „Die Seele existiert auch nach dem Tod", veröffentlicht am 25.4.2008 in der Welt Online, zu Forschungsergebnissen der Quantenphysik, Die-Seele-existiert-auch-nach-dem-Tod.html
Ken Wilber: Growing up, waking up – ein Film von Ramon Pachernegg, 2020
Ken Wilber: Wege zum Selbst, Goldmann 2008
Ken Wilber: Integrale Spiritualität, Kösel 2017
Ken Wilber: Integral Psychology, Shambhala 2000
Ken Wilber: Interview mit Future Thinkers, 30.12.19): https://www.youtube.com/watch?v=2mROP49BeJc
Buddhismus aktuell, Magazine 3/4/20 und 1/21
Dudjom Lingpa: Buddhaschaft ohne Meditation, Edition Khordong 2018
Karl Brunnhölzl: Das Herzinfarkt-Sutra: Ein neuer Kommentar zum Herz-Sutra, edition steinrich 2014
Ma gchik: Gesänge der Weisheit, Garuda 1998
Matthias Glaubrecht: Das Ende der Evolution, C. Bertelsmann 2019
Vicki Mackenzie: A Cave in the Snow (über das Leben von Jetsünma Tenzin Palmo), Bloomsbury Publishing 2009
Pema Chödrön: Es ist nie zu spät (Kommentar zu Shantidevas Bodhicaryavatara), Arbor 2007
Cortland Dahl: Steps to the Great Perfection, Snow Lion 2018
Tsültrim Allione: Den Dämonen Nahrung geben, Goldmann Arkana 2009
Jeanine M. Canty: Ecological Narcissism: Acknowledging Egocentricity and Reawakening our Ecological Self. A virtual live-Dharma-talk hosted by Tara Mandala Colorado
Jeanine M. Canty: Returning the Self to Nature: Undoing our collective Narcissism and Healing our Planet, Shambhala 2022
Jeannette Fischer: Angst, Klostermann/Nexus 2022
Wolfram Kölling: Narzissmus in der Wandlung, Phänomen Verlag 2019
Dorsch: Lexikon der Psychologie von M.A. Wirtz, Hogrefe 2017

ÜBER DIE AUTORIN

Dipl.-Psych. Petra Biehler arbeitete zunächst viele Jahre in Einrichtungen der Suchthilfe und Psychiatrie, 2008 ließ sie sich in eigener kassenärztlicher Praxis nieder. Sie ist ausgebildet in tiefenpsychologischen, körperorientierten, hypnotherapeutischen und systemischen Verfahren. Zusätzlich absolvierte sie bei Upaya e.V. das 3-jährige Karuna-Training in kontemplativer Psychologie, sowie das Teacher Training in Mindful Self Compassion bei Chris Germer und „Meditation & Psychotherapy" bei Tara Brach. In der therapeutischen Arbeit liegt ihr die Verbindung östlicher und westlicher Psychologie sehr am Herzen. Sie befindet sich selbst seit fast 30 Jahren auf dem buddhistischen Meditationsweg, besuchte buddhistische Studienkurse und ist Schülerin insbesondere in der tibetischen Nyingma- und Kagyü-Linie. 2013 erschien von der Autorin ‚Mit Buddha die Trennung meistern' im GU Verlag.

Printed in Poland
by Amazon Fulfillment
Poland Sp. z o.o., Wrocław